U0020419

從購票、使用到
附加好康

周遊日本
JR PASS
最強攻略

新手也能輕鬆自由行
(附實用QA)

8大區域 × 30種PASS × 60條行程

THEME 57

MOOK

目錄

全面漲價

不 用 怕 ！

日本的鐵路網絡四通八達，不只東京、大阪、京都、廣島、九州、仙台，甚至是北海道、金澤！各大城市間皆可以由新幹線串聯。而特色觀光列車、地方鐵道迷人的風情，更是讓人深深著迷。

本篇要教你怎麼使用「全國版 JR PASS」制霸日本！

只要搞懂遊戲規則、注意安排行程的原則，初心者也能學會靈活運用、玩出高CP值的日本大旅行。

就讓我們將JR PASS發揮到淋漓盡致！Let's Go!

JR PASS
日本
全攻略

跟我做！
破解超簡單！

JR PASS 使用流程

 **Step.1** →

 **Step.2** →

決定行程

JR PASS全國版可以搭全日本的JR列車。所以要先搞清楚你的遊玩範圍，再決定是否要買JR PASS全國版。

↓

玩全日本

目標想要從北海道玩到九州、想要東京大阪隨便跑、想要全國追櫻賞楓、想要搭遍日本所有新幹線與特色列車、想要長時間在日本大蹤走新幹線隨便搭，這樣的人不用再想了，買全國版就對了！→P.008

玩區域

日本大致可再劃分為北海道、東北、關東、中部北陸、關西、四國、山陰山陽、九州等8大區域，每一區都十分精彩，若是鎖定單一區域，那購買區域PASS就很足夠。→P.038

訂購 JR PASS

所有的JR PASS購買地點都有限制，而且在未進入日本前，並不能拿到真正的JR PASS，可以透過以下管道訂購。

↓

網路預訂

這是最簡單的方式。在網路預訂JR PASS還可以順道預約想搭的車輛，對於行程的安排規劃來說是最方便的。→P.010

海外旅行社

在台灣可以至代理商或旅行社購入一份寫著指定使用者姓名的兌換券（MCO、e-MCO），至日本後再到人工櫃台指定啟用日期兌換成實體票券。→P.012

Step.3 → Step.4 → Step.5

抵日兌換

　　進入日本要開啟使用、預約列車之前，必須將兌換券換成真正的JR PASS。兌換點多是日本較重要的JR車站，特別是大轉運站的綠色窗口，以及各大機場的JR綠色窗口。

人工窗口

　　在各大車站的綠色窗口或是附近，都會有專門用來兌換JR PASS的窗口，同時也可以預約接下來要搭乘的列車指定席。→P.011

機器兌換指定席

　　最近幾年因為訪日旅客爆增，人工兌換窗口總是大排長龍，尤其機場的綠色窗口人滿為患，不想排隊的人可以選擇以機器兌換指定席。→P.013

實際乘車

　　JR PASS從早期出示票券走人工通道，到近年改為使用磁票通過自動檢票機，已有許多改革。用JR PASS搭車就跟拿一般車票沒兩樣，不用太擔心。

自動檢票機

　　持JR PASS過自動檢票機時，只要將PASS本體插入，通過後取回即可。有的機器如果連指定席券都一同插入的話可是會卡住哦！→P.014

查票補票

　　JR PASS可不是人人都能用，使用時護照應隨身攜帶以備查驗。而有些JR與私鐵直通的路段需要另外付費，都有可能被查票補票。→P.016

大型行李

　　搭乘新幹線移動的遊客愈來愈多，大型行李箱擋在車廂中十分擾民。於是有的路線開始實施「大型行李預約」制度，一定要多注意。→P.016

優惠特典

　　不只區域性的JR PASS有些優惠，持全國性JR PASS也有獨家優惠，可善加利用。→P.017

多知道一些

　　還有什麼是用JR PASS要再多知道一點的事呢？像是搞懂新幹線、行程怎麼排才能把票用得淋漓盡致？知道更加分哦！

全日本新幹線

　　日本的新幹線從北海道連到九州，想用JR PASS就是要狂坐才會超值。了解路線會幫助你讓行程規劃更順暢。→P.018

範例行程

　　行程苦手看過來，以玩遍日本為原則，配合7天、14天、21天票券的使用期間，幫你排好了參考行程。→P.020

觀光列車

　　觀光列車也是旅行的重點！全日本的JR體系下有什麼值得一搭的列車？哪些能用PASS免費搭、哪些又要加價？一次告訴你。→P.026

Q 什麼是 JR PASS？

A JR PASS可以再分為全日本周遊券、或地方性的周遊券，像是關東地區、東北地區、關西地區、北陸地區、關西山陽地區、九州地區、四國地區與北海道地區周遊券，不管那一款，使用上都是以時間為期限要連續使用。

啟用後，只要在限定範圍內，在JR PASS的有效期間中，**可以盡情搭乘JR所有的交通工具**（排除少部份列車，如新幹線NOZOMI、私鐵直通運行等），不需再額外付費，即先劃指定席券，也不必再付座位劃位費。

護照上的「短期停留」貼紙

Q 誰都可以買嗎？

A 這是只有以**觀光為目的的訪日外國旅客**才能購買的票券。

入境日本時以觀光為目的「短期逗留」的外國遊客，憑戳章/貼紙的人，才可兌換及使用JR PASS。

就算是已經在網頁、旅行社花錢買好PASS兌換券，只要不具備「短期逗留」的入國資格，就不可以領取及兌換JR PASS。

另外，如果是從自動通關入境的人護照上沒有「短期逗留」的印章/貼紙，可以向機場工作人員提出申請加蓋印章或貼上貼紙。若是持有日本自動化閘門快速通關 (TTP, Trusted Traveler Program) 的「特定登錄者卡片」者，出示卡片就可確認為「短期逗留」。

Q 有幾種？多少錢？

A JR PASS全國版可以分為連續7日、連續14日與連續21日使用的期間，可選擇綠色車廂或普通車廂兩種類型，詳細價格如下表：

種類	綠色車廂用		普通車廂用	
	成人	兒童	成人	兒童
7日	￥70,000	￥35,000	￥50,000	￥25,000
14日	￥110,000	￥55,000	￥80,000	￥40,000
21日	￥140,000	￥70,000	￥100,000	￥50,000

❶ 兒童票僅限使用時年滿6以上12歲(不含)以下之孩童（12歲(含)以上的小學生以「大人」視之）。

❶ 於付款日、海外發售兌換證發行日時未滿12歲，而使用時年滿12歲之孩童也可以用兒童票。

Point!

**JR PASS全國版這麼貴，
只要把握以下原則，
就能用到超值划算！**

◎目標為全日本城市走訪，一定要大範圍使用。
◎以新幹線為主、特色列車為次，非必要不使用巴士（浪費時間）。
◎票券為連續使用，長時間在日本旅行可分拆購買。
◎機場選擇甲進乙出可以節省最多時間。

Q 能坐什麼車？

A 持全國版JR PASS可以搭乘**全日本所有JR的鐵道、巴士及渡船**。依據你買的車票等級「綠色車廂」或「普通車廂」搭乘相對應的車廂；綠色車廂位置較寬闊且使用的人少，相對較為清幽。「普通車廂」是較多人購買的版本，畢竟速度一樣，新幹線的普通車廂也有十足充裕的空間，深受小資族愛用。

新幹線方面「希望號NOZOMI」或「瑞穗號MIZUHO」則要**另外加價購買特別乘車券**；要搭乘新幹線「Gran Class」等級的頭等車廂，也要另外加買綠色車廂券與指定席券哦！

1.鐵道

JR全線及新幹線、特急列車、急行列車、快速列車、普通列車及BRT（一部份列車不可使用。）

◎**東京單軌電車**
◎**青森鐵道**：青森－八戶間（只能在青森、野邊地、八戶上下車）
◎**IR石川鐵道**：金澤－津幡間（只能在金澤、津幡上下車）
◎**愛之風富山鐵道**：富山－高岡之間（只能在富山、高岡上下車）

2.巴士
◎**JR巴士公司的各地方路線**：JR北海道巴士、JR巴士東北、JR巴士關東、JR東海巴士、西日本JR巴士、中國JR巴士、JR四國巴士、JR九州巴士（一部分地方路線除外。可乘車的路線可能會發生變更。）
❶ 不含JR巴士各公司的高速巴士路線區間。

3.渡輪
◎**JR西日本宮島渡輪**：宮島－宮島口（需另付登島費￥100）

Q 網路預訂要注意什麼？

A 只要持有**海外護照與信用卡**，就可以在JR PASS 的官方網站購買，並預約預定乘坐區間的指定席座位。

🔴 www.japanrailpass-reservation.net

Point!

網頁受理時間4:00～23:30
（日本時間）

◎只能使用信用卡付款。信用卡名義必須為購買者本人。關於沒有持有本人名義信用卡的兒童，如果和可以使用信用卡的人，在同樣時間搭乘的話，即可購買。

◎包含購買者本人，符合購買日本鐵路通票條件的同行者，最多可以購買6人份。

◎購買時，需要填入電子郵件地址、使用者姓名及護照號碼。

◎在專用網頁購買JR PASS後，可以在同樣的網頁預約新幹線及特急列車等JR的指定席座位。

Q 網路購票的流程？

A **首先要在網站上註冊：**
🔴 www.japanrailpass-reservation.net

1. 由首頁點選「尚未註冊的顧客請點選此處」
2. 輸入要在網站使用的電子信箱和密碼等
❗ 通票發行時會核對姓名，請務必輸入護照上的姓名。
3. 完成臨時註冊後，將會發送「使用者資訊正式註冊指南」的郵件至電子信箱。 點選郵件正文中的URL完成註冊。
4. 完成正式註冊後，將會發送「使用者資訊正式註冊完成通知」郵件至電子信箱。可以在註冊完成頁面用已註冊的帳號進行登入。

網站購買：

1. 登入後，在我的選單中選擇「預訂日本鐵路通票」。
2. 輸入JR PASS的啟用日期。可以於開始使用日前一個月的上午4:00（日本時間）開始購買。成人加兒童最多可選擇6人。
❗ 若以3/29為開始使用日，購買日則從3/1的4:00（日本時間）起。
3. 輸入預定到達地點。若沒有預定到達地點的機場，選擇預定到達地區的「其他機場和港口」。
4. 輸入使用者的姓名和護照號碼。代表人將自動設定為註冊用戶。
5. 確認購買明細和付款費用。 如確認無誤，請輸入信用卡資訊。
6. 購買完成後，將會寄送「購買完成通知」郵件至電子信箱。

Q 台灣有哪些旅行社可以買 JR PASS？

A 在台灣，主要由日本的旅行社JTB、近畿旅行、日本旅行、日航旅行等，與台灣各大旅行社合作開立兌換券。若想在台灣購買，可洽詢以下幾家旅行社：

可樂旅遊 🌐 www.colatour.com.tw
易遊網 🌐 www.eztravel.com.tw
上順旅遊 🌐 www.fantasy-tours.com
朋達旅遊 🌐 www.ponda.com.tw/C/tw/home
KKDAY 🌐 www.kkday.com/zh-tw
雄獅旅遊 🌐 www.liontravel.com/category/zh-tw
太平洋旅行社 🌐 www.pac-group.net
東南旅遊 🌐 www.settour.com.tw
福泰旅遊 🌐 www.tristar.com.tw
台灣近畿國際旅行社 🌐 www.knt-taiwan.com
HIS台灣 🌐 www.his-tw.com.tw
易飛網 🌐 www.ezfly.com
五福旅遊 🌐 www.lifetour.com.tw
Gettour愛上旅遊 🌐 www.gettour.com.tw
燦星旅遊 🌐 www.startravel.com.tw
創造旅遊 🌐 www.ctt.tw

Point!

抵達日本後，請至指定的領取處窗口領取JR PASS。

◎備妥於網頁購買時收到的號碼，或是向旅行社購買的MCO，以及附有「短期停留」證明的護照。
◎領取時會確認使用資格。包含同行者，請出示所有人員的護照。

Q 啟用日要選在什麼時機點才好？

A 考慮你的旅遊行程的特性和動線，決定啟用的時間。要讓JR PASS物盡其用，用到物超所值，啟用時間很重要。簡單來說，**定點旅行的時候就不需啟用JR PASS**，一旦要開始長途旅行，特別是得利用到新幹線，或有一段長途密集的移動時間時，就是要開啟JR PASS的時候。

舉例來說，前三天待在東京，第四天到大阪，第六天起在關西地方大範圍移動，第九天從關西機場離開日本。如果購買的是七天期的JR全日本周遊券，最好是第三天或第四天要搭乘新幹線從東京到大阪時才開始使用，直到離開的第九天為止；如果太早開始使用，最後一天從京都到關西機場的特急列車HARUKA就必須以原價¥3,440購票，這筆費用可能比前3天定點待在東京市區移動所需的交通費還要高呢。

旅行社開立的MCO

Q 在日本兌換 JR PASS時要注意什麼？

A 提醒你，購入PASS（兌換券）後一定要在**開立後三個月內兌換**成JR PASS票券，否則就會失效，也不能退款。兌換時需要**指定一個月內的啟用日期**。同時也可以預約使用期間想要搭乘的指定席列車。

兌換時要記得帶護照，同時使用JR PASS搭車時，也要隨身帶著護照，以備查票之用。

到日本後要去哪裡兌換？

並不是每個車站都可以兌換，記得要找多條路線匯集的大站才可以哦。詳見下表：

JR PASS 日本全攻略

車站	領取、兌換處	營業時間 週一至週五	營業時間 週末例假日	網路訂票領取	兌換券交換
釧路	JR售票處	10:00-18:00		○	○
帶廣	JR售票處	9:00-17:00		○	○
旭川	JR售票處	9:30-17:30		○	○
札幌	JR外籍旅客服務處	8:30-19:00		○	○
新千歲機場	JR外籍旅客服務處	8:30-19:00		○	○
函館	JR鐵路周遊券售票處	10:00-12:30, 13:30-18:00		○	○
新函館北斗	JR售票處	9:00-19:00		○	○
青森	JR東日本旅行服務中心	10:00-17:00		○	○
盛岡	JR東日本旅行服務中心	10:00-17:30		○	○
秋田	JR東日本旅行服務中心	9:30-17:30		○	○
仙台	JR東日本旅行服務中心	8:30-19:00		○	○
山形	JR東日本旅行服務中心	10:00-17:30		○	○
福島	JR東日本旅行服務中心	10:00-17:30		○	○
新潟	JR東日本旅行服務中心	9:30-17:00		○	○
長野	JR東日本旅行服務中心	9:00-17:00		○	○
大宮	JR東日本旅行服務中心	10:00-19:00		○	○
成田機場 T1	JR東日本旅行服務中心	8:30-19:00		○	○
	售票處	6:30-8:30, 18:00-21:45		○	○
	成田國際機場第1航廈旅遊服務中心	9:00-18:00		○	○
成田機場 T2,T3	JR東日本旅行服務中心	8:30-19:00		○	○
	售票處	6:30-8:30, 20:00-21:45		○	○
柏	JR東日本旅行服務中心	10:00-17:00		○	○
船橋	JR東日本旅行服務中心	10:00-17:00		○	○
東京	JAPAN RAIL CAFE	8:00-16:00		○	○
	JR東海售票處	7:30-20:30		○	○
	JR東海售票處(八重洲中央口)	7:30-20:30		○	○
	JR東海售票處(八重洲北口)	9:00-19:00		○	○
	JR東海TOURS東京分店	10:00-19:00		○	○
上野	JR東日本旅行服務中心	8:00-18:00		○	○
新宿	JR東日本旅行服務中心(新南口)	8:00-19:00		○	○
	JR東日本旅行服務中心(東口)	9:00-18:00		○	○
涉谷	JR東日本旅行服務中心	9:00-18:00		○	○
池袋	JR東日本旅行服務中心	9:00-18:00		○	○
品川	JR東日本旅行服務中心	8:00-18:00		○	○
	售票處(JR東海)	9:00-19:00		○	○
羽田機場 T3	JR東日本旅行服務中心(東京單軌電車2F檢票口/到站大廳)	6:45-20:00		○	○
羽田機場 T2	旅遊諮詢中心(Welcome center)	6:00-22:00		○	○
立川	JR東日本旅行服務中心	10:00-17:00		○	○
川崎	JR東日本旅行服務中心	10:00-17:00		○	○
橫濱	JR東日本旅行服務中心	10:00-18:00		○	○
新橫濱	售票處(JR東海)	8:00-20:30		○	○
	JR東海TOURS新橫濱分店	10:00-18:00		○	○
小田原	售票處(JR東海)	8:00-20:00		○	○
三島	售票處(南口)	8:00-20:30		○	○
靜岡	售票處	8:00-20:30		○	○
濱松	售票處	8:00-20:30		○	○
	JR東海TOURS濱松分店	10:00-17:00		○	○
名古屋	日本鐵路周遊券兌換中心 註：僅接受信用卡付款	10:00-19:00		○	○
	售票處	6:00-10:00, 19:00-23:00		○	○
	JR東海TOURS名古屋分店	8:00-20:00	8:00-19:00	○	○
	JR東海TOURS名古屋站廣小路入口分店	8:00-20:00	8:00-19:00	○	○

車站	領取、兌換處	營業時間 週一至週五	營業時間 週末例假日	網路訂票領取	兌換券交換
中部國際機場 ※	日本中部旅遊服務中心	9:00-19:00		○	○
富山	售票處(中央口)	7:00-20:00		○	○
金澤	售票處(中央口)	7:00-20:00		○	○
	日本旅行TiS金澤分店	10:00-17:00（週四除外）		○	○
京都	售票處(JR西日本中央口)	6:30-21:00		○	○
	售票處(JR西日本中央口) ※僅限國外前來的旅客專用窗口	8:00-20:00		○	○
	售票處(JR東海新幹線八條口)	8:30-23:00		○	○
	JR東海TOURS京都分店	8:00-19:00	8:00-20:00	○	○
	日本旅行TiS京都分店	10:00-12:00, 13:00-16:00（週三除外）		○	○
東舞鶴	售票處	8:10-18:40		○	○
新大阪	Travel Service Center SHIN-OSAKA	8:00-20:00		○	○
	售票處(JR西日本東口)	6:00-22:00		○	○
	售票處(JR東海中央口)	5:30-23:00		○	○
	日本旅行TiS新大阪分店	7:00-20:30	7:00-20:00	○	×
	JR東海TOURS新大阪分店	8:30-20:00		○	○
大阪	售票處(中央口)	6:00-22:00		○	○
	日本旅行TiS大阪分店 (Travel Service Center OSAKA)	10:00-18:00		○	○
關西機場	售票處	5:30-23:00		○	○
奈良	售票處	8:00-20:00		○	○
三宮	售票處	6:00-22:00		○	○
	日本旅行TiS三宮分店	10:30-18:30	10:30-18:00	○	○
岡山	售票處	6:00-22:00		○	○
	日本旅行TiS岡山分店	10:00-17:00（週二除外）		○	×
鳥取	售票處	6:00-19:00		○	○
米子	售票處	6:45-19:30		○	○
境港	售票處	9:00-18:30		○	○
松江	售票處	7:00-19:00		○	○
廣島	售票處	5:30-22:00		○	○
新山口	售票處	6:00-20:00		○	○
下關	售票處	7:00-11:00, 15:00-19:00		○	○
高松	旅遊服務中心	10:00-18:00	10:00-17:30	○	○
松山	旅遊服務中心	10:00-18:00	10:00-17:00	○	○
德島	旅遊服務中心	10:00-18:00	10:00-17:00	○	○
小倉	售票處(JR九州)	7:00-21:00		○	○
博多	售票處(JR九州)	7:00-21:00		○	○
佐賀	售票處	7:00-21:00		○	○
長崎	售票處	7:00-21:00		○	○
熊本	售票處	7:00-21:00		○	○
大分	售票處	7:00-21:00		○	○
宮崎	售票處	7:00-21:00		○	○
鹿兒島中央	售票處	7:00-21:00		○	○

※ 中部國際機場沒有JR站。從中部國際機場到最近的JR站的交通無法使用JR PASS。
※各營業時間普查於2024年1月，請以各窗口實際公告為準。

Q 在網路上要怎麼先預定指定席？

A 在**官網購票的人，就可以利用指定席預約服務在網路先訂票**。如果是向旅行社購票的人則無法使用此服務。

1. 登入系統

🚇 www.japanrailpass-reservation.net

2. 從我的選單裡的日本鐵路票券一覽中 選擇需要購買的日本鐵路通票的「預訂指定座席」。

3. 輸入起站、到達站的車站拼音。若有希望的中途停靠站，選擇「添加中途停靠站」並輸入。最多可設置3個中途停靠站。

❶ 能預訂的範圍能包含乘車日一個月前的當天10：00起至列車發車時刻6分鐘前。

4. 系統最多顯示3條路線。 且每條路線最多可預訂3輛列車的指定座席。如無疑問，請點選「選擇」。

5. 根據需求、使用人數選擇座位。

6. 確認內容後即可完成預訂。系統將會寄送「指定座席票預訂完成通知」郵件至電子信箱。

Q 機器兌換指定席座位的流程？

A 使用JR車站內的預約座位售票機，不須在窗口排隊即可預約及發行日本鐵路通票的預約座位。按著以下步驟即可。

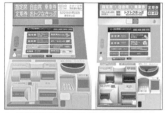

1. 找到JR車站內的自動售票機。

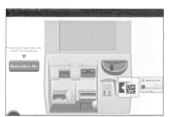

3. 掃瞄JR PASS上的QRcode（或輸入PASS上標示的識別號碼）

5. 輸入希望搭乘的區間、日期等，並選擇列車及設備。（已事先於官網預約座位的旅客，可選擇欲發行的車票行程。）確認內容，如果沒有錯誤即可發行票券。

2. 選擇語言，點選QRcode讀取

4. 輸入護照號碼

13

Q 指定券車票上寫什麼都看不懂？

A 指定券是**用來搭乘指定席列車**。如果沒有事先預約取得指定席券，就只能夠憑JR PASS搭乘自由席。有的列車是全車指定席，一定要記得先預約取票。票面會記載各項資訊，如下：

出發日　起站　出發時間　　到達站
　　　　　　　　　　到達時間

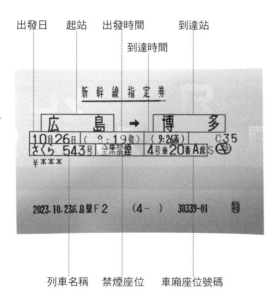

　　新 幹 線 指 定 券

広 島 → 博 多

10月26日 (8：19発) (9：26着) C35
さくら 543号 全席禁煙 4号車20番A席S

¥＊＊＊

2023.10.23広島黒F2　(4-)　30339-01

列車名稱　禁煙座位　車廂座位號碼

Q 要怎麼搭車？

A 早期的JR PASS是一張紙卡，出示給站務人員便可進出站。但當使用的人愈來愈多，JR也將PASS改為一般的「磁卡」，也就是說，當你在進站時要直接使用JR PASS刷進站，與一般車票並無不一樣。只是提醒出站時，一定要**記得取回票券**，不然**搞丟了可是不能補發的**。

　　另外要注意的是，常與 JR PASS放在一起的指定券，並不能單獨通過自動檢票機，所以在過閘口的時候，只要放入JR PASS本體即可，不要插錯張了。

想升等綠色車廂要怎麼搭？

一般JR列車（觀光列車除外）皆設有普通車廂，此外，許多長途列車（新幹線、特急等）則加設綠色車廂。綠色車廂用的PASS兩者皆可乘坐，普通車廂用PASS僅可乘坐普通車廂，皆無需另外付費。如果持普通車廂的乘客想搭綠色車廂，則需要**另外支付特急費用及綠色車廂費**。

而想利用「頭等艙」DX Green、Premium Green、Gran Class時，無論是綠色車廂用的PASS還是普通車廂用的PASS，因僅乘車券部分有效，所以都需**另外支付特急費用、頭等艙車廂費**。詳細可以至人工櫃台詢問。

❶搭乘新幹線「希望號NOZOMI」或「瑞穗號MIZUHO」皆要另外加價購買特別乘車券。

❶山陽新幹線（新大阪～博多）的大部分的「光HIKARI」、「回聲KODAMA」以及九州新幹線的一部分「櫻SAKURA」、「燕TSUBAME」（800系）、西九州新幹線「海鷗KAMOME」沒有綠色車廂。

要怎麼搭乘「希望號NOZOMI」或「瑞穗號MIZUHO」？

想要在JR PASS使用期間搭乘「希望號NOZOMI」或「瑞穗號MIZUHO」號新幹線，必需要先購買特別乘車券：【ONLY WITH JAPAN RAIL PASS】NOZOMI MIZUHO Ticket。

可以在車站的指定席售票機、綠色窗口、售票口、旅行服務中心購買。

不管是持綠色車廂用的PASS或普通車廂用PASS的售價都一樣。主要區間與價格如下：

主要區間	售價
東京、品川～名古屋	￥4,180
東京、品川～京都	￥4,960
東京、品川～新大阪	￥4,960
東京、品川～廣島	￥6,500
新大阪～博多	￥4,960
博多～鹿兒島中央	￥4,500

※每人每乘坐一次就需要一張

Point!

使用 JetFi Mobile 桔豐科技上網最便利

◎**JetFi eSIM 數據漫遊**
你的手機能用 eSIM 嗎？立刻免費體驗，APP 一鍵開通，免 QR Code，還有流量顯示。eSIM 台灣免費嘗新，開通後再送折價優惠。
🔗 https://reurl.cc/E136Xn

◎**JetFi WiFi 分享器**
WiFi 分享器 MOOK 粉絲專屬優惠下單網址
🔗 https://dl.gl/kMBy1nYrG

eSIM台灣
免費嘗新

Q 為什麼拿 JR PASS坐車 卻還要 被多收錢？

A 由於實施直通運行等，JR線有時會延長到私營鐵道公司的路線上。所以當**利用到私營鐵道公司的線路時，必須支付各區段的車費。**

各私營鐵道公司另付費路段如下：

越後心動鐵道：白雪號（直江津－上越妙高、新井之間）

東武鐵道：日光號（栗橋－東武日光之間）／鬼怒川號、SPACIA鬼怒川（號栗橋－鬼怒川溫泉之間）

伊豆急行：踴子號（伊東－伊豆急下田之間）

伊豆箱根鐵道：踴子號（三島－修善寺之間）

富士急行：富士回遊（大月－河口湖之間）

小田急電鐵：Mt.Fuji號（松田－小田急新宿之間）

伊勢鐵道：南紀號、快速三重號（河原田－津之間）

京都丹後鐵道：橋立號、丹後接力（福知山－豐岡之間）

智頭急行：超級白兔、超級因幡（上郡－智頭之間）

土佐黑潮鐵道：四萬十號、足摺號（窪川－中村、宿毛之間）

Q 搭新幹線時 帶大行李要先 預約嗎？

A 在搭乘**JR東海新幹線**（東京～新大阪）、**JR山陽新幹線**（新大阪～博多）、**JR九州新幹線**（博多～鹿兒島中央、武雄溫泉～長崎）路線時，要帶大型行李進入車廂需要事先**免費預訂「特大行李放置處附帶席」**，位會被安排在列車行進方向的最後一排椅子，後方也會設置「特大行李放置處」方便放行李。

車廂攜帶行李規定：A高度、B長度、C寬度，合計超過160公分就要預訂。合計不可超過250公分（長度 2 公尺為止）。

另外，3邊合計超過160公分但可以不用預訂的物品有嬰兒車、輪椅、自行車、大型樂器等，但若想要把這些物品或是合計沒超過160公分的行李箱放在「特大行李放置處」的話，一樣可以先預訂，方便上車後放置。

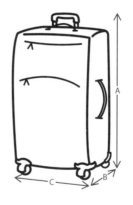

特大行李放置處往往在最後一排椅子的後方

Point!

預訂「行李放置處」小撇步

◎使用官網購入PASS的人，在預訂指定席座時也可以順便先預訂。

◎車站的指定席售票機、人工櫃台皆可免費預訂。

◎如果沒預訂就把大行李帶上車，會被收取特大行李手續費 ¥1,000。

◎每位乘客可以攜帶 2 件重量最高達 30 公斤的行李（傘、拐杖、手提行李、背包等不計算在內）。

◎「特大行李放置處附帶席」或「特大行李放置區附帶席」依列車而定，亦可能客滿，最好盡早預訂。客滿的情況下便無法預訂，只能換一車次。

持 JR PASS能夠享有什麼優惠嗎？

A 持有「JR PASS全國版」的旅客可於日本國內主要觀光設施等享受折扣特惠。
直接至設施出示使用中的「JR PASS」就能享受優惠哦！

地區	設施	優惠
北海道	JR TOWER	至APIA、SAPPORO STELLAR PLACE內的服務台即可獲得「迎賓優惠券（10張）」。每購物滿2,000日圓（含稅）可使用一張（相當於100日圓）。
	小樽水族館	入館費享200日圓折扣（冬季享100日圓折扣）
	北海道博物館	入場費享100日圓折扣＋咖啡折扣券
	北海道開拓村	入場費享100日圓折扣＋咖啡折扣券
	豐平館	入場費9折
	昭和新山熊牧場	入場費9折
	鄂霍次克流冰館	入場費9折
	函館山纜車	購買普通票價乘車券時贈送明信
	五稜郭	贈送明信
東日本	青森縣立美術館	贈送明信
	津輕藩睡魔村	贈送明信
	小岩井農場	入場費大人享200日圓折扣＋贈送明信
	白石城	盔甲體驗享200日圓折扣
	男鹿真山傳承館	贈送明信
	最上峽芭蕉Line遊船	乘船費享100日圓折扣
	常陸海濱公園	贈送原創透明文件夾
	偕樂園	享團體票折扣
	若山農場	入場費8折
	日光自然博物館	入場費享100日圓折扣
	碓冰峠鉄道文化村	入場費9折
	岩槻人形博物館	享團體票折扣
	埼玉市大宮盆栽美術館	贈送明信
	東京灣渡輪	享團體票折扣
	SHIBUYA SKY	SHIBUYA SKY SOUVENIR SHOP購物9折
	三溪園	入場費享100日圓折扣
	錦鯉之里	入場費享100日圓折扣
	長野縣信濃美術館	入場費享100日圓折扣
東海	掛川花鳥園	入場費享200日圓折扣
	起雲閣	入場費大人610日圓→460日圓
	日本平空中纜車	乘車費9折
	中部電力MIRAI TOWER	入場費大人1300日圓→900日圓
	德川美術館	贈送明信
	新穗高纜車	來回乘車券9折
	伊勢海洋樂園	入場費200日圓折扣
	鳥羽灣遊船＋海豚島	乘船費享100日圓折扣

地區	設施	優惠
西日本	大阪天守閣	入場費9折
	姬路城	入場費8折
	城崎溫泉3日通票	享200日圓折扣
	新溫泉町民巴士 夢TSUBAME	免費搭乘
	京都鐵道博物館	贈送透明文件夾
	密西根號遊覽船	乘船費9折
	竹生島遊覽船(濱港或今津港)	乘船費享9折
	白浜海中展望台	入場費800日圓→500日圓
	加越能「世界遺產巴士」	各種通票享8折
	舞鶴紅磚倉庫立體模型館	入場費享8折
	人道之港敦賀博物館	入場費8折＋原創贈品
	足立美術館	入場費2300日圓→2000日圓
	大原美術館	入場費2000日圓→1900日圓
	三原～大久野島高速船航線	乘船費2600日圓→2200日圓
	下關海峽夢之塔	入場費8折
四國	高知縣立坂本龍馬記念館	入場費8折＋原創贈品
	松山城纜車	大人520日圓→420日圓
	松山城天守閣	大人520日圓→420日圓
	道後溫泉別館 飛鳥乃湯	1樓浴場大人610日圓→480日圓
九州	門司港懷舊周遊觀光船	乘船費享9折
	祐德稻荷神社	原創贈品
	佐賀城本丸歷史館	原創贈品
	Amu Plaza長崎	1F服務台贈送可於AMU廣場長崎、長崎街道海鷗市場使用的500日圓購物折扣
	軍艦島環島觀光船	以電話或電 郵件事先預約的乘客可享優惠價格。（僅對應英語）電子郵件地址：gunkan-jima@honey.ocn.ne.jp 大人4200→3600 日圓
	長崎觀光丸	以電話或電 郵件事先預約的乘客可享優惠價格。（僅對應英語）電子郵件地址：gunkan-jima@honey.ocn.ne.jp 大人2000日圓→1000日圓
	長崎歷史文化博物館	常設展當日門票可打8折
	JR大分城	贈送可於AMU廣場使用的500日圓購物券。屋頂廣場免費乘坐一次Kuro-chan BunBun號列天空城市SPA入館費打95折
	明礬 湯之里	泡湯享100日圓折扣
	Amu Plaza宮崎	1F服務台贈送可於AMU廣場宮崎使用的500日圓購物折扣券
	飫肥日南屋	單車租借享100日圓折扣
	青島神社	日向神話館入場享100日圓折扣
	飫肥城	入場費享100日圓折扣
	仙巖園	入場費享100日圓折扣

日本全攻略

JR PASS

搞懂日本新幹線

用JR PASS 就是要利用無限次搭乘新幹線的權利來玩遍全日本，搞清處日本的新幹線系統，更能幫助你安排行程，知道自己想去的地方該怎麼去！

北海道新幹線

停靠站：**新青森、新函館北斗**
車種：**はやぶさ（HAYABUSA）、はやて（HAYATE）**

北海道新幹線是位於日本北海道與本州北部（東北）之間的新幹線路線，於2016年3月26日開始營運。現行通車路段為新青森站行經青函隧道至新函館北斗站，新函館北斗站至札幌站尚在興建中，預定2031年完工啟用。

東北新幹線

停靠站：**東京、上野、大宮、小山、宇都宮、那須塩原、新白河、郡山、福島、白石藏王、仙台、古川、栗駒高原、一之關、水沢江刺、北上、新花巻、盛岡、岩手沼宮內、二戶、八戶、七戶十和田、新青森**
車種：**はやぶさ（HAYABUSA）、やまびこ（YAMABIKO）、なすの（NASUNO）、はやて（HAYATE）**

東北新幹線於1982年開始運營，是JR東日本轄區內距離最長的新幹線。現在連接東京至新青森的東北新幹進而再分出山形新幹線、秋田新幹線，沿線有很多觀光景點，不只是當地居民愛用，也深受觀光客歡迎。

秋田新幹線

停靠站：**盛岡、雫石、田澤湖、角館、大曲、秋田**
車種：**こまち（KOMACHI）**

這是利用在來線路線進行局部規格升級後改良而成的迷你新幹線等級之路線，作為東北新幹線的延伸路線，連結兩個東北地方主要城市「盛岡」與「秋田」。

山形新幹線

停靠站：**福島、米沢、高畠、赤湯、上山溫泉、山形、天童、櫻桃東根、村山、大石田、新庄**
車種：**つばさ（TSUBASA）**

山形新幹線也是以迷你新幹線的方式連結「福島」與「新庄」，該路段原本是在來線奧羽本線的其中一部份，在修改軌距但不改動線型的方式之下，得以行駛新幹線列車。

上越新幹線

停靠站：**東京、上野、大宮、熊谷、本庄早稻田、高崎、上毛高原、越後湯沢、浦佐、長岡、燕三条、新潟**
車種：**とき（TOKI）、たにがわ（TANIGAWA）**

上越新幹線連接了東京都和新潟縣，於1982年啟用，提供了便捷的交通選擇，將都市與農村地區緊密聯繫起來。上越新幹線的列車通過壯麗的山川景色，為乘客帶來愉悦的旅行體驗。

北陸新幹線

停靠站：**東京、上野、大宮、熊谷、本庄早稻田、高崎、安中榛名、輕井沢、佐久平、上田、長野、飯山、上越妙高、糸魚川、墨部宇奈月溫泉、富山、新高岡、金沢**
車種：**かがやき（KAGAYAKI）、はくたか（HAKUTAKA）、あさま（ASAMA）、つるぎ（TSURUGI）**

北陸新幹線是連接東京和日本海沿岸北陸地區的高速鐵路。於2015年開通，大大縮短了從東京到北陸地區的交通時間。2024年預計開通福井、敦賀一段，未來也將通向京都，使北陸地區交通更便捷。

東海道新幹線

停靠站：**東京、品川、新横浜、小田原、熱海、三島、新富士、靜岡、掛川、浜松、豐橋、三河安城、名古屋、岐阜羽島、米原、京都、新大阪**
車種：**のぞみ（NOZOMI）、ひかり（HIKARI）、こだま（KODAMA）**

東海道新幹線是日本最早的新幹線，連接了東京和大阪。自1964年首次投入運營以來，這條新幹線一直是日本高速鐵路網絡的主要路線，讓旅客可以快速穿梭在東京與大阪兩大城市之間。

山陽新幹線

停靠站：**新大阪、新神戶、西明石、姫路、相生、岡山、新倉敷、福山、新尾道、三原、東広島、広島、新岩国、德山、新山口、厚狹、新下關、小倉、博多**
車種：**のぞみ（NOZOMI）、みずほ（MIZUHO）、ひかり（HIKARI）、さくら（SAKURA）、こだま（KODAMA）**

山陽新幹線連結新大阪至博多，屬於JR西日本營

運；原先以東海道新幹線延線方式建設，後來和九州新幹線直通後，多輛列車直通運行，讓博多到東京更加便利。

九州新幹線

停靠站：博多、新鳥栖、久留米、筑後船小屋、新大牟田、新玉名、熊本、新八代、新水俣、川內、鹿兒島中央

車種：みずほ（MIZUHO）、さくら（SAKURA）、つばめ（TSUBAME）

九州新幹線全線於2011年開通，讓福岡到鹿兒島原本將近4小時的車程，縮短至1小時20分。配合北海道新幹線的開業，更將日本從頭到尾都連接起來，從各地到九州也更加快捷、便利。

西九州新幹線

停靠站：武雄溫泉、嬉野溫泉、新大村、諫早、長崎

車種：かもめ（KAMOME）

西九州新幹線2022年9月正式運行，是日本最短的新幹線。從福岡到長崎，搭「リレーかもめ(接力海鷗)」在武雄溫泉站同一個月台就可以轉乘，全程只要1小時20分，九州之旅更省時更舒適了！

7日行程

Point!

鎖定日本中心區域，用新幹線
串聯東西景點

第1天 東京

東京迪士尼樂園：全家歡樂的主題樂園，與迪士尼角色度過一天。

東京晴空塔：東京的地標性建築，提供壯觀的城市全景，特別是夜晚時分的璀璨燈光。

秋葉原：現代科技與動漫的天堂，逛遍各種電器店和動漫商店。

第2天 仙台

松島灣：被譽為日本三景之一的仙台名勝，以其壯麗的海岸線和美麗的島嶼而聞名，遊船巡禮可欣賞風光如畫的自然美景。

仙台城跡：搭乘公車前往仙台城跡，一面欣賞歷史悠久的城堡遺址，更可以展望城市全景。

一番街：是仙台最大的商店街，就位在車站前，擁有眾多的精品店、咖啡廳和特色小吃。

第3天 名古屋

名古屋城：作為日本國寶之一，名古屋城是歷史的見證者。遊客可以漫步在城堡內外，探索豐富的歷史展覽和悠久的文化。

名古屋港水族館：擁有豐富的海洋生態和互動式展覽。特別適合家庭遊客，讓孩子可以近距離接觸海洋生物。

大須商店街：這裡有各種特色小店、美食攤位和潮流商品，滿足每個人的購物樂趣。

第4天 京都

嵐山：漫步於嵐山的竹林小徑、搭乘小火車、隨意逛逛吃甜點，欣賞美麗風景就是漫遊京都的醍醐味。

祇園：要說這裡是最能感受京都的傳統風情的地方一點也不為過，就尋著花見小路漫遊在茶屋小巷中，感受最京都的風情。

京都塔：位在京都車站前，白天不太起眼，夜晚點燈後就像巨大蠟燭，讓人欣賞京都市區的燈光夜景。

第5天 廣島

平和紀念公園：漫步於花草環繞的和平公園，感受和諧的氛圍，欣賞藝術品和紀念碑。

原爆圓頂館：踏上和平之旅，參訪原爆圓頂，體會歷史的嚴肅，反思和平的可貴。

嚴島神社：登船到海中的神社，沉浸在神聖的環境中，欣賞潮間帶的獨特景致。

第6天 岡山

岡山城、後樂園：岡山城是代表景點，磅礴的建築和環繞著城堡的後樂園庭園，形成了一個宜人的文化散步區。

倉敷美觀地區：以白壁建築和藝術畫廊聞名，保存了大正時代的建築風格，街道兩旁的商店和咖啡廳也充滿了濃厚的懷舊氛圍。

路面電車：以小玉、夢二為主題的各種塗裝電車，在城下町駛來駛去，為小城市增添不少風情。

第7天 大阪

日本環球影城：到瑪力歐世界找回童心，在各大精彩刺激的遊樂設施中盡情尖叫。玩完搭新幹線趕回東京，旅行完美結束。

14日行程

Point!

各區重點巡遊，日本輕旅樂遊

第1天 札幌

札幌時計台：這座歷史悠久的北海道象徵性建築，不僅是城市地標，還有一個美麗的庭園可供欣賞。

狸小路購物區：這是一條繁華的購物和美食街區，滿足各種購物需求。

藻岩山：登頂可俯瞰整個城市，尤其在夜晚，夜景更是令人陶醉。

第2天 函館

五稜郭公園：這是觀賞函館夜景的經典之地，特別是在夜幕降臨時，城市的燈光閃閃發光。

函館港町巡禮：參觀港區的歷史建築，如金森倉庫等，欣賞夜景的同時感受歷史的厚重。

湯川溫泉街：沉浸在當地的溫泉文化中，享受悠閒的湯浴樂趣。

第3天 青森

奧入瀨溪流：自然豐富的區域，有著清澈的溪水和茂密的樹木。遊客可以在這裡進行漫步，欣賞大自然的美景。

弘前城：這座歷史悠久的城堡是日本國寶之一，擁有美麗的庭園和櫻花林，吸引著許多遊客。

五所川原：被認為是動畫《你的名字》的靈感之地，大石神社擁有宏偉的鳥居和美麗的社殿。

第4天 仙台

松島灣：被譽為日本三景之一的仙台名勝，以其壯麗的海岸線和美麗的島嶼而聞名，遊船巡禮可欣賞風光如畫的自然美景。

仙台城跡：搭乘公車前往仙台城跡，一面欣賞歷史悠久的城堡遺址，更可以展望城市全景。

一番街：是仙台最大的商店街，就位在車站前，擁有眾多的精品店、咖啡廳和特色小吃。

第5天 東京

東京鐵塔：聳立於東京都心的地標建築，提供壯觀的城市景觀，特別是夜晚時的璀璨燈光。

豐洲市場：探訪日本最大的海鮮市場，品嚐新鮮的壽司和海鮮料理。

淺草寺：淺草寺是日本最古老且最有名的佛教寺廟之一。推薦在雷門前逛遍仲見世街，體驗濃厚的傳統氛圍，進入寺廟參拜可再順遊晴空塔。

第6天 京都

伏見稻荷：京都最著名的寺廟之一，千本鳥居吸引海內外遊客前來。

清水寺：座落在山坡上的寺廟，終年人潮眾多，著名的清水舞台提供絕佳的京都市區景觀。

二年坂、三年坂：歷史悠久的街道，保存著傳統的京都風情，穿上和服漫步和購物。

第7天 名古屋

名古屋城：作為日本國宝之一，名古屋城是歷史的見證者。遊客可以漫步在城堡內外，探索豐富的歷史展覽和悠久的文化。

名古屋港水族館：擁有豐富的海洋生態和互動式展覽。特別適合家庭遊客，讓孩子可以近距離接觸海洋生物。

大須商店街：這裡有各種特色小店、美食攤位和潮流商品，滿足每個人的購物樂趣。

第8天 大阪

大阪城：這座城堡是日本歷史的重要見證，其宏偉的建築和濃厚的歷史底蘊使其成為大阪市的代表性景點。

道頓堀：大阪最繁華的商業區，以其獨特的橋樑、購物街和著名的道頓堀川而聞名。眾多的商店、劇場和美食，是品味大阪美食的理想場所。

新世界：豐富的當地小吃和主題餐廳以及各種娛樂設施，如遊樂場、劇場和夜總會，充份感受到大阪的夜生活和娛樂文化。

第9天 岡山

岡山城、後樂園：岡山城是代表景點，磅礴的建築和環繞著城堡的後樂園庭園，形成了一個宜人的文化散步區。

倉敷美觀地區：以白壁建築和藝術畫廊聞名，保存了大正時代的建築風格，街道兩旁的商店和咖啡廳也充滿了濃厚的懷舊氛圍。

兒島：這裡以牛仔布服飾聞名日本，走在街道上可以看到許多牛仔服飾店家，適合血拼購物。

第10天 廣島

平和紀念公園：漫步於花草環繞的和平公園，感受和諧的氛圍，欣賞藝術品和紀念碑。

原爆圓頂館：踏上和平之旅，參訪原爆圓頂，體會歷史的嚴肅，反思和平的可貴。

嚴島神社：登船到海中的神社，沉浸在神聖的環境中，欣賞潮間帶的獨特景致。

第11天 由布院

湯布院溫泉：以其質樸的風景和溫泉文化而聞名。泡湯的同時也可以欣賞到周圍的山川美景，感受大自然的靜謐與寧靜。

地獄巡遊：以其高溫和特殊的地獄景觀而聞名，例如血之地獄和鬼之地獄，可以感受熱氣，深刻體驗到大自然的神秘之美。

別府溫泉：別府溫泉區也有眾多的溫泉旅館和公共浴場，為遊客提供舒適的泡湯環境。

第12天 熊本

熊本城：日本國寶之一，漫步於城內，感受悠久歷史，城樓上的城市美景一覽無遺。

水前寺成趣園：熊本的知名庭園，美不勝收，四季風情各異。

上通、下通商店街：品嚐當地美食，特別是道地的熊本拉麵和馬肉料理。

第13天 鹿兒島中央

霧島神宮：位於霧島山腳下的神宮，神聖而寧靜，有著美麗的神社建築和自然環境。

鹿兒島水族館：海洋生物豐富的水族館，有大型水族箱和表演，適合親子同遊。

櫻島：活火山櫻島至今仍不時噴發，搭乘渡輪就能登島，親眼看看融岩與大地的特殊風景。

第14天 博多

博多運河城：集購物、美食和娛樂於一身的複合商場，擁有獨特的水上購物區域。

大濠公園：擁有大型人工湖的城市公園，適合散步和踏單車，湖畔夜景迷人。

博多海濱公園：面向福岡灣的海濱公園，夜晚的燈光和海景相映成趣。

21日行程

Point!

全日本制霸，玩遍日本全部景點！

第1天 博多

博多屋台：漫步於燈火璀璨的屋台夜市，品嚐博多獨特的傳統小吃，相當有特色。

太宰府天滿宮：古老的宗教場所，融合歷史和宗教文化，參拜之餘，感受神聖氛圍和古老的建築風格。

JR博多城：博多車站共構的購物美食集散地，想逛街想吃美食想買東西，在這裡都能滿足。

第2天 長崎

長崎平和公園：深刻反映歷史的平和公園，彰顯和平的價值觀，參訪原爆資料館，感受對和平的呼喚。

稻佐山夜景：登上稻佐山，俯瞰長崎市夜晚的璀璨燈火，絕美的夜景令人難以忘懷。

長崎路面電車：搭乘長崎獨特的路面電車，穿梭於市區，一邊品味當地小吃，一邊欣賞風景。

第3天 熊本

阿蘇火山：探索壯麗的火山景觀，或選擇搭乘登山纜車，俯瞰山脈風光。

黑川溫泉：這是一個被櫻花樹和古老建築所環繞的美麗溫泉區。不但可以品味當地特色的露天溫泉，也有許多特色美食。

人吉：保存了江戶時代的歷史建築，包括傳統的商家和古老的街道，倘祥其中就像穿越時光隧道。

第4天 廣島

廣島城：歷史悠久的城堡，是廣島的象徵之一。遊客可以登頂城樓，俯瞰廣島市區，感受古老與現代的融合。

紙鶴塔：象徵著和平和重建，以千羽鶴為主題充滿寓意，不但可以由高欣賞城市，也能買到廣島特色物產。

尾道：沿著海邊與山坡而城的小城鎮，有著緩慢步調與豐富的人文風情，愛貓人的聖地。

第5天 松江

松江城：古老的城堡建築，探索城內的歷史，登城樓俯瞰城市美景。

出雲大社：神聖的神社，踏上神話之旅，了解日本神話和歷史。

島根縣立美術館：匯集了豐富的藝術收藏，展示了各種形式的藝術品，更因為 道湖夕陽而聞名。

第6天 新神戶

摩耶山夜景：登上摩耶山，俯瞰整個神戶市的夜景，尤其是夜幕降臨時，繁華的燈光璀璨奪目。

北野異人館：漫步於異國風情的街道，參訪保存完好的西洋建築，感受神戶異國情調。

神戶港：沿著美麗的港區散步，欣賞現代建築和港口景色，可選擇搭乘港口遊船，感受海風拂面。

第7天 大阪

大阪城公園：歷史城堡與櫻花美景交相輝映，可選擇租借腳踏車環遊園區，輕鬆享受大自然之美。

美國村：走訪這個時尚購物區，感受潮流文化，品味不同風格的街頭藝術和設計。

通天閣：在新世界地區探訪通天閣，除了擁有觀景台外，周邊還有各種小吃和購物選擇。

第8天 金沢

兼六園：日本三名園之一，四季風光美不勝收，特別以春天的櫻花和秋天的紅葉聞名。

金沢21世紀美術館：現代藝術的聚集地，參訪豐富的展覽，感受藝術的多元風貌。

近江町市場：金沢最具代表性的市場，擁有豐富的新鮮海鮮、當地特色的小吃和各式美食。

第9天 高山

高山老街：這條街道保留了當時的石板路、古老的商家和充滿歷史的風貌，是感受日本傳統風情的理想之地。

高山陣屋：作為江戶時代的政府據點，參觀高山陣屋可深入了解當地政治體制、文化傳承和古老的建築風格。

高山朝市：這個朝市是高山地區最古老的市場之一，擁有豐富的當地特色食材和手工藝品。

第10天 名古屋

熱田神宮：古老神社，擁有古老的建築和神聖的氛圍，亦被視為名古屋的守護神。

鐵道博物館：博物館內陳列著各式各樣的火車、鐵道模型和相關文物，展示了日本鐵道發展的歷史和技術。

犬山城城下町：這是犬山城周邊的歷史街區，保留了濃厚的江戶時代風情。這裡的狹窄街道、古老的建築和石板路彷彿讓遊客穿越時光回到過去。

第11天 靜岡

富士山：遙望富士山，欣賞這座令人嘆為觀止的自然奇蹟。壯麗的山巒和富士山的優美風景定會讓人難以忘懷。

靜岡茶畑：體驗日本茶的文化，不妨參訪茶田，了解茶葉的製作過程，並享受一杯地道的日本茶。

駿河灣：搭乘渡輪漫遊在駿河灣上，欣賞美麗的港灣風光和富士山的倒影。這是感受靜岡海岸線風光的最佳方式。

第12天 橫濱

橫濱中華街：橫濱中華街彷彿是一座小型中國城市，琳瑯滿目的中華美食絕對能滿足各種口味的渴望。

元町街區：走進元町，一個融合濃厚歐風與現代時尚的區域，街道兩側擺滿精緻店鋪、咖啡館，是放鬆漫遊的好去處。

三溪園：漫步在三溪園的日式庭園中，感受古老文化的靜謐與雅致，讓心靈在綠意中沉澱。

第13天 長野

善光寺：擁有悠久歷史的善光寺是日本最古老、最有名的佛教寺廟之一。感受它靜謐神聖的氛圍，並欣賞寺內的古老文化與藝術品。

上高地：四周環繞著壯麗的日本北阿爾卑斯山脈，是徒步愛好者的天堂。可以在清新的空氣中漫步，欣賞雄偉的山脈和清澈的湖泊。

松本城：登上松本城俯瞰松本市區，感受歷史的沉澱，同時欣賞城內保存完好的文物和建築風格。

第14天 新潟

白山神社：位於新潟市附近的白山神社是一個歷史悠久的神社，被認為是商業繁榮和婚姻幸福的神明。

舊齋藤家別邸：這是當地富商於大正7年(1918)開始，耗時4年建造完成，事先預約，就能在樹蔭綠影陪伴下，觀賞美麗的藝妓舞蹈表演。

佐渡金山：歷史悠久的金礦遺址，不但可以探索礦山文化，也能親自體驗淘金。

第15天 山形

山形花笠大祭：如能遇到活動期間，體驗當地傳統祭典，感受東北夏天的熱力四射。

藏王溫泉：來到藏王溫泉區，怎麼能不泡湯養神，感受山形獨有的溫泉文化。

銀山溫泉：神影少女場景的溫泉勝地，造訪山形一定要入住一晚，感受純和風的溫泉款待。

第16天 仙台

松島灣：被譽為日本三景之一的仙台名勝，以其壯麗的海岸線和美麗的島嶼而聞名，遊船巡禮可欣賞風光如畫的自然美景。

仙台城跡：搭乘公車前往仙台城跡，一面欣賞歷史悠久的城堡遺址，更可以展望城市全景。

地元食堂：品嚐當地風味的美食，不論是毛豆甜點還是牛舌料理，透過地道的飲食體驗，感受仙台獨特的美味。

第17天 秋田

角館武家屋敷：探訪保存完好的武家屋敷區，漫步在歷史悠久的街區，感受日本傳統建築和文化的魅力。

秋田市旅遊：漫步在美麗的城市，欣賞當地風光和現代建築，感受秋田的活力與魅力。

秋田縣立美術館：欣賞當地藝術文化的代表，館內收藏了眾多現代藝術品和當地藝術家的作品，是藝術愛好者不可錯過的地方。

第18天 青森

弘前城：造訪於櫻花盛開的季節，欣賞美麗的花道，城堡周邊的櫻花樹蔭下更是宜人。

古川市場：探訪當地市場，品味青森的新鮮海產和農產品，感受地道美食文化。

青之海公園：漫步在港區，感受東北的海港風情，觀察船隻歸港的熱鬧景象，感受悠閒自在的時光。

第19天 函館

函館朝市：晨間市場充滿新鮮海味和地道特產，品味當地美食文化，是味蕾的一場盛宴。

金森倉庫群：歷史悠久的紅磚建築群，現為文化複合區，充滿藝術氛圍，有眾多藝廊和小店，讓您盡情感受藝術與時尚。

函館山夜景：登上覽車，欣賞函館特殊地景與世界三大夜景。

第20天 旭山

旭山動物園：是日本最大的動物園之一，擁有豐富的極地動物，如企鵝、北極狐等，是親子遊的理想場所。

旭岳：北海道的最高峰，四季各有不同的風貌，夏季可享受登山活動，冬季則是滑雪勝地。

富良野美瑛：標準的北國花田風景，想拍美景絕對不能錯過。春夏花海，冬季雪景都很美麗。

第21天 札幌

札幌電視塔：位於狸小路商店街附近，是欣賞市區全景的絕佳地點，夜晚的燈光更是美不勝收。

狸小路商店街：是札幌最繁華的商業區之一，擁有眾多的購物商店、咖啡廳和美食店，適合購物和品嚐當地美食。

札幌啤酒工廠：這是一個讓遊客深入了解啤酒製作過程的地方。工廠內設有導覽區，遊客可以了解札幌啤酒的歷史、製程，並品嚐到新鮮釀製的啤酒。

日本全國　特色

持PASS OK！　不可持PASS搭乘　持PASS加購指定席！

列 車 全 制 霸

- **JR 北海道**
  - · 富良野 美瑛慢車號
  - · SL冬季濕原號
  - · 釧路濕原慢車號
  - · 流冰物語號

- **JR 東日本**
  - · 白神渡假號
  - · 東北 EMOTION
  - · 福島水果茶號
  - · 寶可夢列車
  - · SL磐越物語號
  - · Oykot號
  - · 越乃Shu＊Kura

- **JR 西日本**
  - · Belles montagnes et mer
  - · 花嫁暖簾號
  - · 嵯峨野觀光鐵道
  - · etSETOra
  - · SAKUBI SAKURA
  - · La Malle de Bois
  - · SL/DL 山口
  - · 海山結 ～連結幸福的百寶箱～
  - · 鬼太郎列車

- **JR 四國**
  - · 四國真中千年物語
  - · 伊予灘物語

- **JR 九州**
  - · 雙星4047
  - · Black Train36+3
  - · ARU 列車
  - · 由布院之森
  - · SL人吉
  - · 翡翠・山翡翠
  - · 阿蘇男孩！
  - · 搭乘A列車前往
  - · 指宿之玉手箱
  - · 海幸山幸

拜訪
夏日花田

感受
冰雪冬日

富良野‧美瑛慢車號

富良野‧美瑛ノロッコ号

JR北海道

🚉美瑛‧旭川~富良野 🕐6~9月運行，時刻請見官網 💰富良野~美瑛¥750、富良野~旭川¥1,290，指定席加¥840；兒童票半價

　　造型可愛的綠色觀光列車，有著大扇的觀景窗戶，讓鄉間景色、可愛草花和遠方大雪山主峰的連綿山頭，完整地映入眼簾。為了配合花季，還會多停靠特別加設的臨時車站「薰衣草花田」站，從這裡步行前往名氣最響亮的富田農場只需7分鐘。

SL冬季濕原號

SL冬の湿原号

JR北海道

🚉釧路~標茶‧川湯溫泉 🕐1月下旬~3月初運行，時刻請見官網 💰釧路~標茶¥2,970(含指定席券)，全車皆為指定席

　　釧網本線連接釧路到網走兩個道東大站，其中，釧路到塘路的路段，因為窗外就是美麗的濕原景色，特別受旅客歡迎，JR也特別安排只在冬天行駛速度極慢、造型也相當特別的觀光小火車SL冬季濕原號，帶乘客一窺冬日濕原的清寂之美，更能享受搭火車看濕原的樂趣。

濕原上的
悠然景緻

追逐流冰
而行

釧路濕原慢車號

くしろ湿原ノロッコ号

JR北海道

🚉釧路~塘路‧川湯溫泉 🕐4月底~10月期間，時刻請見官網 💰釧路~釧路濕原¥440、釧路~塘路¥640，指定席加¥840；兒童票半價

　　春夏秋時節行駛在釧路濕原的釧路濕原慢車號為日本最慢的列車，優雅緩慢地劃過濕原，沿途更有車掌先生為你講解周圍的生態環境，所以旅客可就近瞧個清楚、看個明白。想呼吸窗外濕原氣息時，只要推開窗戶即可。

流冰物語號

流氷物語号

JR北海道

🚉網走~知床斜里 🕐2月初~3月初運行，時刻請見官網 💰網走~知床斜里¥970(自由席)，兒童票半價

　　每年到了冬季，來自西伯利亞的流冰順著風向漂流到鄂霍次克海，整個海面頓時成為冰原景象。在開放的小火車中，感受北海道冬季的極寒，透過展望車裡的大片窗戶，不只能欣賞獨特的流冰，被譽為冬季使者的白天使也是這個時節的觀賞重點。

 持PASS OK！　 不可持PASS搭乘　 持PASS加購指定席！

五能線
絕景之旅

白神渡假號
リゾートしらかみ

JR東日本 ●青森～秋田 ●全年運行，時刻請見官網 ⑤青森～秋田 ¥5,350(含指定席券)，全車皆為指定席

　白神渡假號擁有青池、くまげら及橅三種車型，車內設有榻榻米座的和式包廂及展望風景的大玻璃車窗，列車上並規畫有特別活動——津輕三味線經典民謠的現場演奏，每逢週末及國定假日的津輕腔説書，夏季期間上演的津輕傳統人偶劇《金多豆藏》則是「橅」限定的特別活動。

以三陸絕景
佐美味佳餚

奔馳於水果大地
的咖啡館

東北 EMOTION
TOHOKU EMOTION

JR東日本 ●八戶～久慈 ●出發日程不定，時刻請見官網 ⑤八戶～久慈¥7,900(附午餐)，久慈～八戶¥4,500(附甜點)，來回¥11,900

　由著名車輛設計師奧山清行操刀，列車內巧妙運用了東北各項特產，1號車的包廂裡有著福島刺子織的壁畫，2號車作為現場料理的餐廳，更融入青森弘前刺繡、岩手南部鐵器的意象，3號車則是開放式餐廳，可以一邊吃著美食，一邊欣賞沿海大片風光。

福島水果茶號
FruiTea Fukushima

JR東日本 ●郡山～會津若松或郡山～仙台 ●週末、國定假日運行，時刻請見官網 ⑤郡山～會津若松¥3,900

　「FruiTea」是取自「Fruit(水果)」一詞，再加上以咖啡館為意象的「Tea(茶)」，搭乘列車不僅可以欣賞沿途的景色，最棒的是能夠品嚐由福島人氣甜點店提供的點心，每一項糕點都是使用福島縣產的水果，吃得到季節的鮮甜，再搭上一杯香醇咖啡，讓人對福島之旅更加期待。

跟著寶可夢踏上旅程

 寶可夢列車

POKEMON with YOU Train

 🚃一之關～氣仙沼　🕐週末假日固定運行，時刻請見官網
💴一之關～氣仙沼單程車票￥1,140，指定席￥520

　　JR東日本將繽紛的神奇寶貝彩繪列車駛入氣仙沼，車廂內從天花板、地面到椅套都是寶可夢們，小朋友一上車個個眼睛發光。列車發動後，車掌小姐會還向每一位乘客發送集點卡，集滿印章即可至氣仙沼觀光協會換取小禮物，簡直像是移動遊樂園。

蒸汽火車假日懷舊之旅

 SL磐越物語號

SLばんえつ物語

🚃新津～会津若松　🕐7月下旬～9月底的週末、例假日運行，時刻請見官網　💴新津駅～会津若松駅￥2,790

　　1946年製造的C57-180蒸汽牽引車頭，玲瓏有致的外觀，被暱稱為火車頭界裡的「貴婦」。車廂內外皆採用赭紅色調塗裝與實木色來統一視覺，七節車廂中除了一般與商務豪華客席，也設置了大型展望車廂與紀念品販賣部，還設有專屬郵筒，可以在這裏寄一張明信片回家。

日本原鄉風景列車

Oykot號

おいこっと

🚃長野～十日町　🕐週末、例假日運行，時刻請見官網　💴長野～十日町￥2,310

　　運行在JR飯山線上的「おいこっと」，拼音寫成「Oykot」，正好與東京的拼音tokyo相反，取的正是與都會完全相反的原鄉之地。僅有兩節車廂的外觀非常地樸實，內裝以木地板與豆沙色座席為主題，配上障子概念的窗格設計，展現十足的民居風格。

 持PASS OK！　 不可持PASS搭乘　 持PASS加購指定席！

美麗山海列車

Belles montagnes et mer

ベル・モンターニュ・エ・メール～べるもんた～

🚋 高岡～城端～氷見　🕐 週末、例假日運行，時刻請見官網　💰 高岡～城端￥1,120，新高岡～氷見￥860，車內套餐￥1,800～3,500，需3日前預約

（JR西日本）

　列車名稱取自法文「美麗的山與海」之意，有著深綠色車體與銘黃色飾邊的沈穩外型，雖然只有短短一節車廂，車內各處都巧飾以工藝等級的內裝。由於車程不到1小時，車上提供的餐食是小食性質的握壽司、海鮮丼等，雖然餐點的份量不多，可用料都是自富山灣捕捉到最新鮮的海產！

醇酒美食交錯競演　愜意造訪富米之鄉

越乃Shu＊Kura

Koshino Shu＊Kura

（JR東日本／越後心跳鐵道）

公司：JR東日本，越後心跳鐵道　🚋 上越妙高～十日町、上越妙高～越後湯沢、上越妙高～新潟，3條路線　🕐 週五、六、日及假日運行，每日路線不同，時刻請見官網　💰 1號車不可使用PASS搭乘；上越妙高駅～十日町駅成人￥9,400

　運行於新潟縣內的「越乃Shu＊Kura」是將在地銘酒與醸酒業的風情融入旅程中的移動式酒倉。車廂一共有三節，其中一號車廂是「View旅行」的專案車廂，車內備有四人座的小包廂以及橫式景觀座，此車廂內全座席都附有桌檯，讓大家好好享用旅途中的佳餚醇酒。二號車廂是賣店及活動車廂，三號車廂內雖然是一般座椅，空間卻比普通列車來的寬敞，也可以迴轉座椅變成四人空間。

展現極致工藝之美

花嫁暖簾號

花嫁のれん

🚋 金沢～和倉溫泉　🕐 週五、六、日及假日運行，時刻請見官網　💰 金沢～和倉溫泉￥2,900

（JR西日本）

　以石川縣為中心的加賀藩一帶，婚禮習俗中「花嫁暖簾」是女子出嫁時的重要嫁妝，而花嫁暖簾號就是石川縣帶給旅客最風光的款待。主題採用「和與美之竭誠款待」，外觀採用北陸兩大工藝：漆器的「輪島塗」與織品的「加賀友禪」為主視覺，以紅黑兩色為主，綴以金色花飾；車廂內座椅以大紅色統一風格，椅背上的木格則是另一個隱晦地展現工藝手法之處。

京都最有人氣
鐵道旅行

 嵯峨野觀光鐵道

嵯峨野トロッコ列車

JR
西日本 ●トロッコ嵯峨～トロッコ龜岡 ●通年運行，時刻請見官網 ⑤トロッコ嵯峨～トロッコ龜岡¥880

　因應觀光而重新打造的嵯峨野線，原為山陰本線的舊路線。鐵道沿著保津川而設，可以絕佳的視野角度欣賞保津川峽谷的四季美景。沿途經過トロッコ嵐山駅、トロッコ保津峽駅至トロッコ龜岡駅，單程約25分鐘。紅黑兩色的機關車採用開放式車窗，可以沿途欣賞嵯峨野的竹林峽谷、春櫻秋楓。

物見遊山
復古氛圍

 四國真中千年物語

四国まんなか千年ものがたり

●大步危～多度津 ●週五至日和例假日運行，時刻請見官網 ⑤¥3,550起，餐點須加價¥4,500

JR
四國 　四國真中千年物語貫穿大步危，並提供以在地食材烹煮的美味料理及地酒。車廂數只有三節，每一節皆有不同主題。一號車「春萌」以翠綠與褐色為底象徵新芽，座位皆搭配桌子。二號車「夏清」、「冬青」則以藍色為主，象徵德島傳統工藝藍染，且座椅全部面窗，一覽大山美景。三號車「秋彩」座位同一號車，但色調則是以代表深秋楓紅的深紅色為主。

最美海景
列車

 伊予灘物語

伊予灘ものがたり

●伊予大洲～松山～八幡濱 ●週五至日和例假日運行，時刻請見官網 ⑤大洲篇¥4,430、雙海篇¥6,430、八幡濱篇¥6,760、道後篇¥5,260

JR
四國 　四國愛媛縣著名的餐廳列車「伊予灘物語」，行駛於伊予灘海岸。列車僅兩節車廂，以伊予灘夕陽的「茜色」及愛媛特色的豔陽及柑橘的「金黃色」為車廂主題色。1號車「茜之章」為和式懷舊，2號車「黃金之章」則為洋式摩登。依行駛時段供應地產或契作農家的當季新鮮食材所烹製的朝食、午餐及下午茶。

 持PASS OK！ 不可持PASS搭乘 持PASS加購指定席！

吳線海岸美景
盡收眼底

etSETOra

エトセトラ

🚉 廣島～尾道 🕐 週五至日和例假日運行，時刻請見官網
💴 廣島～尾道 ¥2,520

JR西日本

　　沿著吳線奔馳的列車，享有瀨戶內海多島之美以及獨特的海洋視野，尤其是忠海站至安芸幸崎站的路段，列車會減速行駛，讓人感受etSETOra獨有的仿佛在海上行駛的擬真效果。列車內販售也相當豐富，提供瀨戶內檸檬蛋糕、整顆牡蠣煎餅等，在返程（尾道回廣島）還開設鐵道酒吧，供應特調雞尾酒「SETOUCHI BLOSSOM」以及地方特色的酒品。

移動的
現代美術館

岡山美學
風景饗宴

SAKUBI SAKURA
SAKU美SAKU

🚉 岡山～津山 🕐 3～9月的週末例假日運行，時刻請見官網 💴 岡山～津山 ¥1,700

JR西日本

　　美景之旅是本列車的概念。外觀設計以淡粉色為主題，車身上的花瓣設計呼應四季的變化，隨風飄動。內飾以深綠和啡色為基調，融入了岡山縣北部地區山川和森林的自然元素，營造出一種宜人的氛圍。此外，車廂內裝飾畫家「岡田美保」的水彩風景畫，展現了當地特有的風情。

La Malle de Bois
ラ・マル・ド・ボァ

🚉 岡山～宇野，岡山～三原，岡山～日生，岡山～琴平，4條路線 🕐 週六至日和例假日運行，每日路線不同，時刻請見官網 💴 岡山～宇野 ¥1,370，岡山～三原 ¥2,520，岡山～日生 ¥1,640，岡山～琴平 ¥2,450

JR西日本

　　這是一台以藝術為主題的西瀨戶之旅觀光列車，白色車身的車窗以大膽的設計呈現如同手提包一樣的造型。高級感十足的地板平台、現代藝術家的作品展示區、可直接載入自行車的自行車空間以及匯聚地方特色好物的車內販售櫃台等，La Malle de Bois讓旅客在移動中度過愉快的時光。

貴婦人懷舊
蒸汽火車

SL/DL 山口

SL山口号

🚉新山口～津和野　📅3～11月中的週末、例假日運行，時刻請見官網　💴新山口～津和野一般車廂￥1,700、綠色車廂￥2,170

JR
西日本

　　這兩部C57型、D51型的懷舊蒸氣火車，跟日本其他的蒸氣火車一樣，一度都因日本鐵道建設的進步，而被淘汰廢用，解除了它交通運輸的任務。不過這種冒煙、全身黑黝黝的笨重火車，深受人們懷念，於是日本掀起的SL復活風中，山口號也迅速重登場，帶來觀光的歡樂，更一迸帶著旅人拜訪森鷗外的美麗故鄉。

北近畿魅力
溫泉之旅

進入妖怪的
異想世界

海山結 ～連結幸福的百寶箱～

うみやまむすび

JR
西日本

🚉浜坂～城崎溫泉～和田山～寺前　📅運行日不定，時刻請見官網　💴浜坂～城崎溫泉￥680

　　「海山結」列車希望為旅途中誕生的各種「相遇」帶來好運，使乘客享受一趟「締結幸福緣分」的旅程，於是將車身以「寶箱」為意象，上有一顆巨大的心形標誌，路線更將北近畿地區充滿魅力的各處連結起來。目前作為一般列車，依公告時間才會運行。

鬼太郎列車

鬼太郎列車

JR
西日本

🚉米子～境港　📅各式塗裝無固定時間運行，時刻請見官網　💴米子～境港￥330

　　日本妖怪漫畫組鼻組水木茂的故鄉，就在鳥取的境港市，境港成了「最有靈氣」的地方。許多人為了造訪鬼太郎的家鄉，紛紛湧入境港觀光，於是JR也推出了以鬼太郎為主題的電車──鬼太郎列車，讓遊客從米子駅要轉乘至境港的途中就能先感受妖怪們的魅力。

 持PASS OK！　 不可持PASS搭乘　 持PASS加購指定席！

2022九州最新
海景觀光列車

雙星4047
ふたつ星4047

JR九州　●武雄溫泉~長崎　●週五~週一運行，時刻請見官網　⑤武雄溫泉~長崎￥4,180

以日本國鐵KiHa40系與47系柴聯車改造，造型保留舊車廂的優雅穩重，三節車廂外觀簡約、內裝華麗，沿著東西兩側海岸行駛，可欣賞到西九州最美海岸風光！行駛路線分成經過日本潮差最大的有明海的上午路線（武雄溫泉發車~抵達長崎），以及經過大村灣的下午路線（長崎發車~抵達武雄溫泉），雖然起始、終點都是武雄溫泉與長崎，但行駛路線不同，可以看到不同的美景。

跨越百年而生的
夢幻甜點列車

環繞
九州之旅

Black Train36+3
Black Train36ぷらす3

JR九州　●博多~熊本~鹿兒島，鹿兒島~宮崎，宮崎~大分~別府，大分~別府~小倉~博多，博多~佐世保，5條路線，6個行程　●週四~週一運行，時刻請見官網　⑤博多~鹿兒島中央￥17,740，博多~熊本￥7,270，熊本~鹿兒島中央￥12,150

「Black Train 36+3」共6節車廂，採和風摩登概念設計，木質內裝配上格紋窗、榻榻米，加上典雅的座椅布紋，流露著沉穩的奢華。5天行走5條路線，從週四玩到週一，1198公里路程繞行九州，一一探索九州的自然與人文魅力。

ARU 列車
或る列車

JR九州　●博多~由布院　●運行時間不一，時刻請見官網　⑤2人同行￥29,000/1人，單人票1人￥41,000(1号車)、￥35,000(2号車)

以已故「鐵道模型之神」原信太郎打造的模型為基準，由水戶岡銳治統籌設計，以黑與金為主調，重現了這台明治末期的夢幻列車。更棒的是還能在奢華空間中眺望田園風光、享用甜點，特別聘請連續五年獲選為「世界最佳50餐廳」的法式餐廳「NARISAWA」主廚成澤由浩設計，端出展現九州山海滋味的前菜、三款時令水果幻化的甜點與精緻小點。

隱身山林的
綠色精靈

由布院之森
ゆふいんの森

JR九州 ●博多~由布院・別府 ●每日運行，時刻請見官網 ⑤博多~由布院￥5,190，博多~日田￥3,410

由布院之森列車是開往湯布院的超人氣列車，外觀是呼應山野景致的翠綠色，內部以歐洲懷舊風格為概念，原木鋪設的地板、絨布座椅配上皮手把，還有一間小小畫廊。配合車外景色，還會播放鳥叫和New Age的輕音樂，車上服務人員也會隨時講解當地的景點和民間傳說。

體驗肥薩線
魅力首選

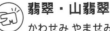

球磨川的
翡翠身影

SL人吉
SLひとよし

JR九州 ●熊本~鳥栖 ●3~11月間運行，時刻請見官網 ⑤熊本~鳥栖￥3,360

原本保存在人吉SL展示館中的8620形蒸汽機關車，1988年起運行於豐肥本線，後因時常故障而停駛。現以SL人吉的形態大復活。看那火車車頭噴起的黑煙，彷彿又將人拉回昭和年代，復古風情滿滿滿。值得一提的還有全新改裝的車廂，大量運用木頭營造出溫馨的感覺，坐在飄滿木頭香氣的車廂內欣賞窗外美景，享受舒適的奢華時光。

翡翠・山翡翠
かわせみ やませみ

JR九州 ●熊本~宮地 ●每日運行，時刻請見官網 ⑤熊本~宮地￥2,410

觀光列車「翡翠・山翡翠」以棲息於球磨川岸的翠鳥為名。當列車行駛於球磨川上，與背後蓊鬱山林、橋下碧綠河水相互映襯，那移動的深藍及深綠色澤，就像是林間飛翔的翠鳥般優雅。列車內大量使用了人吉球磨產的檜木與杉木，色調溫和宜人，也別忘了到展望室，用望遠鏡尋找翠鳥的美麗身影。

 持PASS OK！  不可持PASS搭乘   持PASS加購指定席！

療癒人心的童趣時光

 阿蘇男孩！
あそぼーい！

 JR九州　●熊本~阿蘇~大分~別府　●每日運行，時刻請見官網　⑤熊本~阿蘇￥2,410，阿蘇~別府￥4,500，熊本~大分￥5,630，熊本~別府￥6,030

　　由一隻小狗「KURO」為主題的「阿蘇男孩！」將原本的ゆふDX列車加以改變，創造出了一個大人小孩皆能同樂的世界；車內以多種風格呈現，有多彩的室內空間、純白的洗練風格，每一處都藏著可愛的小狗「KURO」。童書區還能夠讓孩子自由閱讀，享受寧靜悠閒的片刻。搭上這台車，大人小孩歡笑不斷，得到的育樂價值更是大過於交通移動的價值。

找到通往龍宮的密祕途徑

 指宿之玉手箱
指宿のたまて箱

JR九州　●鹿児島中央~指宿　●每日運行，時刻請見官網　⑤鹿児島中央~指宿￥2,300

　　由於指宿枕崎線沿線地形的關係，車體採一黑一白的雙面設計，面山一側為黑、靠海一側為白，乘降時更會從車門上噴出水蒸氣，好似真的打開了禁忌的玉手箱。內部裝潢大量採用原木，靠海的座位還有單人面海席次與窗沿桌，上山下海，彷彿一場芬多精洗禮。

列車化身爵士酒吧

 搭乘A列車前往
A列車で行こう

JR九州　●熊本~三角　●每日運行，時刻請見官網　⑤熊本~三角￥2,040

　　上午十點三十六分，月台上響起了爵士名曲Take the "A" Train時，便能見到沉穩的黑色列車緩緩駛進月台。以「十六世紀大航海歐洲文化」為設計概念，全黑的爵士印象加上金色邊線的車身，呈現洗練的復古。車廂大量運用木頭塑造出沉穩的風格，尤其是復古玻璃材質，更令人有種回到中古世紀的錯覺。列車行經住吉駅後可以在車窗右邊看見有明海，天氣好的話甚至能遠眺普賢岳。

穿梭神話的玩具列車

 海幸山幸
うみさちやまさち

JR九州　●宮崎~南郷　●週末及例假日運行，時刻請見官網　⑤宮崎~南郷￥2,440

　　乘坐海幸山幸列車，行經美麗的日南海岸，車掌小姐會以生動活潑的方式說這個發生在這塊土地上的古老神話，海幸山幸的神話故事。以此為發想，純白塗漆配上飫肥杉，創造出「木頭玩具般溫潤的列車」為概念，車內走的也是高雅簡樸的日式風格，與一般列車不同，車掌小姐不只會說故事，還會與乘客們互動玩遊戲。

光 是 區 域 玩

就 划 算 !

覺得行程不想拉太長、想要深入日本每個地區仔細玩，也有許多地方版本的JR PASS可以選擇。由JR北海道、JR東日本、JR東海、JR西日本、JR四國、JR九州依據各自的服務範圍推出的地方性PASS就有近三十張，再加上小範圍跨區域合作，讓人玩日本的行程安排變化性又更大了！

日本各區 JR PASS 大匯整

Hokkaido Rail Pass

北海道鐵路周遊券

連續10天	¥ 33,000

北海道全線皆可搭	・海外先買有優惠 ・不同天次可選擇 ・可搭JR巴士（指定範圍）

JR北海道

悠　遊北海道從北至南玩透透，利用此票券除無法搭乘北海道新幹線外，JR北海道線全線的普通、快速及特急列車的普通車廂指定席或自由席皆可自由乘坐，是大範圍遊玩北海道最佳選擇的優惠券。

PRICE OF TICKETS
票券種類與價格

連續5天 ¥ 21,000	海外銷售 ¥ 20,000
連續7天 ¥ 27,000	海外銷售 ¥ 26,000
連續10天 ¥ 33,000	海外銷售 ¥ 32,000

※6-11歲兒童半價
※上網（JR東日本網路訂票系統）購票時，票價為海外銷售價格

HOW TO USE
如何使用票券 ✓

◎無論網路預購或抵日再購買，都須持護照正本取票或購買。
◎取得票券後先核對資料有無錯誤。
◎請把鐵路周遊券「本券」放入自動驗票閘門。通過後請取回票券。（※指定席車票不能通過。）
◎僅限北海道鐵路周遊券**可以搭乘JR北海道巴士**〈不含都市間巴士及臨時巴士〉。札幌～小樽間的高速巴士路線只限搭乘JR北海道巴士。請於上車時領取整理券。下車時請把整理券交給司機，並出示北海道鐵路周遊券。不得搭乘其他巴士公司運營路線及地下鐵等。
◎搭乘特急列車特等車廂時，除了特等車費用以外，還須支付特急費用。
◎乘坐指定席時，請務必在乘坐前辦理指定席車票相關手續。在車內不能變更搭乘指定席。
◎不予將本鐵路周遊券更換成其他種類的鐵路周遊券或基本車票類。也不予更改使用開始日期。
◎票券遺失、破損不予補發。

INFO
購買資訊 ⓘ

◎**購買資格**
持觀光簽證短期入境日本的外國旅客才可購買使用
◎**購買方法**
(1) JR東日本網路訂票系統(預訂&抵日取票)
(2)抵日後直接購買
(3)日本國外旅行社
◎**使用期間**
指定日期起連續五天、七天、十天
◎**日本銷售&兌換/領取地點**
兌換／購票只限營業時間（鐵路周遊券受理時間）內可辦理，兌換時需要一點時間，請儘早前來辦理。且需出示有「短期滯在」的印章/貼紙的護照，並填妥申請書上所規定的欄位。此外，也可使用指定席售票機自己劃位，領取指定席車票。
(1)JR鐵路周遊券售票處：函館站。
(2)JR外籍旅客服務處：新千歲機場、札幌等車站。
(3)JR綠色窗口：登別、旭川、帶廣、釧路、網走、新函館北斗等車站。

SCOPE OF VALIDITY
票券使用範圍

◎JR北海道線（不含北海道新幹線）所有的列車
◎JR北海道線的特急列車普通車廂的指定席、自由席
◎JR北海道線的特別快速、快速列車的指定席、自由席
◎JR北海道線的普通列車
◎JR北海道線的臨時列車（特急 快速 普通）的指定席、自由席

稚內
增毛
旭川
富良野
網走
知床斜里
余市
札幌
根室
長万部
室蘭
東釧路
森
大沼
函館

圖例 ━━ 鐵道路線

NOTE
注意事項

◎可乘坐部分JR北海道巴士路線
◎不能搭乘北海道新幹線、道南ISARIBI鐵道線、路面電車、地下鐵。
◎ＳＬ冬季濕原號需要另購指定席車票才能搭乘。
◎兌換券若未經使用（尚未兌換成實體周遊券），包含是否可以辦理退票手續，請向購買兌換券的旅行社洽詢。退票手續費依照各販售處據點的規定計算。
◎已兌換成實體周遊券之退票手續的辦理，原則僅限在有效期間的開始日期以前，到購買／兌換本鐵路周遊券的售票處提出申請時，才可辦理。此時將扣除本鐵路周遊券售票金額（日圓）的10％做為手續費後（在JR東日本網路訂票系統購買的鐵路周遊券之手續費為560日圓），退還餘額。
◎開始使用後，不得因列車停駛延誤及其他理由而延長鐵路周遊券的有效期間或退費。
◎一切使用規範、範圍、售價等，皆以官網為準。
🔗www.jrhokkaido.co.jp/global/chinese/ticket

TRAVEL EXAMPLE
範例行程

10日北海道全制霸

這樣坐要	¥ 70,720
網路購票	¥ 32,000

激省!!

¥ 38,720

Day1

新千歲機場

 2hr 20min
快速Airport至「南千歲」
轉特急大空

帶広

 新千歲空港
 豬肉飯
 夏夜的帶廣市街
 Jewelry Ice

Day2

 1hr 37min
特急大空

釧路

 十勝千年之森
 丹頂鶴公園
 釧路濕原

Day3

 3hr 3min
JR釧網本線

網走

 北方民族博物館　阿寒湖
 網走流冰
網走監獄博物館

Day4

 3hr 39min
特急大雪

旭川

旭川市科學館
 旭山動物園
企鵝散步
 旭川拉麵
大雪地啤酒館

Day5

3hr 50min
特急Sarobetsu

稚內

宗谷岬
稚內駅
 稚內港北防波堤
 オトンルイ風力發電

Day6

 5hr 20min
JR 宗谷本線至「名寄」
換乘特急Nayoro

旭川

 稚內大沼
 稚內副港市場
 層雲峽
 AEON旭川駅前店

Q 我要怎麼決定買全國版JR PASS還是地方版的 PASS好？

A 首先你要決定想去的地方。如果你這趟日本行，只會鎖定在單一區域遊玩，時間大約5-7天，比如只玩北海道、東北、關西、九州等，就買地方版的PASS就夠用了。

若你這趟是要從九州玩到北海道、想橫跨超大區域、想搭遍特色列車、旅行時間超過10天以上，首選就是全國版JR PASS。而各家JR公司也有跨區合作的票券可以選擇：

東京-北陸-大阪：北陸拱型鐵路周遊券 →見P.108
東京-札幌：東日本・南北海道鐵路周遊券 →見P.068
北陸-大阪-博多：JR西日本全地區鐵路周遊券 →見P.198
大阪-広島-長崎-熊本：山陽&山陰&北部九州地區鐵路周遊券 →見P.202

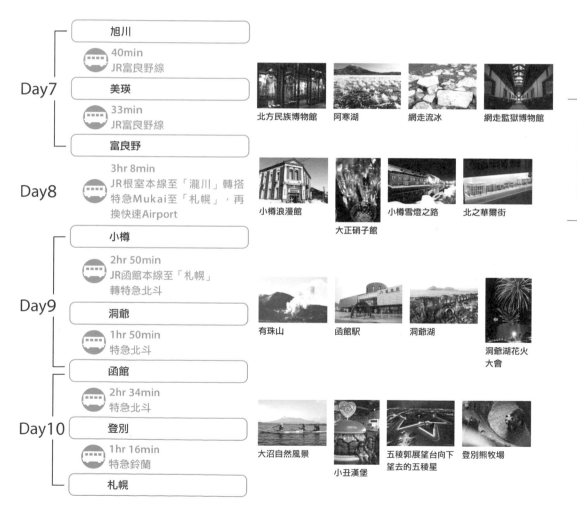

Day7
旭川
🚌 40min JR富良野線
美瑛
🚌 33min JR富良野線
富良野

北方民族博物館　阿寒湖　網走流冰　網走監獄博物館

Day8
🚌 3hr 8min JR根室本線至「瀧川」轉搭特急Mukai至「札幌」，再換快速Airport

小樽浪漫館　大正硝子館　小樽雪燈之路　北之華爾街

Day9
小樽
🚌 2hr 50min JR函館本線至「札幌」轉特急北斗
洞爺
🚌 1hr 50min 特急北斗
函館

有珠山　函館駅　洞爺湖　洞爺湖花火大會

Day10
🚌 2hr 34min 特急北斗
登別
🚌 1hr 16min 特急鈴蘭
札幌

大沼自然風景　小丑漢堡　五稜郭展望台向下望去的五稜星　登別熊牧場

Sapporo-Furano Area Pass

札幌-富良野區域鐵路周遊券

連續4天	¥11,000

札幌-富良野區間	・海外先買有優惠 ・小區域範圍首選 ・季節限定列車也OK

JR北海道

北 海道太大玩不完，就選這張票。範圍包含札幌到旭川為中心，順遊週邊美瑛、富良野知名景點，在花海中度過浪漫的假期。天數短，價格不高，只要搭個幾趟特急就會回本，十分推薦想以札幌與旭川為據點遊玩的人買。

¥ PRICE OF TICKETS
票券種類與價格

連續4天 ¥11,000　　海外銷售 ¥10,000

※6-11歲兒童半價
※上網（JR東日本網路訂票系統）購票時，票價為
　海外銷售價格

INFO (i)
購買資訊

◎購買資格
(1) JR東日本網路訂票系統(預訂&抵日取票)
(2)抵日後直接購買
(3)日本國外旅行社
◎使用期間
指定日期起連續四天

◎日本銷售&兌換地點
兌換/購票只限營業時間（鐵路周遊券受理時間）內可辦理，兌換時需要一點時間，請儘早前來辦理。且需出示有「短期滯在」的印章/貼紙的護照，並填妥申請書上所規定的欄位。此外，也可使用指定席售票機自己劃位，領取指定席車票。
(1)JR外籍旅客服務處：新千歲機場、札幌站。
(2)JR綠色窗口：旭川站。

HOW TO USE
如何使用票券 ✓

◎無論網路預購或抵日再購買，都須持護照正本取票或購買。
◎取得票券後先核對資料有無錯誤。
◎請把鐵路周遊券「本券」放入自動驗票閘門。通過後請取回票券。（※指定席車票不能通過。）
◎搭乘特急列車特等車廂時，除了特等席費用以外，還須支付特急費用。
◎在有效乘車區域以外的車站下車時，需用正規票價支付超過區間之基本票價和附加費用。
◎乘坐指定席時，請務必在乘坐前辦理指定席車票相關手續。在車內不能變更搭乘指定席。
◎不予將本鐵路周遊券更換成其他種類的鐵路周遊券或基本車票類。也不予更改使用開始日期。
◎票券遺失、破損不予補發。

SCOPE OF VALIDITY

票券使用範圍

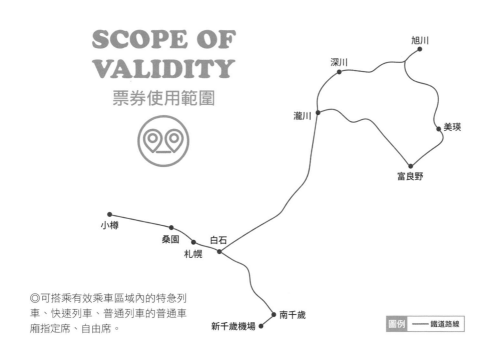

◎可搭乘有效乘車區域內的特急列車、快速列車、普通列車的普通車廂指定席、自由席。

圖例 ——— 鐵道路線

NOTE

注意事項

◎不可搭乘JR北海道巴士、札幌市營路面電車和地下鐵。
◎兌換券若未經使用（尚未兌換成實體周遊券），包含是否可以辦理退票手續，請向購買兌換券的旅行社洽詢。退票手續費依照各販售處據點的規定計算。
◎已兌換成實體周遊券之退票手續的辦理，原則僅限在有效期間的開始日期以前，到購買・兌換本鐵路周遊券的售票處提出申請時，才可辦理。此時將扣除本鐵路周遊券售票金額（日圓）的10％做為手續費後（在JR東日本網路訂票系統購買的鐵路周遊券之手續費為560日圓），退還餘額。
◎開始使用後，不得因列車停駛延誤及其他理由而延長鐵路周遊券的有效期間或退費。
◎一切使用規範、範圍、售價等，皆以官網為準。
🚉www.jrhokkaido.co.jp/global/chinese/ticket

TRAVEL EXAMPLE
範例行程❶

花海4日浪漫行

| 這樣坐要 | ¥ 12,620 |
| 網路購票 | ¥ 10,000 |

激省!! **¥ 2,620**

Day1

新千歲機場

37min
快速Airport

札幌

1hr 25min
特急Kamui

旭川

Day2

40min
JR富良野線

美瑛

33min
JR富良野線

Day3

富良野

1hr 5min
JR根室本線

瀧川

Day4

53min
特急Riraku

札幌

 北海道大學

 白色戀人公園

 藻岩山展望台

 鐵道模型店 popondetta

 5.7小路Furari-to

三浦綾子紀念文學館

青池冬季點燈

bi.blé

 中富良野町營薰衣草園

 後藤純男美術館

 富田農場

 森林精靈露台

 北海道大學植物園

 札幌大通啤酒節

成吉思汗達摩 本店

 滝川飛行公園

46

範例行程❷

札幌週邊4日小旅行

這樣坐要	¥16,670
網路購票	¥10,000

激省!!

¥6,670

Q 帶了小孩一起旅行，未滿6歲系統不給訂票怎麼辦？

A 在日本，未滿6歲的孩童不佔位搭車是不用車票的。但若要確保孩童有位置坐，可以搭乘自由座。目前購票系統上雖然無法購票，但到日本後可以在購票時表明願意付費購買兒童票，以方便劃位。

北海道─超值票券

Day1

新千歲機場

1hr 16min
快速Airport

小樽

46min
JR函館本線

札幌

大正硝子館　小樽屋台村　小樽運河倉庫群　色内食堂

Day2

札幌

53min
特急Riraku

瀧川

33min
特急Riraku

旭川

山頭火本店　旭川車站　自由軒　滝川飛行公園

Day3

旭川

40min
JR富良野線

美瑛

33min
JR富良野線

富良野

四季彩の丘　白金四季之森 PARK HILLS　亜斗夢の丘　青池

Day4

富良野

1hr 19min
JR富良野線

旭川

1hr 46min
特急Riraku至「岩見沢」轉
JR函館本線

白石

8min
JR千歳線

札幌

旭山動物園

札幌中央卸売市場

男山酒造資料館　北海道開拓の村

Sapporo-Noboribetsu Area Pass

札幌-登別區域鐵路周遊券

連續4天	¥ 10,000

札幌-登別區間	·海外先買有優惠 ·小區域範圍首選 ·季節限定列車也OK

JR北海道

玩 札幌也想泡溫泉，最方便又有風情的地方就是「能登溫泉」了。這是張連結札幌與能登地區的小範圍通票，包含周邊城市、小樽等必訪名勝，也可以串聯機場。結束札幌市區行程後，不妨利用這張套票來趟溫泉小旅行。

HOW TO USE
如何 使用票券

◎無論網路預購或抵日再購買，都須持護照正本取票或購買。

◎取得票券後先核對資料有無錯誤。

◎請把鐵路周遊券「本券」放入自動驗票閘門。通過後請取回票券。（※指定席車票不能通過。）

◎搭乘特急列車特等車廂時，除了特等席費用以外，還須支付特急費用。

◎在有效乘車區域以外的車站下車時，需用正規票價支付超過區間之基本票價和附加費用。

◎乘坐指定席時，請務必在乘坐前辦理指定席車票相關手續。在車內不能變更搭乘指定席。

◎不予將本鐵路周遊券更換成其他種類的鐵路周遊券或基本車票類。也不予更改使用開始日期。

◎票券遺失、破損恕不予補發。

¥ PRICE OF TICKETS
票券種類與價格

連續4天 ¥10,000	海外銷售 ¥9,000

※6-11歲兒童半價
※上網（JR東日本網路訂票系統）購票時，票價為海外銷售價格

INFO
購買資訊

◎購買資格
持觀光簽證短期入境日本的外國旅客才可購買使用

◎購買方法
(1) JR東日本網路訂票系統(預訂&抵日取票)
(2)抵日後直接購買
(3)日本國外旅行社

◎使用期間
指定日起連續四天

◎日本銷售&兌換地點
兌換／購票只限營業時間（鐵路周遊券受理時間）內可辦理，兌換時需要一點時間，請儘早前來辦理。且需出示有「短期滯在」的印章/貼紙的護照，並填妥申請書上所規定的欄位。此外，也可使用指定席售票機自己劃位，領取指定席車票。

(1)JR外籍旅客服務處：新千歲機場、札幌站。

(2)JR綠色窗口：登別站。

SCOPE OF VALIDITY

票券使用範圍

◎可搭乘有效乘車區域內的特急列車、快速列車、普通列車的普通車廂指定席、自由席。

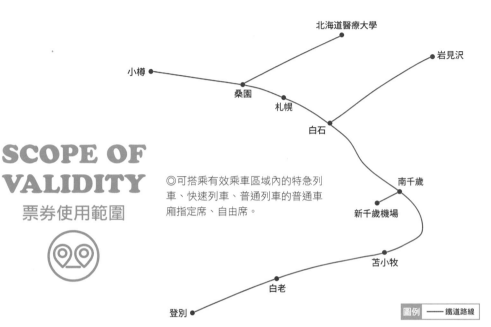

北海道醫療大學
岩見沢
小樽
桑園
札幌
白石
南千歳
新千歳機場
苫小牧
白老
登別

圖例 ──── 鐵道路線

NOTE

注意事項

◎不可搭乘JR北海道巴士、札幌市營路面電車和地下鐵。

◎兌換券若未經使用（尚未兌換成實體周遊券），包含是否可以辦理退票手續，請向購買兌換券的旅行社洽詢。退票手續費依照各販售據點的規定計算。

◎已兌換成實體周遊券之退票手續的辦理，原則僅限在有效期間的開始日期以前，到購買‧兌換本鐵路周遊券的售票處提出申請時，才可辦理。此時將扣除本鐵路周遊券售票金額（日圓）的10％做為手續費後（在JR東日本網路訂票系統購買的鐵路周遊券之手續費為560日圓），退還餘額。

◎開始使用後，不得因列車停駛延誤及其他理由而延長鐵路周遊券的有效期間或退費。

◎一切使用規範、範圍、售價等，皆以官網為準。

ⓤ www.jrhokkaido.co.jp/global/chinese/ticket

TRAVEL EXAMPLE
範例行程❶

4日溫泉小旅行

這樣坐要	￥13,960
網路購票	￥9,000

激省!! ￥4,960

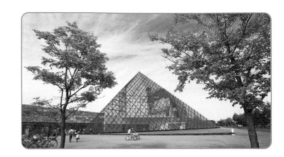

北海道—超值票券

Day1

新千歳機場

 52min
至「南千歳」轉特急北斗

登別

 11min
特急北斗

地獄谷　新千歳機場站　溫泉市場　閻魔堂

Day2

白老

 11min
特急北斗

登別

上村牧場　体験工房コロボッ　泉源公園　愛奴博物館
UEMURA BASE　クル 愛奴文化體驗　　　UPOPOY

Day3

 1hr 15min
特急北斗至「新札幌」轉
 JR千歳線

白石

 35min
JR函館本線

岩見沢

42min
JR函館本線

札幌

札幌車站
米村牧場チーズ工房　ESTA　モエレ沼公園

Day4

 46min
JR函館本線

小樽

46min
JR函館本線

札幌

小樽貴賓館　小樽運河　若鶏時代なると　JR Tower (展望台
夜景)

範例行程❷

札幌近郊4日行程

| 這樣坐要 | ￥ 12,650 |
| 網路購票 | ￥ 9,000 |

激省!!
￥ 3,650

Q 車票弄丟了怎麼辦？

The Corner of Q&A

A JR PASS在開通後是不能掛失或退票的，甚至在使用期間之內不能再買第二次，所以千萬千萬要保管好車票。如果真的不幸掉了，只能夠買單程票繼續行程，或是等原先車票的使用期限過後再重買一張。

Day1

札幌

46min
JR函館本線

小樽

Day2

56min
JR函館本線

白石

35min
JR函館本線

岩見沢

Day3

25min
特急Riraku

札幌

1hr13min
特急鈴蘭

登別

Day4

51min
特急北斗至「南千歲」轉快速Airport

新千歲機場

小樽地標
蒸氣鐘　六花亭　天狗山　北海道廳舊本廳舍

小樽水族館　北海道開拓の村　米村牧場チーズ工房　モエレ沼公園

登別伊達時代村　登別地獄祭　登別溫泉街　I-SE-KU-RA

千歲鮭魚故鄉館　奧之湯　新千歲空港

登別熊牧場

北海道—超值票券

札幌電視塔

🔘地下鐵大通站27號出口徒步約3分、札幌駅徒步約17分
🏠札幌市中央區大通西1 📞011-241-1131 🕐9:00~22:00 🌲
設備檢修日、1月1日，其他休息時間隨當地活動調整 🎫展望台入
場券(3F購票處)大人￥1000、國中・小學生￥500、幼兒(國小以
下)免費 🕸www.tv-tower.co.jp

　　札幌電視塔位於大通公園北端，與東京的東京鐵塔
同為橘紅色鐵塔造型，是札幌的地標之一。現在的札幌
電視塔單純作為展望塔之用；90.38公尺的高度雖然不
比車站旁的JR TOWER，卻可以更清楚地欣賞到大通和
鄰近薄野的閃爍夜景，在札幌雪祭與冬季白燈節時，更
可說是最佳貴賓席。

Sapporo啤酒博物館

🔘地下鐵東豐線「東區役所前」站徒步約10分　🏠
札幌市東區北7条東9-1-1 📞011-748-1876 🕐自由參觀
11:00~18:00；付費導覽11:30~16:30每個30分開始 🌲週一
(遇假日順延)、年末年始、不定休 💲參觀免費，導覽行程(含2杯
啤酒or飲料)大人￥1000 🕸www.sapporobeer.jp/brewery/s_
museum

　　優美的紅磚工場建築群，這是1890年(明治23年)所
建設的札幌啤酒製造地，如今轉變成日本唯一的啤酒博
物館。從北海道拓墾時代開始啤酒製造，長達140多年
的札幌啤酒製造史以及期間的轉變，包含各時代的廣告
海報、瓶身酒標的轉變、製造的變化等，透過免費的展
示空間都可一一了解。

時計台

🔘地下鐵大通站6 16號出口徒步5分、札幌駅南口徒
步約10分 🏠札幌市中央區北1条西2 📞011-231-0838 🕐
8:45~17:10(入館至17:00) 🌲1月1日~1月3日 💲大人￥200、
高中生以下免費 🕸sapporoshi-tokeidai.jp

　　札幌市代表建築之一的時計台建於1878年，最初是
作為札幌農學校(北海道大學前身)的演武場和活動廳之
用。在札幌農學校遷至現址後，演武場在1881年建造
並安置了來自美國的四面鐘樓，之後百年間持續為札幌
市民報時，是日本現存最古老的鐘樓。

狸小路

🔘市電狸小路站下車即達、札幌駅徒步約20分 🏠札幌市
中央區 🕸tanukikoji.or.jp

　　從西1丁目開始洋洋灑灑延伸到西8丁目的狸小路，
是札幌歷史最悠久、也是最長的商店街。狸小路上的品
牌服飾、可愛小店較少，以逛街來説，也許不是最適合
的，但藥妝、名特產店和不少餐廳齊聚於此，加上營業
時間較晚，不失為購買伴手的好地方。

小樽

◉ 小樽運河

🚶小樽駅徒步約10分 🏠小樽市色內、港町 ⏱自由參觀

　建於大正年間的小樽運河，見證了小樽港口的黃金時期，隨著港運衰退後轉為觀光之用，現在，瓦斯燈暖黃光線中，小樽運河以及運河側舊倉庫群的迷人構圖，已成為小樽甚至北海道的代表景點。

◉ 三角市場

🚶小樽駅徒步約1分 🏠小樽市稻穗3-10-16 ☎0134-23-2446 ⏱商店6:00~17:00、餐廳7:00~17:00，營時依店家而異 🌐otaru-sankaku.com

　三角市場始於昭和23年左右，最大的特色，便在於這裡的店家，將店內新鮮海鮮清一色整齊排列在店家前，並讓客人依自己的喜好挑選。這幾十公尺的小小市集雖然只有短短一條小徑，但裡面賣的海鮮超級便宜，還有6家美味的海鮮小食堂聚在這裡。

◉ 出拔小路

🚶小樽駅徒步約10分 🏠小樽市色內1-1 ⏱11:00~23:00(依店家而異) 🌐otaru-denuki.com

　出拔小路過去是運河船隻的卸貨處，現在，以舊地名為名的小樽出拔小路則是充滿復古風的飲食街。在明治大正時期的懷舊氣氛中，拉麵、壽司、成吉思汗烤羊肉等小店約10多間比鄰而居，平均營業時間到晚上的9~11點左右。

◉ 手宮線跡

🚶小樽駅徒步約10分 🏠小樽市色內 ⏱自由參觀

　開通於明治13年(1880年)的手宮線，為北海道最早的鐵路「官營幌內鉄道」中的一段，其中手宮到南小樽之間的區間即稱為手宮線。廢線於1985年的手宮線雖然早已退役多年，但過去的軌道及平交道依舊完整地保存在原址，充溢濃濃的懷舊氣息與寧靜的悠閒氣氛。

北海道─吃喝玩樂

閻魔堂

JR登別駅搭乘巴室至「登別溫泉」站徒步約5分　登別市登別溫泉町　9:00~22:00，地獄の審判10:00、13:00、15:00、17:00、20:00(5~10月21:00也有一場)　免費

　　走在極樂通溫泉街上很難不注意到坐在閻魔堂裡6公尺高的閻王，這是在1993年為了紀念登別地獄祭30週年而建造的。平時閻王被安置在閻魔堂中，一天會有六次的機關變臉表演(冬季為五次)，稱為「地獄的審判」。時間一到，即見閻魔王原本平和的臉變成了紅色的憤怒相，雙眼發光、張口怒吼，儡人模樣有時連小孩也會被嚇哭。

洞爺湖遊覽船

巴士「洞爺湖溫泉」站徒步約5分　虻田郡洞爺湖町洞爺湖溫泉29　0142-75-2137　中島觀光遊覽船4月下旬~10月底9:00~16:30，每30分一班；11~4月初9:00~16:00，每小時一班；〈期間限定〉煙火觀賞船為4月28日~10月31日20:30出發　中島觀光遊覽船：大人￥1420、小學生￥710；煙火觀賞船：大人￥1600、小學生￥800　www.toyakokisen.com

　　洞爺湖為終年不凍湖，因此一年四季皆可乘船在湖上遊覽。遊覽船以中世紀城堡為藍本，可容納300多人，遠看就像一座浮在水上的移動城堡，非常夢幻。船程約30到50分鐘，旅客可以遠眺環繞洞爺湖的昭和新山、有珠山和羊蹄山，盡享湖光山色。

地獄谷

JR登別駅搭乘巴室至「登別溫泉」站徒步約15分　登別市登別溫泉町　自由參觀　無，冬季時步道視積雪量封閉　免費參觀

　　地獄谷是直徑450公尺的火山噴發口遺址，一整片山谷不但寸草不生，還不時的噴出白色煙霧，迷濛中帶有硫磺的特殊氣味。沿著步道可以繞行地獄谷一圈，由於山谷中無數的噴氣孔仍然不時噴出高溫氣體，行走其間的時候，請不要任意離開為遊客鋪設的人行步道，以免發生危險。

函館

👁 函館朝市

🚶函館駅西口徒步約2分 🏠函館市若松町 📞0138-22-7981 ⏰5:00~14:00、1~4月6:00~14:00、依季節、店家而異 🈳依店家而異 💻www.hakodate-asaichi.com

離函館駅僅2分鐘路程的函館朝市，是所有人拜訪函館時必定造訪的美味景點。擠滿小店的街區，從天色微亮開始就充滿活力。各種剛剛上岸的新鮮海產活蹦亂跳，沿途店家一邊烤著奶油扇貝或長蟹腳，一邊向過路旅客熱情叫賣。除了海產外，餐廳、蔬菜、肉類等也都有喔。

👁 五稜郭塔

🚶「五稜郭公園前」巴士站徒步4分鐘、市電站15分 🏠函館市五稜郭町43-9 📞0138-51-4785 ⏰8:00~19:00，10月21日~4月20日9:00~18:00，五稜星之夢期間9:00~19:00、1月1日6:00~19:00 💴大人￥1000、國高中生￥750、小學生￥500 💻www.goryokaku-tower.co.jp

五角柱形的五稜郭塔就位於公園旁，標高107公尺的展望台可以從空中盡覽五稜郭公園優美的星狀結構，並有五陵郭相關的歷史展示。位於展望台上、不少日本人開心合照的銅像，則是在箱館戰爭中命喪於此的新選組副長土方歲三像。塔內另外也設有咖啡店、餐廳和紀念品商店。

👁 金森紅磚倉庫

🚶JR函館駅徒步15分、市電「十字街」站徒步約3分 🏠函館市末広町14-12、13-9 📞0138-27-5530 ⏰9:30~19:00(依季節而異) 💻www.hakodate-kanemori.com

位於港邊的金森紅磚倉庫，建築已超過百年歷史。建於明治與大正時期的長型倉庫昔日是商船靠港卸貨的地方，隨著港運角色的衰退，現在極富古意的紅磚外牆裡是充滿現代感的遊食空間，四棟主建築內有餐廳、世界雜貨、函館名產、小型音樂堂等，其中以金森洋物館佔地最廣，聚集超過20家的各種精品和雜貨店。

👁 函館山夜景

🚶市電「十字街」站徒步10分至纜車山麓駅，再搭乘纜車至山頂展望台；約4月中旬~11月上旬可從函館駅前4號乘車處搭乘函館山登山巴士，單趟￥500，約30分至終點「函館山」站下車即達 🏠函館市元町19-7 📞0138-23-3105 ⏰10:00~22:00(10月16日~4月24至21:00) 💴纜車往返大人￥1800、小孩￥900 💻334.co.jp

函館山夜景曾名列世界三大夜景，由於得天獨厚的地形，使得函館市街被兩側的弧形海灣包圍，呈現極為特殊的扇型。隨著天色漸暗，市街盞盞燈火緩緩亮起，如同閃爍的寶石一般，照映墨藍的夜空與海洋。若想避開絡繹不絕的觀光人潮，不妨趁天黑之前先搭乘纜車登上展望台，欣賞夕陽一面靜待天黑。

🍴 元祖豚丼ぱんちょう

📍帶広駅北口徒步3分 🏠帶広市西1条南11-19 ☎0155-22-1974 🕐11:00~19:00nn休週一以及每月第1、3個週二(如遇例假日則改休翌日) 💲豚丼(梅)￥1300 🌐www.butadon.com

　店如其名，位於帶広駅附近的「元祖豚丼Panchou」正是帶廣名物——豚丼(豬肉蓋飯)的創始店。創於昭和8年(1933年)的老店，將金黃色澤、特製醬料的美味炭燒豬肉片配上新潟米、醬瓜和幾顆豌豆，單純素樸的美味令人大呼感動。

🍱 十勝食物語

📍帶広駅出改札口的右手側 🏠帶広市西2条南12 (JR帶広駅ESTA西館) ☎0155-23-2181 🕐購物8:30~19:00、用餐10:00~19:45 休第3個週三(1月、12月除外，8月無休) 🌐www.esta.tv/obihiro/

　位在帶広駅內的十勝食物語，集結了14間十勝地區的菓子、餐飲名店，所有店家皆使用十勝地區孕育的優質食材，品質有保障。想要輕食或是甜點，在集結了十勝地區特色食品的「十勝品牌村(とかちブランド村)」可買到多項名店美食，Cranberry(クランベリー)亦在此設櫃，選擇非常豐富。

👁 釧路濕原

📍釧路駅前搭乘阿寒巴士[20]鶴居線，約40分至「湿原展望台」站，下車後徒步1分 🏠釧路市北斗

　綠色無垠的濕原以及蜿蜒其中的釧路川，構成一幅如夢般的天然風景。釧路濕原是日本第一個登錄拉薩姆爾公約的濕地保留地，也是日本範圍最大的濕原。這裡的原始自然，是許多珍貴動植物的居地，除了丹頂鶴外，還有各種可愛的北國動物，等著與你相遇。

👁 和商市場

📍JR釧路駅徒步約5分 🏠釧路市黑金町13-25 ☎0154-22-3226 🕐8:00~17:00 休週日、不定休(詳見官網) 🌐www.washoichiba.com

　和商市場內聚集約80家店，賣的不外乎是新鮮的海鮮、土產和水果等，不過這裡更有趣的地方便是特別的「勝手丼」文化。首先你得先到有賣飯的店買飯，然後拿著這碗飯到各個攤販前去購買你想吃的海鮮，不論是生魚片、海膽、鮭魚任君挑選，便宜又豐盛。

旭山動物園

🚌從JR旭川駅前6號乘車處搭乘41・47號巴士至「旭山動物園」站，約40分，車資￥450。 🏠旭川市東旭川町倉沼 ☎0166-36-1104 ⏰冬季：約11月~4月上旬10:30~15:30；夏季：約4月底~10月中旬9:30~17:15、10月中~11月上旬9:30~16:30、8月10日~8月16日至21:00；入園至閉館前30分(4月底~10月中旬至16:00) 🚫休園日、12月30日~1月1日 💰大人￥1000、國中生以下免費 🌐www.city.asahikawa.hokkaido.jp/asahiyamazoo/

旭山動物園曾經面臨關閉，經過努力成為全日本入園人次最高的「奇蹟動物園」。北極熊館的半球形觀測站，讓觀眾感受北極熊從冰下探出頭時看到的世界；海豹館裡海豹們調皮地游過特殊設計的透明水柱，在在都是考慮動物原生生態與觀眾心情的「行動展示方式」。

北之嵐山

🚌從JR旭川駅前14號乘車處(西武A館前)搭乘旭川電氣軌道巴士3、33號，約20分至「北邦野草園入口」站下車，車資￥220 🏠旭川市旭岡1、2 ⏰依店家而異 🌐www.kitanoarashiyama.com

位於鬧區近郊的北之嵐山是丘陵上一處安靜的住宅區，由於近處自然美景環繞，在明治40年代起開始有陶藝家在此聚集，發展到今日，已是各種手作工房、雜貨店、茶道庵和咖啡館錯落的區域，擁有自成一格的閒適氣息。

大雪窯

🏠旭川市旭岡2-9-10 ☎0166-51-1972 ⏰9:30~17:00 🚫年末年始、不定休 💰陶藝體驗￥2500起/1人(需預約) 🌐taisetsugama.com

大雪窯的第一代窯主板東陶光，是最早進駐北之嵐山的藝術家之一，現在則由二代和三代父子一同傳承創作。大雪窯於對北海道自然的溫柔描繪，讓旭川風景在店主的作品中嶄露無遺。

Tea&Cakes Chamomile

🏠旭川市旭岡1-18 ☎0166-54-2116 ⏰11:00~18:00 🚫週一、二(如遇例假日營業)、冬季1~3月

推開溪畔咖啡館Tea&Cakes Chamomile的木門，映入眼簾的是藤編及布製的可愛雜貨，以及撲鼻的手工麵包香氣。提供的餐飲為手工蛋糕、麵包、沙拉和飲品的組合，雖然簡單，但都相當美味。

北海道中心標

⊙ JR富良野駅徒步約10~15分　⊙ 富良野市若松町10-1
⊙ 自由參觀

東經142度23分、北緯43度20分，這裡就是北海道的中心、北國的肚臍。北海道中心標設在富良野小學的校園內，高4公尺、重達34噸的暗紅色紀念碑十分搶眼，周圍的花壇則種植著蝦夷紫杜鵑、東北紅豆杉等北海道代表植物。遊客們可進入學校自由參觀，但記得學生上課時間時需保持安靜。

拼布之路

⊙ 美瑛町　☎ 0166-92-4378(美瑛町觀光協會)

位於美瑛駅西北方的拼布之路是眾多廣告的取景地，可以JR美瑛駅為起點與終點，瀏覽亞斗夢之丘、Ken & Mery之木、Seven Star之木、親子之木、Mild Seven之丘、西北之丘展望公園的景致。此路線全長22.7公里，因為都是起伏的丘陵地，不包含吃飯時間的話慢慢步行至少需5小時，騎自行車則約需4小時。

森林精靈露台

⊙ JR富良野駅搭乘富良野巴士「薰衣草號(ラベンダー号)」至終點「新富良野プリンスホテル」站，車資￥260　⊙ 富良野市中御料　☎ 0167-22-1111　⊙ 12:00~20:45、7~8月10:00~20:45(依天候、季節而異)　⊙ 依店家而異　⊙ www.princehotels.co.jp/shinfurano/facility/ningle_terrace_store/

相傳富良野的森林裡居住著身高僅15公分的森林精靈，位在新富良野王子大飯店旁樹林中的森林精靈露台，還立著「請不要喧嘩以免吵到森林精靈」的可愛招牌呢。樹林內共有15棟用木頭搭建的小屋，裡面賣的全是富良野創作家們的手作商品，都很精緻可愛。

超廣角之路

⊙ 美瑛町　☎ 0166-92-4378(美瑛町觀光協會)

美瑛駅南面的超廣角之路一如其名，擁有許多可以眺望美瑛起伏地景的良好地點，可以感受美瑛「山丘小鎮(丘の町)」的稜線之美。一樣由美瑛駅為起點，可前往新榮之丘展望公園、美馬牛小學、四季彩之丘、攝影師前田真三的拓真館、千代田之丘展望台、三愛之丘再回到美瑛駅，全長23.6公里，步行約需6小時，騎乘自行車則需5小時。

宗谷岬

🚌JR稚內駅前搭乘宗谷巴士「天北宗谷岬線」，約50分至「宗谷岬」站下車即達 🏠稚內市宗谷岬 📞0162-23-6161(稚內市役所) 🕐自由參觀

宗谷岬位於北緯45度31分，是日本國土的最北端，在海岬盡頭，以北極星一角為造型的「日本最北端之地碑」，是稚內最具代表的風景，可以隔著宗谷海峽看到日俄主權爭議的庫頁島(日本稱為「樺太島」)。在宗谷岬附近的土產店皆可買到「日本最北端到達證明書」，一張￥100。

稚內北防波堤

🚌JR稚內駅徒步約5分 🏠稚內市開運1 🕐自由參觀

雖是防波堤，但建於1930年代的稚內北防波堤，卻因為北方大海的巨浪、狂風，以及兼作通往乘船棧橋的連絡通道之用，而設計出姿態獨特的半弧形拱頂，全長427公尺的防波堤下方通道，由70根巨大圓柱羅列支撐，造型優美。2001年北防波堤入選為北海道遺產，也成為不少電影或連續劇的拍攝場景。

利尻島

🚢稚內～利尻(鴛泊港)：船程約1小時40分，依季節一天約3班來回，船資￥2770起(依艙等而異)

山形優美的利尻山直接從海平面升起，形成了這座火山島嶼，從海拔0公尺開始的登山路線擁有獨特的北國高山風景，是登山者的夢想之地，如果不想攀登利尻山約9小時的路程，也可以在環島道路上沿途欣賞原生沼澤、高山植物與展望台的壯闊風景，感受這裡的島嶼情調。島上也有溫泉，另外夏季限定的利尻海膽和相當知名的利尻昆布，也是他處沒有的美味。

礼文島

🚢稚內～礼文(香深港)：船程約1小時55分，依季節一天約3班來回，船資￥3070起

在利尻島的對岸，以花聞名的礼文島也是美不勝收。每年6月下旬至7月之間，上百種稀少而美麗的高山花卉盛開於此，為礼文島贏得「花之浮島」的美名，並成為日本祕境百選之一，更吸引《北方的金絲雀》劇組前來拍戲，並留下拍攝場景成為熱門觀光景點。礼文島地勢比利尻島平緩許多，還有許多規劃良好的散步道，可以沿途欣賞美麗植物和不時出現的澄澈海景。

JR EAST PASS (Tohoku area)
東日本鐵路周遊券(東北地區)

連續5天 　　￥**30,000**

東北地區	・網路預訂機器取票 ・玩東北首選 ・可搭JR巴士（指定範圍）

JR東日本

從 成田機場或羽田機場到東京圈，或是直飛仙台從東北玩回東京，這張票除了可自由搭乘東京都區內的所有線路外，亦可搭乘前往青森、仙台、秋田的新幹線和特急列車以及東北地區JR全線，也包含往伊豆、日光、鬼怒川等地區路線。

 # PRICE OF TICKETS
票券種類與價格

連續5天￥30,000

※6-11歲兒童半價

 # INFO
購買資訊

◎**購買資格**
持非日本護照(含住日者，不論簽証效期)的外國人即可購買使用。
◎**購買方法**
(1)台灣代理店購買(抵日取票)
(2) JR東日本網路訂票系統(預訂&抵日取票)
(3)抵日後直接購買。
◎**銷售&兌換地點**
抵日後銷售及兌換方式，除了透過人員服務窗口外，也可利用有「附護照讀取功能指定席售票機」購買&兌換，節省排隊時間。
(1)JR東日本旅行服務中心(JR EAST Travel Service Center)：成田機場1．2．3航廈、羽田機場3航廈；以及秋田、青森、盛岡、仙台、山形、福島、水戶(*)、橫濱、池袋、澀谷、品川、新宿、東京、上野…等車站點。
(2)旅客服務中心(Tourist Information Center)：成田第1航廈、羽田第2航廈。
(3)JR綠色窗口：成田機場第1．2．3航廈。
❶ (*)僅有「附護照讀取功能指定席售票機」可兌換自取&購票

 ## HOW TO USE
如何使用票券 ✓

◎無論台灣、網路預購或抵日再購買，都須持護照正本取票或購買。
◎取得票券後先核對資料有無錯誤。
◎PASS票券目前為適用自動票閘口形態的車票卡發售，搭乘時只需將PASS票券插入自動票閘口、通過後再取回票券，無須再走有站務人員的出入口。使用期限中可自由進出車站、搭乘該票券能坐的車種，不需另外購票。
◎若是需要搭乘東日本新幹線、特急列車的指定席，可至各車站售票窗口或是可預訂指定席的售票機、官網預定，**免費取得指定券**，沒有指定券只能搭乘自由席。若想搭乘綠色車廂或是Class車廂，則必需另外購買指定席車廂券。
◎票券遺失、破損不再補發，也不能退費。

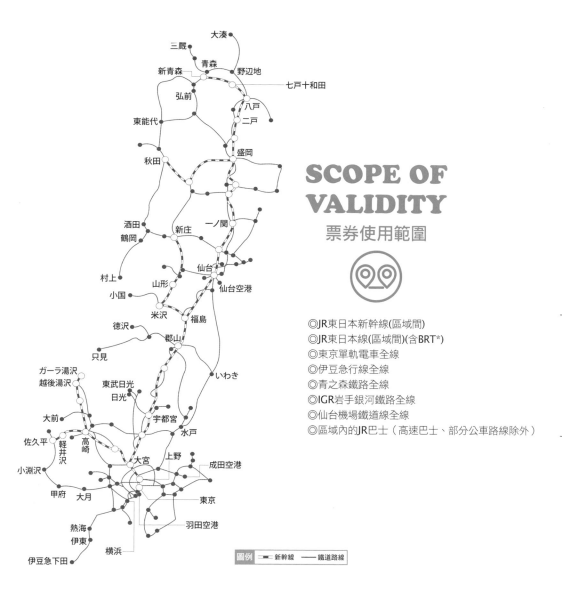

SCOPE OF VALIDITY
票券使用範圍

◎JR東日本新幹線(區域間)
◎JR東日本線(區域間)(含BRT*)
◎東京單軌電車全線
◎伊豆急行線全線
◎青之森鐵路全線
◎IGR岩手銀河鐵路全線
◎仙台機場鐵道線全線
◎區域內的JR巴士（高速巴士、部分公車路線除外）

圖例 ■■ 新幹線 ── 鐵道路線

NOTE
注意事項

◎「栗橋~下今市」間僅可乘坐與東武鐵道互通直達的特急列車(上車、下車站點其中一個，需為JR線車站時才可使用PASS)。
◎可乘坐JR東日本與東武鐵道直通行駛之特快列車「日光號」、「鬼怒川號」、「SPACIA 鬼怒川號」的普通車廂指定席(注意：全車皆為指定席)。
◎東武鐵道線下今市～東武日光、鬼怒川溫泉間的普通列車(含快速)亦可搭乘。
◎GALA湯澤站(臨時)僅於冬季～春季期間對外開放。
◎無法搭乘東海道新幹線。
◎一切使用規範、範圍、售價等，皆以官網為準。
🌐www.jreast.co.jp/multi/zh-CHT/pass/

TRAVEL EXAMPLE

範例行程

東京出發！5日東北精華

這樣坐要	¥ 70,788
網路購票	¥ 30,000

激省!!

¥ 40,788

Day1

成田機場

1hr
成田特快車

東京

1hr 40min
東北新幹線

郡山

1hr 16min
JR磐越西線

會津若松

Day2

2hr 8min
JR磐越西線至「郡山」
轉東北新幹線

仙台

JR成田空港站

鶴ヶ城

JR東北新幹線

一番町

仙台牛舌
一仙

末廣酒造

會津武家屋敷

The Corner of Q&A

Q 在旅行社買的JR PASS，可以在機器上兌換嗎？

A 在台灣有些旅行社訂購的JR PASS只有文字代碼，這種的無法去機器兌換，一定要找到綠色窗口才行。如果無法直接上官網訂購又因為行程安排想要在機器兌換的話，向旅行社購票時要確認是否會提供兌票的QR CODE，有的有提供。

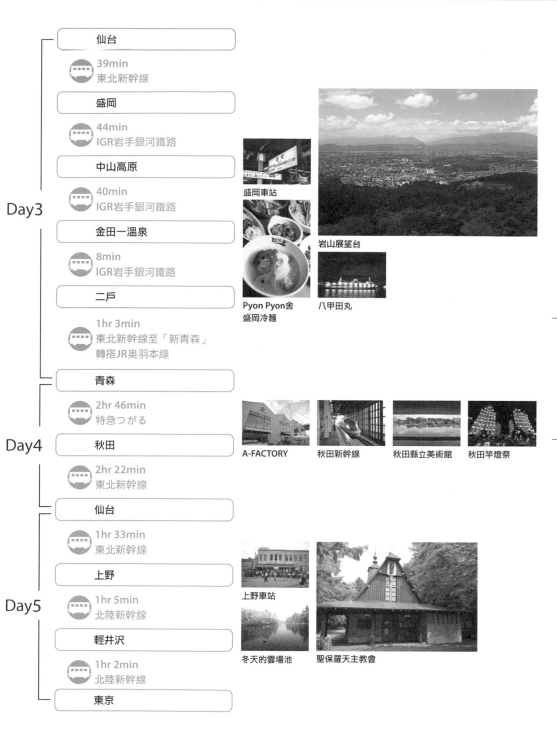

Day3

仙台

🚌 39min
東北新幹線

盛岡

🚌 44min
IGR岩手銀河鐵路

中山高原

🚌 40min
IGR岩手銀河鐵路

金田一溫泉

🚌 8min
IGR岩手銀河鐵路

二戶

🚌 1hr 3min
東北新幹線至「新青森」
轉搭JR奧羽本線

青森

Day4

🚌 2hr 46min
特急つがる

秋田

🚌 2hr 22min
東北新幹線

仙台

Day5

🚌 1hr 33min
東北新幹線

上野

🚌 1hr 5min
北陸新幹線

輕井沢

🚌 1hr 2min
北陸新幹線

東京

盛岡車站

Pyon Pyon舍
盛岡冷麵

岩山展望台

八甲田丸

A-FACTORY

秋田新幹線

秋田縣立美術館

秋田竿燈祭

上野車站

冬天的雲場池

聖保羅天主教會

東北─超值票券

JR Tohoku-South Hokkaido Rail Pass
東北・南北海道鐵路周遊券

連續6天 　￥30,000

東北全線 – 札幌

・網路預訂機器取票
・可搭北海道新幹線
・可搭JR巴士（指定範圍）

JR東日本＋JR北海道

這 張票的範圍包含了從福島開到札幌間的的JR東日本與道南範圍的JR北海道路線，用來串聯兩大區域最是適合。除了區域內的新幹線、特急、普通列車全都能坐，還有青之森鐵路線全線、IGR岩手銀河鐵路線全線、仙台機場鐵道線全線。

HOW TO USE
如何使用票券

◎無論網路預購或抵日再購買，都須持護照正本取票或購買。
◎取得票券後先核對資料有無錯誤。
◎PASS票券目前為適用自動票閘口形態的車票卡發售，搭乘時只需將PASS票券插入自動票閘口、通過後再取回票券，無須再走有站務人員的出入口。使用期限中可自由進出車站、搭乘該票券能坐的車種，不需另外購票。
◎若是需要搭乘東日本新幹線、特急列車的指定席，可至各車站售票窗口或是可預訂指定席的售票機、官網預定，免費取得指定券，沒有指定券只能搭乘自由席。若想搭乘綠色車廂或是Class車廂，則必需另外購買指定席車廂券。
◎票券遺失、破損不再補發，也不能退費。

PRICE OF TICKETS
票券種類與價格

連續6天￥30,000	
※6-11歲兒童半價	

INFO
購買資訊

◎**購買資格**
持觀光簽證短期入境日本的外國旅客才可購買使用。
◎**購買方法**
(1) JR東日本網路訂票系統(預訂&抵日取票)
(2)抵日後直接購買。
◎**使用期間**
指定日期起連續六天。
◎**日本銷售&兌換地點**
抵日後銷售及兌換方式，除了透過人員服務窗口外，也可利用有「附護照讀取功能指定席售票機」購買&兌換，節省排隊時間。
(1)JR東日本旅行服務中心(JR EAST Travel Service Center)：成田機場1・2・3航廈、羽田機場3航廈；以及秋田、青森、盛岡、仙台、山形、福島、水戶(*)、橫濱、池袋、澀谷、品川、新宿、東京、上野…等車站點。
(2)旅客服務中心(Tourist Information Center)：羽田機場第2航廈、成田機場第1航廈
(3)JR綠色窗口：成田機場第1・2・3航廈、新函館北斗。
❶ (*)僅有「附護照讀取功能指定席售票機」可兌換自取&購票

SCOPE OF VALIDITY

票券使用範圍

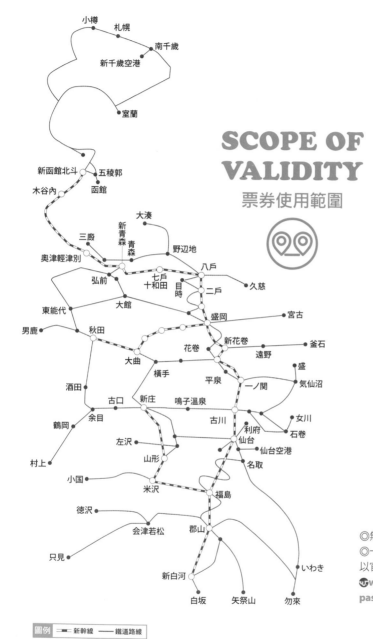

◎JR東日本線（含BRT*）
◎JR北海道線（範圍內）
◎青之森鐵路線全線
◎IGR岩手銀河鐵路線全線
◎仙台機場鐵道線全線

NOTE

注意事項

◎無法搭乘道南ISARIBI鐵道線。
◎一切使用規範、範圍、售價等，皆以官網為準。

🔗 www.jreast.co.jp/multi/zh-CHT/pass/

圖例 ━■━ 新幹線　━━ 鐵道路線

TRAVEL EXAMPLE
範例行程

新幹線串連東北北海道6日

這樣坐要	￥46,056
網路購票	￥30,000

激省!!

￥16,056

Day1

 仙台

🚌 25min
東北新幹線

福島

🚌 1hr 9min
東北新幹線

山形

Day2

 🚌 1hr 19min
JR仙山線

仙台

🚌 37min
東北新幹線

一ノ関

🚌 39min
東北新幹線

盛岡

Day3

 🚌 1hr 39min
東北新幹線

秋田

🚌 2hr 3min
特急津輕號

弘前

東北一超值票券

 大內宿　　 喜多方拉麵　　 豬苗代湖　　 銀山溫泉

 山寺

 中尊寺

 猊鼻溪　　 小岩井農場

 秋田車站　　 角館武家屋敷　　 津輕藩睡魔村

 弘前市蘋果公園

Q 如果我不是在JR東日本的官網買PASS，又想先預訂指定席車票怎麼辦？

A JR東日本的票券可以線上先預訂的！只要至JR東日本網路訂票系統申請帳號，並預訂車次（不用先付費），保留好代號，到時本現場換JR PASS時順道取票就能免除指定席的價格。JR西日本與JR九州只開放線上購票可以預先訂指定席位，非官網購入JR PASS，則無法先線上訂票只能兌換後劃位預約。

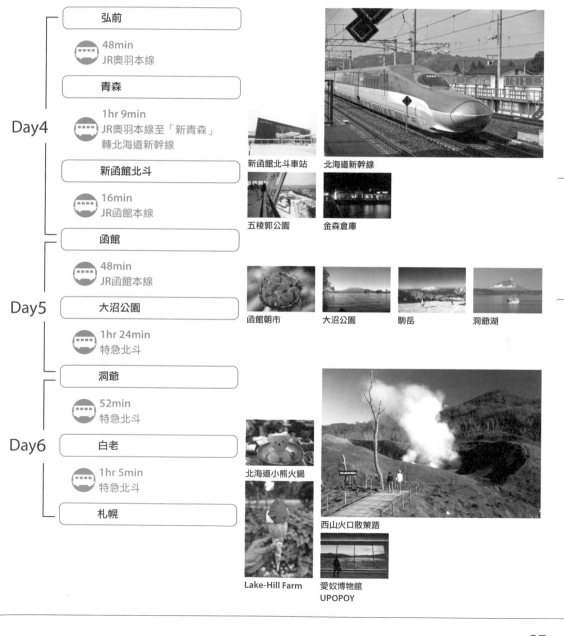

Day4

弘前

48min
JR奧羽本線

青森

1hr 9min
JR奧羽本線至「新青森」
轉北海道新幹線

新函館北斗

16min
JR函館本線

函館

新函館北斗車站　北海道新幹線

五稜郭公園　金森倉庫

Day5

48min
JR函館本線

大沼公園

1hr 24min
特急北斗

函館朝市　大沼公園　駒岳　洞爺湖

洞爺

52min
特急北斗

Day6

白老

1hr 5min
特急北斗

札幌

北海道小熊火鍋

西山火口散策路

Lake-Hill Farm

愛奴博物館
UPOPOY

JR East-South Hokkaido Rail Pass

東日本・南北海道鐵路周遊券

連續6天　　**¥ 35,000**　　 Good Point

東京都內 – 札幌

・網路預訂機器取票
・串聯東京到北海道南部
・可搭JR巴士（指定範圍）

JR東日本＋JR北海道

東京都內活動以及前往青森、仙台、南北海道的新幹線、特急列車皆可不限次數乘坐。而此票券最吸引人是可搭乘東京~新函館北斗區間的北海道新幹線，亦可搭乘JR北海道一部份路線、JR東日本線全線、伊豆急行線全線、東京單軌電車線全線、青之森鐵路線全線、IGR岩手銀河鐵路線全線、仙台機場鐵道線全線。

PRICE OF TICKETS
票券種類與價格

連續6天 ¥35,000
※6-11歲兒童半價

INFO
購買資訊

◎**購買資格**
持觀光簽證短期入境日本的外國旅客才可購買使用。

◎**購買方法**
(1) JR東日本網路訂票系統(預訂&抵日取票)
(2)抵日後直接購買

◎**使用期間**
指定日期起連續六天

◎**日本銷售&兌換地點**
抵日後銷售及兌換方式，除了透過人員服務窗口外，也可利用有「附護照讀取功能指定席售票機」購買&兌換，節省排隊時間。

(1)JR東日本旅行服務中心(JR EAST Travel Service Center)：成田機場1・2・3航廈、羽田機場3航廈；以及秋田、青森、盛岡、仙台、山形、福島、水戶(*)、橫濱、池袋、澀谷、品川、新宿、東京、上野…等車站點。

(2)旅客服務中心(Tourist Information Center)：羽田機場第2航廈、成田機場第1航廈。

(3)JR綠色窗口：成田機場第1・2・3航廈、新函館北斗。

❗ (*)僅有「附護照讀取功能指定席售票機」可兌換自取&購票

HOW TO USE
如何使用票券

◎無論網路預購或抵日再購買，都須持護照正本取票或購買。

◎取得票券後先核對資料有無錯誤。

◎PASS票券目前為適用自動票閘口形態的車票卡發售，搭乘時只需將PASS票券插入自動票閘口、通過後再取回票券，無須再走有站務人員的出入口。使用期限中可自由進出車站、搭乘該票券能坐的車種，不需另外購票。

◎若是需要搭乘東日本新幹線、特急列車的指定席，可至各車站售票窗口或是可預訂指定席的售票機、官網預定，**免費取得指定券**，沒有指定券只能搭乘自由席。若想搭乘綠色車廂或是Class車廂，則必需另外購買指定席車廂券。

◎票券遺失、破損不再補發，也不能退費。

SCOPE OF VALIDITY
票券使用範圍

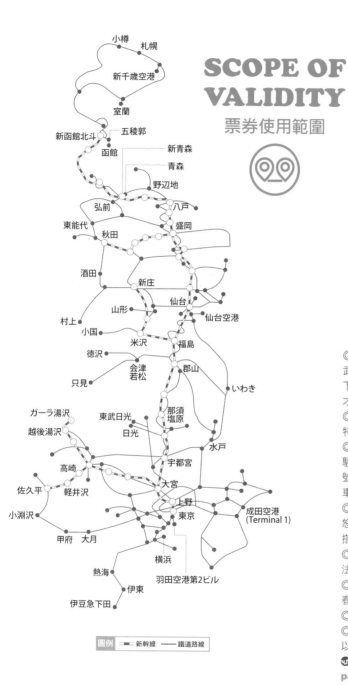

圖例 ━━ 新幹線 ━━ 鐵道路線

◎JR東日本線（含BRT*）
◎JR北海道線
◎伊豆急行線全線
◎東京單軌電車線全線
◎青之森鐵路線全線
◎IGR岩手銀河鐵路線全線
◎仙台機場鐵道線全線

NOTE
注意事項

◎「栗橋~下今市」間僅可乘坐與東武鐵道互通直達的特急列車(上車、下車站點其中一個，需為JR線車站時才可使用PASS)。
◎無法搭乘以東武鐵道線為起訖站的特快列車。
◎可乘坐JR東日本與東武鐵道直通行駛之特快列車「日光號」、「鬼怒川號」、「SPACIA 鬼怒川號」的普通車廂指定席（❶全車皆為指定席）。
◎東武鐵道線下今市～東武日光、鬼怒川溫泉間的普通列車(含快速)亦可搭乘。
◎JR東日本 南北海道鐵路周遊券無法用於東海道新幹線。
◎GALA湯澤（臨時）站僅於冬季～春季期間對外開放。
◎無法搭乘道南ISARIBI鐵道線。
◎一切使用規範、範圍、售價等，皆以官網為準。
🔗www.jreast.co.jp/multi/zh-CHT/pass/

TRAVEL EXAMPLE
範例行程

北進南出6日滿喫

這樣坐要	￥57,821
網路購票	￥35,000

激省!!

￥22,821

Day1

札幌

 3hr 44min 特急北斗

函館

 16min JR函館本線

Day2

新函館北斗

 1hr 9min 北海道新幹線至「新青森」轉JR奧羽本線

青森

1hr 23min JR奧羽本線至「新青森」轉東北新幹線

Day3

盛岡

  1hr 14min 東北新幹線

仙台

 札幌車站 綠之島 幸運小丑 函館山夜景

 函館朝市 奧入瀨溪流 十和田湖

睡魔之家

 宮澤賢治童話村

 松島

 遠野河童之淵 仙台車站

Q 聽說新幹線不用提前劃位也還好，那觀光列車呢？

A 觀光列車連日本人都愛坐，而且大多都只會在假日運行，是十分搶手的。想要坐的話，一樣要在網路訂票時就一起預訂車次。或是抵達日本現場換票時，就先把想坐的列車預訂起來。

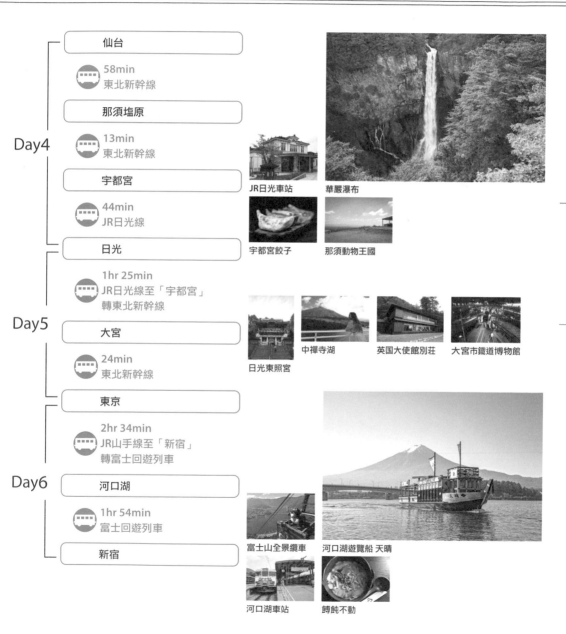

Day4

仙台

🚌 58min
東北新幹線

那須塩原

🚌 13min
東北新幹線

宇都宮

🚌 44min
JR日光線

Day5

日光

🚌 1hr 25min
JR日光線至「宇都宮」
轉東北新幹線

大宮

🚌 24min
東北新幹線

Day6

東京

🚌 2hr 34min
JR山手線至「新宿」
轉富士回遊列車

河口湖

🚌 1hr 54min
富士回遊列車

新宿

JR日光車站　華嚴瀑布

宇都宮餃子　那須動物王國

日光東照宮　中禪寺湖　英国大使館別荘　大宮市鐵道博物館

富士山全景纜車　河口湖遊覽船 天晴

河口湖車站　餺飩不動

東北─超值票券

仙台

👁 仙台城跡
🚃從JR仙台駅西口搭るーぶる仙台在「仙台城跡」站下車 🏠仙台市青葉區川內1 ☎022-214-8259 (仙台市觀光交流課) 🕐自由參觀(青葉城資料展示館4月1日~11月3日9:00~17:00，11月4日~3月31日9:00~16:00) 💴青葉城資料展示館大人￥700，國高中生￥500，小學生￥300 🌐www.honmarukaikan.com

慶長6年(1601年)，伊達政宗利用青葉山作為天然屏障，興建了海拔132m的仙台城，因而得名「青葉城」。政宗公雖以此彰顯其勢力，為免除德川家康戒心，並未設置天守。如今古城早已湮滅，但在青葉城資料展示館裡可以欣賞電腦重現的壯麗城池。

👁 定禪寺通
🚃JR仙台駅西口搭るーぶる仙台在「定禪寺通市役所前」站下車 🏠仙台市青葉區国分町附近

綠蔭處處的仙台市內以欅樹夾道的定禪寺通景色最為優美，不僅是逛街後歇腿的去處，還能夠鑑賞藝術家所做的雕像，秋天時更可欣賞美麗紅葉，耶誕節將至時還會與青葉通一起舉辦「SENDAI光之慶典」，為仙台帶來了一年中最浪漫的光景。

松島海岸

卍 五大堂
🚃從JR松島海岸駅徒步10分 🏠宮城郡松島町松島字町內111 ☎022-354-2618(松島觀光協會) 🕐8:30~17:00 💴免費

五大堂可說是松島的代表風景，只見一座赤紅色的太鼓橋跨過松島海岸，連接著綴滿翠綠松柏的小島，五大堂為平安時代武將坂上田村麻呂在東征時所建，供奉有平安初期風格的五大明王像，慶長9年（1604年）經伊達政宗加以改建完成，是東北最古老的桃山文化建築。

卍 瑞嚴寺
🚃從JR松島海岸駅徒步5分 🏠宮城郡松島町松島字町內91 ☎022-354-2023 🕐8:00~17:00 (3月、10月~16:30，2月、11月~16:00，12~1月~15:30) 🈚無休 💴大人￥700，國中小學生￥400 🌐www.zuiganji.or.jp

瑞嚴寺外觀色調雖然古樸單一，內部裝潢卻極盡奢華之能事，由大師級畫匠所繪的隔間門板、壁畫，金碧輝煌、精緻貴氣，廳堂裡陳列著多種珍奇古董、雕像、器物。中門兩旁種植著伊達政宗出兵朝鮮時帶回的臥龍梅，每年梅花盛開時，為瑞嚴寺更添高雅的氣息。

東北─吃喝玩樂

白石藏王

白石城

📍從JR白石駅徒步15分　📍白石市益岡町1-16　📞0224-
24-3030　🕐9:00~17:00(11~3月~16:00)　🚫12月28~31
日　💰白石城天守閣、博物館、武家屋敷共通券￥800，高中以
下￥400；單買天守閣門票￥400，高中以下￥200　🌐www.
shiro-f.jp/shiroishijo

　　白石城為伊達家的家臣片倉小十郎的居城，平成7年
時再度重建，集合全日本三百多名工匠，考證古法忠實
重建天守閣與大手門。登上天守閣可以一望白石市景以
及宮城藏王的壯麗山景，一旁的博物館裡展有白石城的
築城模型、片倉家的歷史文物，以及戰國時代遺留的武
士甲冑、刀劍與古文書。

藏王愛心牧場

📍從JR白石藏王駅搭乘宮城交通巴士約50分鐘可達遠刈
田溫泉，再從遠刈田溫泉巴士站搭計程車約6分鐘可到藏王愛心
牧場　📍刈田郡藏王町遠刈田溫泉字七日原251-4　📞0224-34-
3311　🕐10:00~17:00　🚫11月下旬~4月上旬　🌐heartland.
zao-cheese.or.jp

　　藏王愛心牧場位在宮城藏王的高原上，以藍天白雲
綠草茵茵為背景，牛隻、綿羊與駿馬在草原上自在徜
徉，一派田園牧場風光。牧場提供擠牛奶、製作起士和
奶油等體驗活動，同時販賣自製的乳製品。利用新鮮食
材做出來的各種食品，味道自然是好得沒話說。

鳴子溫泉

鳴子峽

📍從JR「鳴子溫泉」站搭計程車約5分　📍大崎市鳴子溫泉
星沼地內　🕐4月下旬~12月上旬

　　環抱著鳴子溫泉鄉的鳴子峽溪谷，四季皆有動人美
景，特別是秋天紅葉染紅整個峽谷，相當美麗。鳴子熱
帶植物園是鳴子峽自然遊步道的起迄點，從植物園走到
鳴子峽入口的大谷橋，長2.6公里的路程，自然景色美
不勝收，走完全程約1個小時。

青森縣立美術館

📍從JR青森駅前2號巴士站搭乘往「免許センター」方向的市營巴士，約20分在「縣立美術館前」下車即達 🏠青森市大字安田字近野185 ☎017-783-3000 🕐9:00~18:00，10月1日~5月31日9:30~17:00 ❌每月第二、四個週一(逢假日順延一天)；12月27~31日 💰大人￥510，大學高中生￥300，國中小學生￥100 🌐www.aomori-museum.jp

整體建築的概念來自於旁邊的繩文時代遺址「三內丸山遺跡」，以考古現場的壕溝為主題，在地面切割出幾何形狀，並在其上覆蓋白色量體，而其下仍可見到凹凸的地形景觀。室內空間則是像一個迷宮般，不時可以看到空間的盡頭與延伸感交錯，有時又是開放感十足的清透玻璃，視線可永無止盡地延展開來。

睡魔之家WA RASSE

📍JR青森駅徒步1分 🏠青森市安方1-1-1 ☎017-752-1311(青森觀光協會) 🕐5~8月9:00~19:00，9月至4月9:00~18:00 ❌12/31~1/1 💰￥620，高中生￥460，中、小學生￥260 🌐www.nebuta.jp/warasse

青森睡魔祭規模最大，每年更多達三百萬人參與。睡魔之家內數十輛巨型彩車燈一字排開，以神話與歷史故事打造的燈車色彩濃豔、肢體張揚，都是青森睡魔祭得獎力作，館內多媒體與歷史資料的展示也很完備，可作為認識睡魔祭的第一站。

古川市場

📍JR青森駅徒步約5分 🏠青森市古川1-11-16 ❌週二、1月1日、2日 🌐www.aomori-ichiba.com/nokkedon

被稱作「古川市場」的青森魚菜中心，不單有旬味海鮮，還有趣味蓋飯。這裡原本只是販售海鮮與日常什貨的市場，攤商靈機一動，才推出讓人難以抵抗的「蓋飯」(のっけ丼)。買一張食券、再買一碗白飯，就可以開始逛好料了，干貝、鮭魚、前澤牛，只要看中意就請店家加上去吧！

A-FACTORY

📍JR青森駅徒步2分 🏠青森市柳川1-4-2 ☎017-752-1890 🕐購物10:00~19:00，餐廳11:00~18:00 ❌無 🌐jre-abc.com/wp/afactory/

白色外觀、大片落地窗、相連的三角屋頂，還有大大的蘋果圖樣，這裡是複合設施A-FACTORY，簡約可愛的建築內不僅有運用在地食材的漢堡、法式可麗餅，一樓的Food Marche更是採購伴手禮的好選擇，店內商品大多有著新潮的設計，不論是融合傳統的小物，還是熱賣的蘋果點心都在其中。

弘前

弘前公園

📍 從JR弘前駅搭乘土手町循環巴士在「市役所前」下車即達
🏠 弘前市下白銀町1 🕐 弘前城4月1日～11月23日9:00～17:00，4月23日～5月5日(櫻花祭期間)7:00～21:00 💲 弘前城(含天守閣)大人￥320、小學生￥100，11月24日～3月31日入園免費 🌐 www.hirosakipark.jp

以弘前城為中心的弘前公園，通稱為鷹揚園，是歷代津輕藩主居城。從1611年築城起，便開啟長達260年的太平盛世，帶動弘前的繁榮。城內天守閣、櫓、城門、三重護城河仍保存完好。公園內外廓的有超過5千株櫻花樹，讓弘前公園的春日都沉浸在櫻花的粉嫩中。

津輕藩睡魔村

📍 從JR弘前駅搭乘百元巴士ためのぶ號在「津輕藩ねぷた村」下車即達 🏠 弘前市龜甲町61 📞 0172-39-1511 🕐 9:00～17:00，12～3月9:00～16:00 🈵 12月31日 💲 大人￥600，高中國中生￥400，小學生￥300，幼兒￥100 🌐 www.neputamura.com

弘前公園旁的津輕藩睡魔村，展示的是在弘前市舉辦睡魔祭時的巨型燈籠。燈籠表面繪著中國歷史英雄和日本武士，背面為美女像，色彩相當鮮豔。這裡還結合青森的民俗工藝體驗，包括金魚燈、壁掛扇、竹細工、童玩等傳統工藝與東瀛味十足的津輕三味線表演。

八戶

是川繩文館

📍 從JR本八戶駅搭乘陸奧るっぷ八戶，在「是川遺跡・繩文学習館前」下車即達 🏠 八戶市大字是川字中居3-1 📞 0178-96-1484 🕐 9:00～17:00 🈵 週一(逢假日順延，但第一個週一仍開館)、日本新年 💲 免費 🌐 www.korekawa-jomon.jp/

明治年間，遺址周邊陸續發現土器、石器，大正9年(1920年)展開挖掘，這才發現了3千年前的繩文遺跡。遺跡面積廣大，出土文物超過5千件，包含繩紋晚期的「中居」、早中期的「一王寺」、中期的「堀田」遺跡，被統稱為「是川遺跡」，昭和年間被指定為國家歷史遺跡。

館鼻岸壁朝市

📍 從JR陸奧湊駅徒步約10分 🏠 八戶市新湊三丁目 📞 0178-27-3868(湊日曜朝市会) 🕐 3月中～12月每週日 日出～9:00左右 🈵 5月八戶馬拉松舉辦日 🌐 minatonichiyouasaichikai.com/

每週日早上，超過300家店舖聚集在館鼻碼頭擺攤，規模不僅是八戶最大，在全日本也很少見。這個龐大的市集裡商品五花八門，在地的海產漁獲、新鮮蔬果、生活雜貨，或是炸物、烏龍麵、烤肉、咖啡等熱食，價格便宜、選擇多元，不論是想吃早餐還是購物逛街都很適合。

東北—吃喝玩樂

盛岡

👁 岩手銀行赤煉瓦館

🚌從JR盛岡駅搭乗左回り蝸牛號巴士,在「盛岡バスセンター(ななっく前)站」下車即達 🏠盛岡市中之橋通1-2-20 📞019-622-1236 🕐10:00～17:00,入館至16:30 🈲週二、年末年始 💰收費區16歲以上￥300,國中小學生￥100,7歲以下免費 🌐www.iwagin-akarengakan.jp/

外觀由紅磚構成,還點綴著帶狀白色花崗岩,圓頂則是文藝復興風格,是日本近代建築大師辰野金吾在東北唯一現存的作品。曾作為岩手銀行中之橋分店利用,2012年8月終止營運,進行了3年的整修工程後,於2016年7月重新開放予民眾參觀。

👁 小岩井農場

🚌從JR盛岡駅10號乘車處搭乘往小岩井農場或網張溫泉的岩手縣交通巴士約40分,在「小岩井農場まきば園」下車 🏠石町丸谷地36-1 📞019-692-4321 🕐4月15日～9月30日9:00～17:30(入園至16:30),10月～11月18日9:00～17:00(入園至16:00),11月19日～1月3日12:00～20:00(入園至19:30);詳細營業時間請見官網 💰大人(國中以上)￥1000,小孩(5歲～小學)￥500 🌐www.koiwai.co.jp/makiba

人人都喝過的小岩井農場牛奶,原來就在岩手。在這片鄉村風景中,可以親身體驗擠牛奶的樂趣、與溫馴的羊群親密互動,甚至可以騎馬等各種有趣的活動,更有機會品嚐到以農場新鮮雞蛋製作的蛋包飯和烤羊肉等美味佳餚。

平泉

卍 中尊寺

🚌從JR平泉駅搭乘平泉町巡迴巴士至中尊寺下車 🏠西磐井郡平泉町平泉衣関202 📞0191-46-2211 🕐3月～11月3日8:30～17:00,11月4日～2月底8:30～16:30 💰大人￥800、高中生￥500、國中生￥300、小學生￥200 🌐www.chusonji.or.jp

建於西元850年的中尊寺是東北最古老的寺廟,也是日本國寶級的第一名寺,更是東北的佛教藝術之最,保有平安時期的眾多寶藏,與松島五大堂、山形的山寺並列為東北三大名景。各殿堂散布杉木林中,最著名的是貼滿金箔的金色堂和經藏,為遊客必參觀之處。

卍 毛越寺

🚌從JR平泉駅徒步約7分,或搭平泉町巡迴巴士至毛越寺下車 🏠平泉町字大澤58 📞0191-46-2331 🕐8:30～17:00(11月5日～3月4日～16:30) 💰大人￥700,高中￥400,國中小學生￥200 🌐www.motsuji.or.jp

與中尊寺齊名的毛越寺,傳說是850年慈覺大師所建,到了主掌平泉政治的藤原氏時代陸續增建許多華麗的佛壇,保存下來的殿堂因而被指定為國家史跡。淨土庭園已有800餘年的歷史,而臨池伽藍跡更是日本庭園史上的貴重景觀,不容錯過。

田沢湖

辰子像

從JR田澤湖駅搭乘田澤湖一周巴士約35分鐘，於「潟尻」站下車 仙北市西木町西明寺潟尻 0187-43-2111 自由參觀

金碧輝煌、容貌姣好的辰子像是田澤湖的女神，自昭和43年（1968年）5月12日岩手縣雕刻家舟越保武為其催生以來，年復一年地佇立在西側的湖邊上，從這裡欣賞田澤湖角度剛好，遠道而來的遊客紛紛與辰子像一起拍照留念。

田澤湖滑雪場

從JR田澤湖駅搭乘羽後交通巴士「乳頭線」，至「田澤湖滑雪場前」下車徒步5分 仙北市田澤湖生保內字下高野73-2 0187-46-2011 12月中旬~4月中旬開放，場內各設施時間不同 一般滑雪課程半日￥4000、一日￥6000 www.tazawako-ski.com

田澤湖滑雪場內設有不同坡度的滑雪道，適合各種程度的人前來挑戰，不會滑雪的人也不用擔心，可報名滑雪場內的滑雪學校，學習滑雪的基本技巧。由於位在田澤湖附近，因此能將田澤湖美麗的風光盡收眼底。

田澤湖遊船

從JR田澤湖駅搭乘往田澤湖方向巴士約15分，於「田澤湖Resthouse前」下車徒步1分 仙北市田澤湖町田澤字春山148 0187-43-0274 9:00~16:00 遊覽船繞湖一周￥1400 www.ugokotsu.co.jp/tazawa

田澤湖周邊涼爽快意、空氣清新，是踏青、散心的絕佳場所。光是在湖邊散步就能夠享受美麗景色，但如果想要更加親近田澤湖，不妨搭乘田澤湖遊覽船，盡情瀏覽湖上風光，欣賞波光粼粼的湖光水色，留給自己一個難忘的回憶。

抱返溪谷

從JR田澤湖駅開車約20分，紅葉期間可從JR田澤湖駅搭乘觀光巴士「抱返り号」 田沢湖卒田~角館町広久內 10月上旬~11月上旬為紅葉季，遊步道11月下旬~4月下旬關閉 www.city.semboku.akita.jp/sightseeing/spot/05_dakigaeri.html

位於田澤湖，抱返縣立自然公園內的抱返溪谷，古稱耶馬溪，兩岸原生林、急竣斷崖連綿不絕。由於介於角館和田澤湖間，所以可以和角館、田澤湖一併安排成一條觀光動線。健行路線有高階、中階及初階三種，初階者可走到回顧之潼、飯村少年殉難之碑，約1.5公里，步行時間半小時。

東北—吃喝玩樂

◉ 角館歷史村青柳家

📍從JR角館駅徒步約15分　🏠仙北市角館町東勝樂丁26　☎0187-54-3257　🕐9:00~17:00(11~3月~16:00)　💲大人￥500，國高中生￥300，小學生￥200　🌐www.samuraiworld.com

　青柳家隸屬於佐竹北家旗下武士所有，整棟建築物由當時著名工匠柴田岩太郎籌劃，門板上記載著於萬延元年(西元1860年)完工。占地極廣的青柳家，就像是角館的主題歷史村，散落的建築進駐許多和風小店，遊客可以在風雅的High Collar館飲啜一杯香濃咖啡，同時欣賞青柳家如留聲機、古董相機等祕藏品，頗具可看性。

✒ 秋田縣立美術館

📍從JR秋田站徒步約10分　🏠秋田市中通1-4-2　☎018-853-868　🕐10:00~18:00　🏠不定休　💲常設展￥310，高中生以下免費　🌐www.akita-museum-of-art.jp/

　2013年正式開館的秋田縣立美術館有著當地文化發信地的名號，展間天花板上的斜線不僅延伸了空間，更折射出三角的意像。挑高大廳中，沒有支撐物、宛如懸空的螺旋樓梯引人目光隨之逡巡，順著樓提向上仰望天花板，則是一片巨大的三角天窗，戶外的自然光經由交錯的小三角透入，在地板灑落片片光影，寫實又魔幻的空間讓人著迷。

◉ 石黑家

📍從JR角館駅徒步25分　🏠仙北市角館町表町下丁1　☎0187-55-1496　🕐9:00~17:00　💲大人￥500，國中小學生￥300　🌐www.hana.or.jp/~bukeishi

　位於武家屋敷通北端的石黑家，是武家屋敷現存建築物中最古老的一處，周圍環繞著超過300年樹齡的青翠椴木。石黑家武士代代擔任佐竹北家財政方面的職務，主屋屋頂是用茅草蓋的，庭園裡處處可見爬滿了青苔的大小石塊，盪漾著一種簡樸素雅的武家風格。

◉ 千秋公園

📍從JR秋田駅徒步約7分　🏠秋田市千秋公園1-1　🕐御隅櫓9:00~16:30　🏠御隅櫓12月1日~3月31日　💲自由入園，御隅櫓￥100，高中以下免費

　這裡曾是秋田藩主佐竹氏稱霸的久保田城址，城頂可鳥瞰秋田市容，城內原有8座御隅櫓城（城廓角落的射箭座台），為紀念建市百年，將其中一座整修為小型博物館，展出武器、器具等史料。

卍 山寺

从JR山形駅搭乘仙山線列車，約20分後在山寺駅下車，走到山門約5分鐘。或是搭乘山形交通巴士約40分可達 山形市山寺4456-1 023-695-2816(山寺觀光協會) 8:00~17:00 入山費大人￥300、中學生￥200、國中以下￥100 yamaderakankou.com

寶珠山立石寺（通稱為山寺）以東北最神聖的聖地之一聞名。由慈覺大師於西元860年建造，山門開始沿途層巒疊峰、怪石林立，有些岩石還流傳著慈覺大師開山時的傳說，石階兩側有成千上萬的祈禱輪、石雕地藏和石燈籠。參拜過姥堂、蟬塚、仁王門、性相院以及開山堂，爬完大約1100級石階後，方可到達最高的奧之院。

◉ 御釜

从JR山形駅搭乘往「刈田駐車場」方向的山形交通巴士，約1小時36分後在終點站「藏王刈田山頂」下車；也可以從上山市內搭乘免費接駁車「グリーンエコー号」在終點站下車，轉搭纜車刈田リフト約6分，接著徒步即可達 4月下旬~11月上旬

御釜是一座被熊野岳、刈田岳與五色岳所包圍的圓形火山湖，隨著太陽光照射角度的不同，湖水變幻著深青靛藍的光澤，所以又暱稱為「魔女的眼睛」。最奇特的是，從水面往下10公尺為止水溫都是逐漸下降，但是10公尺之後的水溫不降反升，是世界上稀有的溫水層湖。

◉ 相馬樓

从JR酒田駅搭乘往鶴岡方向的庄內交通巴士，約10分後在「壽町」下車 酒田市日吉町一丁目舞娘坂 0234-21-2310 10:00~17:00 週三 入樓參觀￥1000；入樓參觀附舞娘表演觀賞券￥2500 www.somaro.net

紅色外牆的相馬樓為江戶時代的料亭，經修復成為酒田舞娘的主要表演場地，相馬樓的裝潢、迴廊地毯等都是採用嬌豔的朱紅色，滿溢著江戶時代的華靡風情。2樓的大廣間是酒田舞娘表演歌舞的場地，每天在14:00公演一回（約30分鐘），館內還設立了竹久夢二美術館，可以欣賞夢二出名的美人畫。

◉ 豬苗代湖

🚌從JR豬苗代駅搭乘往「長濱・金之橋」方向的磐梯東都巴士，在「長浜」下車即達　📍豬苗代町豬苗代　🕐自由見學

　　豬苗代湖為磐梯山火山活動所形成的淡水湖，為日本第四大湖。由於湖面十分清澈透明，故有「天鏡湖」之稱。天氣晴朗時，磐梯山的倒影映在湖面上，相當美麗。尤其是每年10月下旬到4月上旬，美麗的天鵝們紛紛飛來過冬，一隻隻飛落戲耍於湖面的情景十分浪漫動人。

◉ 五色沼自然探勝路

🚌從JR豬苗代駅搭乘往「裏磐梯方面」方向的磐梯東都巴士，約25分後在「五色沼入口」，或是在「磐梯高原」站下車。五色沼入口和磐梯高原站之間有接駁的路線巴士。　⚠走完約費時一個多小時，坡度不大可以輕鬆健行。

　　裏磐梯最神祕的美景，要屬五色沼了。想一睹五色沼真貌可利用「五色沼自然探勝路」這一條健行路線。約3.6公里長，大約1小時就可以遍遊柳沼、瑠璃沼、青沼、弁天沼、深泥沼、龍沼、赤沼和毘沙門沼；同時，這條路線兩旁全是天然原始的林木，腳下也毫無人工鋪造的步道，完完全全的林野散步。

> #### 路線
>
> 　　西口、柳沼→(約10分)→青沼→(約3分)→るり沼(瑠璃沼)→(約5分)→弁天沼→(約15分)→龍沼→(約5分)→みどろ沼(深泥沼)→(約3分)→赤沼→(約22分)→毘沙門沼→(約7分)→巴士站五色沼入口。
>
> ＊也可以倒過來走。

◉ 檜原湖

🚌從JR豬苗代駅搭乘往「裏磐梯方面」方向的磐梯東都巴士，在「磐梯高原」站下車徒步4分　📍耶麻郡北塩原村檜原湖　📞0241-32-2826 (檜原湖磐梯高原營業所)　🚢遊覽船於4月下旬~11月中旬行駛

　　檜原湖南北長10公里，環湖一圈有35公里長，湖面上還有五十多座小島，隨四季變化改變容顏。環湖一周的觀光遊覽船發船地點在磐梯高原巴士站旁的「磐梯舟付」，磐梯舟付也是檜原湖畔最熱鬧的地方，林立著餐廳、土產店、出租腳踏車等商店。

🖌 諸橋近代美術館

🚌從JR「豬苗代」站前搭乘往「五色沼・磐梯高原」方向的磐梯東都巴士，約25分在「諸橋近代美術館前」下車即達　📍耶麻郡北塩原村大字桧原字剣ヶ峯1093番23　📞0241-37-1088　🕐9:30~17:30　🈺不定休，冬期休館　💰大人￥1500，大學高中生￥600，國中以下免費　🌐dali.jp

　　諸橋近代美術館以西班牙藝術家達利的作品為中心，更是亞洲唯一的達利常設美術館，達利的油畫巨作《得土安大會戰》、《比基尼島上的三座獅身人面像》都藏於此，欣賞現代藝術抽象之美的同時，窗外更可看到磐梯山的壯麗風光，值得一訪。

◉ 鶴ヶ城

🚌從JR會津若松駅搭乘循環巴士在「鶴ヶ城北口」站下車徒步3分 🏠會津若松市追手町1-1 📞0242-27-4005 ⏰天守閣8:30～17:00（入館至16:30）💰天守閣￥410、天守閣＋茶室麟閣的共通券￥520 🌐www.tsurugajo.com

　鶴ヶ城的前身是葦名直盛於1384年所建造的東黑川館，1591年蒲生氏鄉以東黑川館為基礎，加蓋了7層的天守閣並改稱為「鶴ヶ城」。登上天守閣可以眺望飯盛山以及會津若松的城景，視野十分開闊。尤其是春櫻盛開的季節，雪白的鶴ヶ城被粉紅色的櫻花層層包圍，顯得格外豔麗，為東北賞櫻名所。

◉ 東山溫泉

🚌從JR會津若松駅搭乘往東山溫泉方向的會津巴士約20分可達 🏠会津若松市東山町湯本 🌐www.aizu-higashiyama.com

　東山溫泉是會津若松市附近著名的溫泉鄉，開湯於1300年前，擁有悠遠的歷史，與山形縣上山溫泉、湯野濱溫泉並稱為「奧羽三樂境」，據說戰國梟雄豐臣秀吉來會津視查時，也曾在東山溫泉泡湯。沿著湯川兩岸建築的東山溫泉街，有種說不出的質樸古意。

🍜 坂內食堂

🚌從JR喜多方駅徒步15分鐘 🏠喜多方市細田7230 📞0241-22-0351 ⏰7:00～18:00 🚫週四 💰肉そば（叉燒拉麵）￥950、中華そば（中華拉麵）￥650

　坂內食堂的拉麵湯頭是商業機密，不過吃得出是以豚骨為基礎，基本還是屬於喜多方拉麵特有的清爽口味，金黃透明的湯汁，完全不油膩，是坂內食堂獨到之處。

🍜 源來軒

🚌從JR喜多方駅徒步5分 🏠喜多方市一本木上7745 📞0241-22-0091 ⏰10:00～19:30 🚫週二 💰元祖喜多方ラーメン（元祖喜多方拉麵）￥650

　説源來軒是喜多方拉麵的代名詞也不為過。拉麵湯頭以豚骨、雞骨和多種新鮮蔬菜熬製，加上在地的優質醬油畫龍點睛，鮮濃卻不膩口，不愧是元祖喜多方拉麵的正宗好滋味。

🍜 本家大みなと味平

🚌從JR喜多方駅徒步25分鐘 🏠喜多方市關柴町上高額北町396-5 📞0241-24-2990 ⏰7:00～17:00 🚫週二 💰チャーシューメン（叉燒麵）￥850

　本家大みなと味平的以豚骨、雞骨與昆布、鰹節、小魚干等熬煮3個小時而成的湯頭鮮美爽口，叉燒肉也特別選用油脂較少的部份，頗受女性歡迎。

JR Tokyo Wide PASS
東京廣域周遊券

連續3天　**￥15,000**

 Good Point

関東地區限定區間	・網路預訂機器取票 ・關東著名觀光地全都能輕鬆到達 ・冬春季可至GALA湯沢享受滑雪樂趣
JR東日本	

這是一張範圍包含東京都心，至近郊各縣的JR超值通票。如果你在東京行程中，有計劃前往輕井沢、日光、河口湖、伊豆等地遊玩的話，這張票絕對是首選！不但可以搭乘範圍內的JR東日本新幹線，特急指定席、普通列車也是隨意坐。十分適合以東京都心做為住宿地點，每天至近郊來段**日歸行程**。

 ￥ **PRICE OF TICKETS**
票券種類與價格

連續3天￥15,000

※6-11歲兒童半價

 INFO ⓘ
購買資訊

◎**購買資格**
持非日本護照(含住日者，不論簽証效期)的外國人即可購買使用。
◎**購買方法**
(1) JR東日本網路訂票系統(預訂&抵日取票)
(2)抵日後直接購買
◎**使用期間**
指定日期起連續三天
◎**日本銷售&兌換地點**
抵日後銷售及兌換方式，除了透過人員服務窗口外，也可利用有「附護照讀取功能指定席售票機」購買&兌換，節省排隊時間。
(1)JR東日本旅行服務中心(JR EAST Travel Service Center)：成田機場1‧2‧3航廈、羽田機場3航廈、池袋、澁谷、品川、新宿、東京、上野、橫濱、水戶(*)…等車站。
(2)旅客服務中心(Tourist Information Center)：成田第1航廈、羽田第2航廈。
(3)JR綠色窗口：成田機場第1‧2‧3航廈。
❶ (*)僅有「附護照讀取功能指定席售票機」可兌換自取&購票

HOW TO USE
 如何使用票券 ✓

◎無論網路預購或抵日再購買，都須持護照正本取票或購買。
◎取得票券後先核對資料有無錯誤。
◎PASS票券目前為適用自動票閘口形態的車票卡發售，搭乘時只需將PASS票券插入自動票閘口、通過後再取回票券，無須再走有站務人員的出入口。使用期限中可自由進出車站、搭乘該票券能坐的車種，不需另外購票。
◎若是需要搭乘東日本新幹線、特急列車的指定席，可至各車站售票窗口或是可預訂指定席的售票機、官網預定，**免費取得指定券**，沒有指定券只能搭乘自由席。若想搭乘綠色車廂或是Class車廂，則必需另外購買指定席車廂券。
◎票券遺失、破損不再補發，也不能退費。

SCOPE OF VALIDITY

票券使用範圍

◎JR東日本線(區域間)　◎富士急行線全線
◎JR東日本新幹線(區域間)　◎上信電鐵全線
◎東京單軌電車全線　◎埼玉新都市交通（New Shuttle）（大宮～鐵道博物館）
◎伊豆急行線全線　◎東京臨海高速鐵道線全線

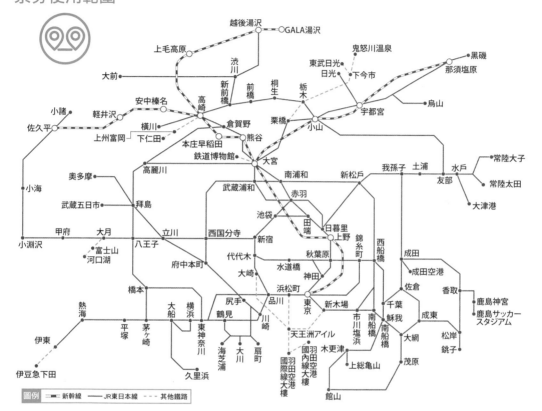

圖例　▰▰▰新幹線　━━JR東日本線　--- 其他鐵路

關東・超值票券

NOTE

注意事項

◎「栗橋~下今市」間僅可乘坐與東武鐵道互通直達的特急列車(上車、下車站點其中一個，需為JR線車站時才可使用PASS)。

◎可乘坐JR東日本與東武鐵道直通行駛之特快列車「日光號」、「鬼怒川號」、「SPACIA 鬼怒川號」的普通車廂指定席(注意：全車皆為指定席)。

◎東武鐵道線下今市~東武日光、鬼怒川溫泉間的普通列車(含快速)亦可搭乘。

◎搭乘富士急行線的「富士山特快」、「富士山View特急」1號車，以及「富士登山電車」時均須另購買指定座席券。

◎GALA湯澤站(臨時)僅於冬季~春季期間對外開放。

◎無法搭乘東海道新幹線及JR巴士。

◎一切使用規範、範圍、售價等，皆以官網為準。

🚆www.jreast.co.jp/multi/zh-CHT/pass/

TRAVEL EXAMPLE
範例行程❶

東京日歸經典1

這樣坐要	￥33,170
網路購票	￥15,000

激省!!

￥18,170

Day1
- 東京
  - 1hr 4min 北陸新幹線
- 軽井沢
  - 1hr 4min 北陸新幹線

輕井沢車站　　軽井沢駅舎記念館　　明治亭　　楡樹街小鎮

Day2
- 東京
  - 1hr 14min 上越新幹線
- 越後湯沢
  - 40min JR上越線
- 水上
  - 1hr 13min JR上越線
- 高崎
  - 56min 北陸新幹線
- 東京

GALA滑雪場　　SL水上號

蔵のギャラリー棗　高崎車站

Day3
- 新宿
  - 1hr 56min 特急日光號
- 東武日光
  - 2hr 20min 特急日光號
- 新宿

東武巴士　　戰場之原　　彌生祭　　明治の館

範例行程❷

東京日歸經典2

這樣坐要	¥ 30,984
網路購票	¥ 15,000

激省!!

¥ 15,984

Q 我預計搭車時是連假，多久之前可以上網預約指定席車次？

The Corner of Q & A

A 通常開放可以預訂指定席車次的日期是搭乘日的前30天。遇到日本連假一定要記得先上網預訂，尤其是全車指定席的車次。

Day1

東京

2hr 6min
特急踴子號

伊豆高原

39min
伊豆急行

伊豆急下田

2hr 40min
特急踴子號

東京

河津櫻　大室山　伊豆仙人掌動物公園　伊豆急下田車站

Day2

新宿

2hr 20min
富士回遊

河口湖

2hr 20min
富士回遊

新宿

久保田一竹美術館　西湖療癒之里根場　青木ヶ原樹海遊步道　鑽石富士

Day3

東京

1hr 23min
特急常盤號

水戶

22min
特急日立號

日立

1hr 40min
特急日立號

東京

偕樂園

日立車站

常陸海濱公園

弘道館

關東．超值票券

溫泉地巡遊3日

這樣坐要	¥22,410
網路購票	¥15,000

激省!!

¥7,410

關東 — 超值票券

Day1

東京

 1hr 4min
北陸新幹線

輕井沢

 15min
北陸新幹線

高崎

 1hr 21min
JR上越線

長野原草津口

 25min
JR關東巴士
*需另付¥710

Day2

草津溫泉

 25min
JR關東巴士
*需另付¥710

長野原草津口

 1hr 29min
JR上越線

高崎

 29min
上越新幹線

越後湯沢

 1hr15min
上越新幹線

Day3

東京

丸山珈琲

愛爾茲玩具博物館

腸詰屋

輕井澤王子購物廣場

西之河原大露天風呂

草津玻璃藏

湯畑

熱乃湯

溫泉珈琲水屋

一二三割烹

CoCoLo湯沢

ぽんしゅ館

範例行程❹

高原美景3日

這樣坐要	¥ 28,150
網路購票	¥ 15,000

激省!!

¥ 13,150

The Corner of Q&A

Q 我在官網訂了JR東日本PASS，如果要用機器取票，是不是就不用管時間了呢？24小時都能取票嗎？

A 使用機器取票還是要留意時間的。有些車站、機場的機器並不是24小時開放，還是有限兌換時間，時間一到會有工作人員來把它蓋起來。一般開放時間為早上5:00到到晚上11:59分。也有例外哦，就拿羽田的機器來說，就只有開放使用到晚間8點，出發前一定要再次確認。

Day1

新宿

1hr 56min
特急日光號
東武日光

2hr 20min
東武鬼怒川線
鬼怒川溫泉

Day2

1hr 35min
東武鬼怒川線至「下今市」
轉乘JR日光線
宇都宮

2hr 20min
東北新幹線
那須塩原

Day3

1hr 40min
東北新幹線至「大宮」
轉上越新幹線
上毛高原

50min
上越新幹線
大宮

34min
東北新幹線
東京

中禪寺立木觀音

日光江戶村

日光東照宮

東武世界廣場

友愛之森

SL大樹

龍王峽

那須庭園購物中心

草津溫泉循環巴士

湯畑

成田特快

那須彩色玻璃美術館

JR EAST PASS (Nagano, Niigata area)
東日本鐵路周遊券(長野、新潟地區)

連續5天　¥ 27,000

Good Point

長野、新潟地區	・網路預訂機器取票 ・玩長野、新潟必備 ・冬春季可至GALA湯沢享受滑雪樂趣
JR東日本	

從 成田機場或羽田機場到東京圈，可自由搭乘東京都區內的所有線路外，亦可搭乘前往長野、新潟的新幹線和特急列車與JR東日本全線，也包含往伊豆、日光、鬼怒川等地區路線。

¥ PRICE OF TICKETS
票券種類與價格

連續3天 ¥ 27,000
※6-11歲兒童半價

INFO ⓘ
購買資訊

◎**購買資格**
持非日本護照(含住日者，不論簽証效期)的外國人即可購買使用。

◎**購買方法**
(1)台灣代理店購買(抵日取票)
(2) JR東日本網路訂票系統(預訂&抵日取票)
(3)抵日後直接購買

◎**銷售&兌換地點**
抵日後銷售及兌換方式，除了透過人員服務窗口外，也可利用有「附護照讀取功能指定席售票機」購買&兌換，節省排隊時間。

(1)JR東日本旅行服務中心(JR EAST Travel Service Center)：成田機場1・2・3航廈、羽田機場3航廈；以及長野、松本、新潟、水戶(*)、橫濱、池袋、澀谷、品川、新宿、東京、上野…等車站點。

(2)旅客服務中心(Tourist Information Center)：成田第1航廈、羽田第2航廈。

(3)JR綠色窗口：成田機場第1・2・3航廈。

❗ (*)僅有「附護照讀取功能指定席售票機」可兌換自取&購票

HOW TO USE
如何使用票券

◎無論台灣、網路預購或抵日再購買，都須持護照正本取票或購買。
◎取得票券後先核對資料有無錯誤。
◎PASS票券目前為適用自動票閘口形態的車票卡發售，搭乘時只需將PASS票券插入自動票閘口、通過後再取回票券，無須再走有站務人員的出入口。使用期限中可自由進出車站、搭乘該票券能坐的車種，不需另外購票。
◎若是需要搭乘東日本新幹線、特急列車的指定席，可至各車站售票窗口或是可預訂指定席的售票機、官網預定，**免費取得指定券**，沒有指定券只能搭乘自由席。若想搭乘綠色車廂或是Class車廂，則必需另外購買指定席車廂券。
◎票券遺失、破損不再補發，也不能退費。

SCOPE OF VALIDITY

票券使用範圍

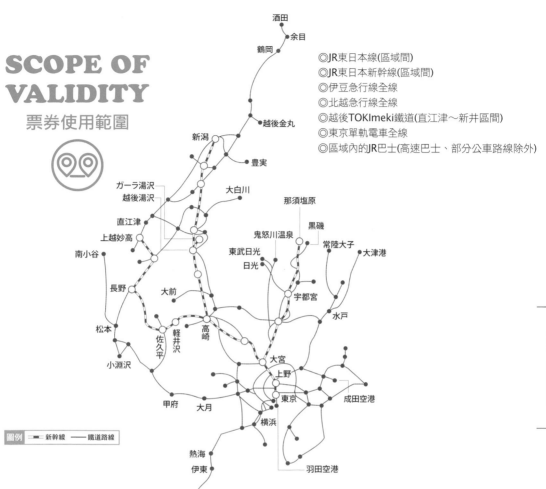

◎JR東日本線(區域間)
◎JR東日本新幹線(區域間)
◎伊豆急行線全線
◎北越急行線全線
◎越後TOKImeki鐵道(直江津～新井區間)
◎東京單軌電車全線
◎區域內的JR巴士(高速巴士、部分公車路線除外)

酒田
余目
鶴岡
越後金丸
新潟
豊実
ガーラ湯沢
越後湯沢
大白川
那須塩原
黒磯
直江津
鬼怒川温泉
常陸大子
上越妙高
東武日光
大津港
南小谷
日光
長野
大前
宇都宮
松本
高崎
水戸
佐久平
軽井沢
小淵沢
大宮
上野
甲府
大月
東京
成田空港
横浜
熱海
羽田空港
伊東
伊豆急下田

圖例　■■ 新幹線　── 鐵道路線

關東‧超值票券

NOTE
注意事項

◎「栗橋~下今市」間僅可乘坐與東武鐵道互通直達的特急列車(上車、下車站點其中一個,需為JR線車站時才可使用PASS)。
◎可乘坐JR東日本與東武鐵道直通行駛之特快列車「日光號」、「鬼怒川號」、「SPACIA 鬼怒川號」的普通車廂指定席(注意:全車皆為指定席)。
◎東武鐵道線下今市~東武日光、鬼怒川溫泉間的普通列車(含快速)亦可搭乘。

◎大糸線南小谷~糸魚川、北陸新幹線糸魚川~上越妙高區間不包含在周遊區域內。
◎GALA湯澤站(臨時)僅於冬季~春季期間對外開放。
◎無法搭乘東海道新幹線。
◎一切使用規範、範圍、售價等,皆以官網為準。
🚉www.jreast.co.jp/multi/zh-CHT/pass/

TRAVEL EXAMPLE
範例行程❶

長野新潟經典行程

| 這樣坐要 | ￥52,430 |
| 網路購票 | ￥27,000 |

激省!!

￥25,430

Day1

 東京

🚆 1hr 12min
東北新幹線

 那須塩原

Day2

🚆 2hr 17min
東北新幹線至「大宮」
轉北陸新幹線

 輕井沢

🚆 30min
北陸新幹線

 長野

🚆 18min
北陸新幹線

Day3

 上越妙高

🚆 2hr 15min
特急白雪號

 新潟

東京車站

上越新幹線

那須高原啤酒工廠

元湯 鹿の湯

輕井澤車站

輕井澤觀光會館

善光寺

MI DO RI

新潟古町藝妓

新潟市景

小布施北齋館

地獄谷野猿公苑

關東—超值票券

Q 每一台自動售票機都能買JR PASS 嗎？

A 不要以為綠色機器就可以，還必須加上「有讀取護照功能」的 passport環球標籤才行。而JR東日本的PASS要在東日本的機器領取，JR西日本的PASS要在西日本的機器領，不可以跨區。其本上小車站不會有能讀取護照功能的機台，若沒事先查好，記得往大車站去就對了。

Day4

 新潟

 45min
上越新幹線

越後湯沢

 2hr 6min
上越新幹線到「高崎」
轉JR上越線

長野原草津口

 25min
JR關東巴士

草津溫泉

Day5

 25min
JR關東巴士

長野原草津口

 2hr 5min
特急草津四萬號至「高崎」
轉東北新幹線

東京

 50min
成田特快

成田機場

草津溫泉

熱乃湯

北方文化博物館

舊齋藤家別邸

草津溫泉循環巴士 湯畑

成田特快

成田機場

Mt. Fuji-Shizuoka Area Tourist Pass Mini

富士山靜岡周遊券Mini

連續3天 | ¥ 6,500

靜岡區域

・玩靜岡的標準套票
・渡輪、巴士OK
・新幹線、指定席NG

Good Point

JR東海

利 用此券可不限次數自由搭乘區域間的JR在來線，暢遊以世界遺產富士山周邊的各個景點，最遠還可到浜名湖一帶，亦可搭乘渡輪從駿河灣欣賞不同視野的富士山山景，另還有多種巴士路線供選擇，一網打盡富士山周邊知名景點。

PRICE OF TICKETS
票券種類與價格

連續3天 ¥ 6,500

※6-11歲兒童半價

INFO
購買資訊

◎**購買資格**
持觀光簽證短期入境日本的外國旅客才可購買使用。

◎**購買方法**
可以在台灣代理店內購買，或網路預訂，至日本後再持兌換憑證、護照換取車票。也可抵日後直接購買。

◎**兌換地點**
(1)JR東海售票處：東京(八重洲中央口、北口)、品川(大廳1F)、新橫濱、名古屋(中央大廳1F)、京都(八条口ASTY ROAD1F)、新大阪(中央大廳3F)、熱海、三島(南口)、禦殿場、新富士、靜岡、掛川(南口)、濱松、豐橋(東口) 各站。
(2)JR東海TOURS：東京、新橫濱、靜岡、濱松、名古屋、京都、新大阪各站。
(3) 名古屋 (中央大廳1F)的JR諮詢所。
(4)中部國際空港Central Japan Travel Center。

HOW TO USE
如何使用票券 ✓

◎取得票券後先核對資料有無錯誤。
◎開始使用本通票時，請從自動驗票閘門或有職員執勤的通道通過，使用期限中只要出示該票券即可自由進出車站、搭乘該票券能坐的車種，不需另外購票。
◎只能搭乘**自由席座**，若是需要搭乘特急列車的指定席，可至各車站的JR東海售票處、JR東海TOURS分店和JR西日本綠色窗口出示票券並告知車次，另**付費購買**指定券，沒有指定券只能搭乘自由席。若是想搭乘綠色車廂，則必需另外購買綠色車廂券。
◎護照內需蓋有「短期滯在」入境審查章戳或貼紙，如採自動通關驗入境，通關時請向機場工作人員提出申請加蓋入境章或貼紙。

◎鐵道：JR東海道本線(熱海～豐橋)、JR御殿場線(沼津～松田)、JR身延線(富士～下部溫泉)、伊豆箱根鐵道(三島～修善寺)。
◎巴士：富士急行巴士、東海巴士、伊豆箱根巴士、靜鐵巴士、遠鐵巴士等指定區間。
◎船：Mt.Fuji Shimizu Port Cruise：清水港～土肥港之間、清水港港灣遊船（日出～日出之間
＊不可在三保乘船下船)，不可搭乘水上巴士。

SCOPE OF VALIDITY
票券使用範圍

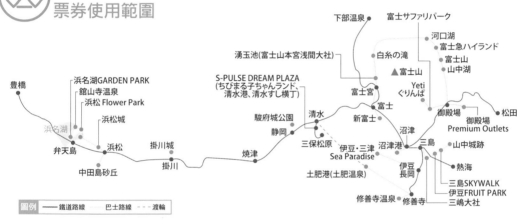

圖例　—— 鐵道路線　—— 巴士路線　- - - 渡輪

關東・超值票券

NOTE
注意事項

◎不能搭乘指定席列車、東海道新幹線、寢台列車。
◎如欲搭乘Home Liner，需另行支付車費。
◎一切使用規範、範圍、售價等，皆以官網為準。
🚇 touristpass.jp/zh-tw

✈ TRAVEL EXAMPLE
範例行程❶

富士山周遊3日

這樣坐要	￥10,730
網路購票	￥6,500

激省!!

￥4,230

清水港

Day1

御殿場

 37min
富士急行巴士

 山中湖旭日丘

 14min
富士急行巴士

忍野八海

忍野八海

 淺間神社前

10min
富士急行巴士

富士淺間神社

淺間神社前

15min
富士急行巴士

水陸兩用河馬巴士

河口湖

 48min
富士急行巴士

 本栖湖

河口湖車站

Day2

 25min
富士急行巴士

白絲瀑布

 29min
富士急行巴士

富士宮

本栖湖遊覽船
もぐらん

白絲瀑布

Day3

富士宮

 53min
JR東海道本線

 清水

清水魚市場
河岸の市

1hr 15min
駿河 渡輪

土肥港

 52min
東海巴士

修善寺

修善寺

 34min
伊豆箱根鐵道

 三島

三嶋大社

14min
JR東海道本線

熱海

範例行程❷

靜岡名景滿喫3日

這樣坐要	¥ 10,290
網路購票	¥ 6,500

激省!!

¥ 3,790

Q 我拿全國版的JR PASS要從新宿坐富士回遊到河口湖，可以坐嗎？要補差額嗎？

The Corner of Q&A

A 富士回游為全車指定，由於JR PASS全國版的使用範圍只包含JR的新宿到大月段，所以如果想搭到河口湖等地，只要拿JR PASS到綠窗口劃位時就會被要求付錢補大月站到河口湖的車資了。

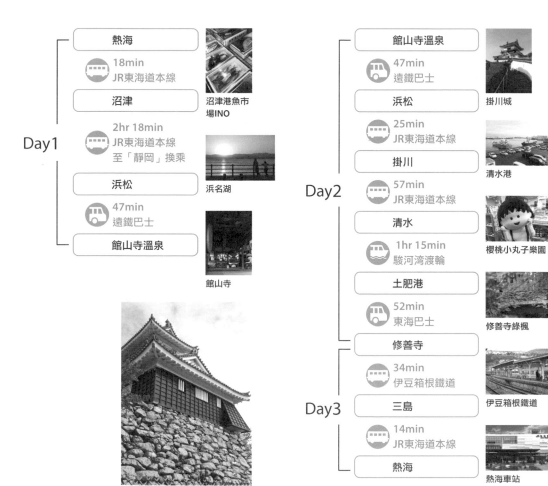

Day1

熱海

🚌 18min
JR東海道本線

沼津

沼津港魚市場INO

🚌 2hr 18min
JR東海道本線
至「靜岡」換乘

浜松

浜名湖

🚌 47min
遠鐵巴士

館山寺溫泉

館山寺

浜松城

Day2

館山寺溫泉

🚌 47min
遠鐵巴士

浜松

掛川城

🚌 25min
JR東海道本線

掛川

清水港

🚌 57min
JR東海道本線

清水

櫻桃小丸子樂園

🚢 1hr 15min
駿河湾渡輪

土肥港

🚌 52min
東海巴士

修善寺

修善寺綠楓

Day3

修善寺

🚌 34min
伊豆箱根鐵道

三島

伊豆箱根鐵道

🚌 14min
JR東海道本線

熱海

熱海車站

關東　超值票券

95

🏛 原鐵道模型博物館

🚶JR橫濱駅東口徒步5分 ☎045-640-6699 🏠橫濱市西區高島1-1-2（橫濱三井ビルディング2F） 🕙10:00~17:00(最後入場至16:30) 🚫週二、三(遇例假日隔日休)；年末年始、2月上旬 💰大人￥1200，國高中生￥900，4歲以上孩童￥600 🌐www.hara-mrm.com ❗預約購票制，需事先於官網或全家便利店購票

　　2012年開幕的原鐵道模型博物館，選在日本鐵道的發祥地——橫濱建造，館內展示著企業家原信太郎收藏、製作的鐵道模型品；從最古老的蒸氣機關車開始，到近代的電氣機關車，原信太郎的收藏可以說是順著歷史軌跡，跨越了時空，讓人身在橫濱，卻能玩賞世界鐵道。

👁 橫濱中華街

🚶みなとみらい線元町‧中華街駅1號出口徒步約1分 ☎045-662-1252 🏠橫濱市中區 ◐依各店舖而異 🌐www.chinatown.or.jp

　　有著華麗中國牌坊的橫濱中華街，聚集了數百家來自江浙、北京、四川、上海、廣東與台灣等地的料理餐廳，以及中國風濃厚的雜貨店，姑且不論偏近日本人口味的中國菜是否合乎胃口，不妨來此感受一下深受日本人喜愛的中華風。

🏛 合味道紀念館 橫濱

🚶みなとみらい線みなとみらい駅徒步約8分 ☎045-345-0918 🏠橫濱市中區新港2-3-4 🕙10:00~18:00，NOODLS BAZAAR 11:00~18:00 🚫週二(遇列假日休週三)、年末年始 💰大學生以上￥500，高中生以下免費 🌐www.cupnoodles-museum.jp

　　曾經有人對杯麵下了一個這麼樣的註解：「日本人發明了杯麵，改變了全世界的食文化。」發明杯麵的，正是日清食品集團的創始人安藤百福。繼大阪池田的泡麵博物館之後，日清在橫濱建了杯麵博物館，以「創造思考」為主題，介紹了泡麵與杯麵的發展歷程。

👁 港の見える丘公園

🚶みなとみらい線元町‧中華街駅5號出口徒步5分 ☎045-711-7802 🏠橫濱市中區山手町114 ◐法國森林6:00~18:00(依四季時間略不同)、玫瑰花園6:00~24:00 💰自由入園

　　1926年由英國軍隊規劃的「港の見える丘公園」設置了可以眺望港區未來、橫濱港灣大橋的座椅，總是吸引情侶們賞景談心，也有許多人攜家帶眷來此郊遊，公園內小型的森林和著名各式洋館，是山手地區一定要看的景點。

河口湖

👁 富士山

📍開山季節：七、八月　🚶登山路線：富士宮口登山道、吉田口登山道、御殿場口登山道、須走口登山道

　　富士山海拔3776公尺，是象徵著日本人精神生活。在2013年世界遺產委員會的認證下名列世界文化遺產，其中含山頂信仰遺跡群、四大登山道、五湖地區、富士山本宮 間大社及周邊分社、歷史住宅、忍野八海、胎內樹型、白絲瀑布、人穴富士講遺跡及三保松原等25處。

👁 水陸兩用河馬巴士

📍搭乘富士急行巴士於「旭日丘」站下車即達　☎090-6160-4696　🏠購票、搭乘地在旭日丘BT，2F　🕘9:15～16:00(依季節而異)，一天約7-9班次，人多時可能會加開，詳洽官網　❌天候惡劣可能停駛　💲大人￥2300，4歲～小學￥1150，4歲以下(無座位，需由家長抱坐腿上)￥400　🌐www.kaba-bus.com/yamanakako/

　　從旭日丘富士總站出發後，先繞行陸地一小圈，沿路會有解說員一路說明，透過小問答來加深印象，達到寓教於樂的效果。運行十多分後，巴士來到湖畔，重頭戲即將登場。司機會先停一下，接著一股作氣往湖裡衝！兩側濺起的水花製造了盛夏的清涼感，而巴士也正緩緩運行於水面上，真的就像河馬一樣，水陸兩棲超有趣！

關東─吃喝玩樂

👁 河口湖～富士山全景纜車

📍河口湖駅搭乘河口湖周遊巴士河口湖線至「遊覽船・山纜車入口」站下車徒步3分　☎0555-72-0363　🏠南都留郡富士河口湖町 川1163-1　🕘平日9:30～16:00(下山～16:20)、週末例假日～17:00(下山～17:20)　💲來回￥900、單程￥500(小學以下皆為半價)　🌐www.mtfujiropeway.jp

　　想一覽觀光山色，沒什麼比得上纜車。搭乘纜車登上高1075公尺的展望台，碧綠的河口湖、似近又遠的富士山、火柴盒般的富士吉田市街，都在眼前；天氣晴朗時，更遠的南阿爾卑斯連峰、山中湖等也盡收眼底。

👁 忍野八海

📍搭乘富士急行巴士於「忍野八海入口」站下車即達　☎0555-84-4222(忍野村觀光協會)　🏠南都留郡忍野村忍草　🚶自由參觀，全年無休

　　忍野八海的8個清澈湧泉池，是富士山雪水融化流入地底後、歷經數十年再度從這裡緩緩流洩而出，泉質清冽澄澈，透見湛藍幽邃的矽藻土池底，蔓生的水草在池中搖曳如原野風起，魚兒優游逡巡其間，如夢似幻。村內外錯落的泉池讓這裏不但清淨優美，也是數百年前「富士講」的靈修之處。

天上山公園

　　天上山公園展望台的「たぬき茶屋」有可愛的烤糰子！

原茂葡萄酒莊

🚉勝沼ぶどう郷駅徒步20分；或在駅前搭ぶどうコース2巴士約5分至「橫町」站下徒步3分；或搭ワインコース2巴士約12分至「上町」站下徒步10分　☎0553-44-0121　🏠甲洲市勝沼町勝沼3181　🕐9:00~17:00　💲免費參觀；試飲12種類、每20cc￥100　🌐www.haramo.com

過去曾經是民宅的古老房子，經過設計裝潢過後，屋內瀰漫著一股古色古香卻不失現代感的氣味。原茂葡萄酒莊是二次世界大戰前，就已經開始釀造葡萄酒的老字號，所栽培的葡萄品種以甲州種為主，為了釀出更與眾不同的酒，也嘗試著培育歐洲品種的葡萄。

勝沼釀造

🚉勝沼ぶどう郷駅前搭ぶどうコース2巴士約15分，至「下岩崎」站下徒步3分　☎0553-44-0069　🏠甲州市勝沼町下岩崎371　🕐9:30~16:30　🎌日本新年　💲酒莊參觀行程￥6600，須預約　🌐www.katsunuma-winery.com

創業於1937年的勝沼釀造，所使用的葡萄是日本最多的甲州種葡萄，每年釀造的酒量約380公噸，老闆有賀雄二希望可以將最棒的甲州種葡萄，釀造成世界有名的葡萄酒。酒莊建築是將140年前所建造的屋邸改建成為酒莊，將古民家房屋重新設計後呈現出摩登卻保有古味。

關東—吃喝玩樂

CHATEAU勝沼

🚉勝沼ぶどう郷駅徒步約15分　☎0553-44-0073　🏠甲州市勝沼町菱山4729　🕐9:00~17:00　🎌12月31日~1月1日　💲試飲、參觀免費　🌐www.chateauk.co.jp

明治初期，今村葡萄酒釀造場開始在勝沼町展開葡萄的栽培，也是現今CHATEAU勝沼的前身。1樓的賣店擺放著各式各樣不同種類的葡萄酒提供試飲，可以邊品味葡萄酒，邊挑選自己喜歡的商品；不勝酒力的人也不用擔心，這裡有100%的葡萄汁可以試飲。

盛田甲州葡萄酒莊

🚉勝沼ぶどう郷駅前搭巴士約20分，至「勝沼地域総合局」站下徒步5分　☎0553-44-2003　🏠甲州市勝沼町勝沼2842　🕐10:00~16:00，7月下旬~10月10:00~16:30　🎌不定休、日本新年　💲試飲、參觀免費　🌐www.chanmoris.co.jp

江戶時代原本是位於愛知縣釀造日本酒、醬油、味增起家的盛田家，到了明治時期，為了經營新事業，於是開始種植葡萄，但卻遇到害蟲使得葡萄園被毀；但到了1973年將陣地轉至勝沼，利用釀造醬油味增的技術與經驗釀造葡萄酒，終於順利的讓葡萄酒事業向前跨進一步。

水戶

◎ 偕樂園

🚌JR水戶駅北口前4號乘車處，搭乘往偕樂園的路線巴士，約15分即達　☎029-244-5454　🏠水戶市常磐町1-3-3　🕐本園6:00~19:00、10月~2月中7:00~18:00；好文亭9:00~17:00、10/~2月中 9:00~16:30　🚫好文亭12/29~31休館　💲園區外圍免費；本園：大人￥300、兒童￥150；好文亭：大人￥200、兒童￥100　🌐ibaraki-kairakuen.jp/　❗梅花祭、杜鵑花祭和荻花祭舉行的時候，JR常磐線有設臨時站「偕楽園駅」

1842年，水戶藩第9代藩主德川齊昭打造了偕樂園「與民偕樂」，園中遍植三千餘株梅樹，相傳達上百種的梅樹，早期是藩主德川齊昭為了貯藏梅干以防饑荒所植，是現今水戶最驕傲的美麗資產。除了最具盛名的冬梅之外，茂密的孟宗竹林也是園中逸景，四季美景更是別有一番出塵意境。

日立

◎ 日立車站

🚃JR常磐線日立駅　🏠日立市旭町1-3-20

2011年完工啟用的日立車站，可說是世界最美的車站之一，走進車站入口大門後，直走到通廊底端就可看見180度無敵海景。因地理位置高低差，由陸地架設橋面出去，站體浮就在空中，加上串聯蔚藍海景，視覺宛如浮在海面上的車站，立刻成為知名最熱門的景點。

SEA BiRDS CAFE
車站內無敵海景咖啡店。搭配鹹食的鬆餅是店內招牌。

◎ 常陸海濱公園

🚌阿字ヶ浦駅徒步20分，或從阿字ヶ浦駅搭乘微笑晴空巴士(スマイルあおぞらバス)約10分，至「海浜公園西口」站下車　☎029-265-9001　🏠常陸市馬渡字大沼605-4　🕐9:30~17:00，暑期(7月底~8月底)~18:00，冬期(11月初~2月底)~16:30　🚫週一(遇假日延隔日休)　💲入園￥450　🌐hitachikaihin.jp

園方在一年四季分別在園內植上不同顏色的植物，除了春天的櫻花季，春末的粉蝶花一片粉藍十分夢幻；而盛夏時特意植上俗稱掃帚草的地膚子，一片綠意十分宜人，秋季還會變成紅色。冬季雖然無花可賞，但園內架起點點燈光，每當夜幕低垂時便是華燈競演之際，是北關東的冬季風物詩。

輕井沢王子購物廣場

JR輕井沢駅南口徒步3分　0267-42-5211　輕井澤町輕井澤　購物、美食街10:00~19:00、餐廳11:00~22:00。時間依季節、店家而異　不定休　www.karuizawa-psp.jp

讓人瘋狂血拼的大型Outlet購物商場就位於車站旁，購物中心分為5大區，EAST主要為運動及戶外用品，NEWEAST以流行服飾或飾品為主，例如大受台灣、香港觀光客歡迎的BEAMS。而WEST則是世界各國雜貨，NEWWEST為女性喜愛的品牌，各式品牌應有盡有。

雲場池

JR輕井沢駅徒步約20分　0267-42-8579　輕井沢町輕井沢

雲場池據說曾經有雪白天鵝在此停留，所以這裡又被稱為白鳥湖。初夏的綠葉與蔚藍的天空有著讓人無法形容的美，而時序轉入秋天之際，深秋的紅葉倒映在水中彷彿就像一

幅名畫。池邊周圍有約一公里長的遊步道，徒步約需20分鐘，提供遊客邊散步邊欣賞輕井沢的四季之美。

石之教會 / 內村鑑三紀念堂

從中輕井沢駅走路約17分鐘、計程車5分鐘　輕井沢町星野　0267-45-2288　10:00~17:00，若無儀式舉行即可自由參觀　免費參觀　www.stonechurch.jp　教堂內禁止拍照

以內村鑑三提倡的無教會主義為藍圖，美國建築設計師Kendrick Bangs Kellogg，建造出沒有十字架也沒有祭壇的教堂，為世界少見的設計。由取自輕井沢大自然的石頭堆砌成的圓弧狀拱門，光線透過拱門間的玻璃窗透入盈滿全室，耳畔傳來細細流水聲，與自然完美融合、氣氛莊嚴凜然中帶著浪漫。

繪本之森美術館

JR輕井沢駅北口1號搭乘町內循環巴士，約30分在「塩沢湖」或「風越公園」站下車　0267-48-3340　輕井沢町長倉182 (謬思之森內)　3~11月9:30~17:00、12~1月10:00~16:00　週二、換展期間　大人￥950、國高中生￥600、小學￥450　museen.org/ehon/

隱身於一萬五千平方公尺大森林裡的輕井沢繪本之森美術館，2座展示館、圖書館與商店等就點綴其間，館內收藏了300年前被譽為文化遺產的西洋童畫故事書，展示品以歐洲、美國的童話故事書為主，其他也有活躍於近代、現代的作家之原著以及初版書等。

卍 善光寺

🚌JR長野駅前搭乘往善光寺的巴士車程約15分，在「善光寺大門」下車徒步5分 ☎026-234-3591 🏠長野市元善町491 ⏰本堂內陣參拜4:30~16:30，山門、經藏拜觀9:00~16:00 💰境內自由參拜。三堂(本堂內陣、山門、經藏)+戒壇之路、善光寺史料館￥1200 🌐www.zenkoji.jp

善光寺是座無教派佛教寺院，創建於西元644年。所供奉的是阿彌陀如來、觀音菩薩以及大勢至菩薩，稱為「善光寺阿彌陀三尊」，也被稱為『信州善光寺』或『信濃善光寺』。在正殿的神座下方有一條伸手不見五指的漆黑通道「戒壇之路」，傳說摸黑走到神座下方，便可以摸到「極樂之鑰」，摸到的人死後就可以前往極樂淨土。

🏠 八幡屋礒五郎

🚌善光寺徒步約2分 ☎026-232-8277 🏠長野市大門町83 ⏰9:00~18:30 💰七味唐からし「中辛/缶-14g」(七味唐辛子「中辣/罐裝-14g」)￥432起 🌐www.yawataya.co.jp

創業超過兩百年的八幡屋礒五郎，是間七味辣椒粉專賣店，店內有許多不同種類的辣椒粉。七味辣椒粉顧名思義除了辣椒外，還添加了6種不同的天然香料，包含有生薑、麻種、紫蘇、陳皮、山椒、胡麻等，吃起來除了辣之外，還有獨特的香味，可說是善光寺參拜的最佳伴手禮。

◎ 松本城

🚌JR松本駅東口步行15分，或於松本駅搭乘周遊巴士Town Sneaker的北環路線，至「松本城‧市役所前」下車 ☎0263-32-2902 🏠松本市丸の内4-1 ⏰8:30~17:00，夏季8:00~18:00。閉館前30分最後入場 💰大人￥700，中小學生￥300 🚫12月29日~12月31日 🌐www.matsumoto-castle.jp

松本城是在戰國時期永正年間建造的五層、六樓建築物，也是現存最古老的日本城池，松本城的價值還在其獨特的構造與建築工法，入內參觀時請脫鞋進入。從明治時代以來，守住松本城的已經不是城主，而是松本市民們的努力，目前市民們也積極推動、將松本城列入世界遺產活動。

🎨 松本市美術館

🚌JR松本駅東口步行12分 ☎0263-39-7400 🏠松本市中央4-2-22 ⏰9:00~17:00(最後入館至16:30) 🚫週一(週假日則隔日延休)，12月29日~1月3日 💰大人￥410，大學高中生￥200，中學生以下免費 🌐matsumoto-artmuse.jp

收藏有松本當地知名藝術家作品處，館藏量最豐富的要屬松本市美術館了。無論是世界知名的點點大師草間彌生、或是書法家上條信山、西畫家田村一男等大師作品，都是松本市美術館的常設展覽品。

⛩ **富士山本宮 淺間大社**

🚃JR富士宮駅徒步10分 ☎0544-27-2002 🏠富士宮市宮町1-1 🕐3、10月5:30~19:30，4~9月5:00~20:00，11~2月6:00~19:00 🌐fuji-hongu.or.jp/sengen

日本全國1300間淺間神社的總本宮、富士信仰中心據點，正是本宮淺間大社。淺間大社的主神為「木花之佐久夜毘売命」，又叫做淺間大神，她是在日本神話中登場的美麗女神，其本尊就是富士山。淺間大社歷史可上溯至平安時代，朱紅色主殿為德川家康所捐贈，對稱優美的雙層結構被稱為「淺間造」樣式。

👁 **培里之路**

🚃伊豆急下田駅徒步10分 🏠下田市3丁目

沿平滑川敷設的培里之路，石板鋪成的散步道從了仙寺一直延伸至港口，清淺的平滑川上頭跨越了數座復古小橋，走過小橋，對岸的歐風建築內有的是咖啡店，有的販賣飾品雜貨，五花八門的個性商品讓人忘卻時間。

👁 **白絲瀑布**

🚃JR富士宮駅前搭乘到白糸の滝的路線巴士，至「権現橋」站下車徒步5分。 🏠富士宮市上井出 🕐自由參觀 🌐fujinomiya.gr.jp

橫跨200公尺環形黑熔岩壁所流洩而下的白絲瀑布，襯著攀藤在岩壁上夏日的暢綠、秋野的松楓，如絲絹又如銀白的額髮一般蕩漾，在湛藍池心激起一片虹彩；白絲瀑布最特別的是其水流不是從崖上傾瀉而下，而是從崖壁間滲出，才有飄渺的涓涓之姿，這也是富士山經過多次噴發所造就的地貌。

👁 **下田港遊船 黑船Susquehanna**

🚃伊豆急下田駅徒步15分 ☎0558-22-1151 🏠下田市外ヶ岡19 🕐9:10~15:30約30~40分1班，航程約20分 💲大人￥1500、小孩￥750 🌐www.izu-kamori.jp/izu-cruise/

每日有11~12班，氣派的帆船造型模仿當年美軍來襲的黑船，在下田港內相當引人注目，沿途可領略港町的天然風光，遠眺寢姿山、海岸街景，並參觀培里艦隊下錨的地方，在感受海景之美的同時，更可一探幕末開港的重要歷史舞台。

成田

卍 成田山新勝寺

JR成田駅東口、京成成田駅西口徒步約15分 成田市成田1 0476-22-2111 自由參拜 www.naritasan.or.jp

成田山新勝寺為真言宗智山派的大本山,已經有超過千年的悠久歷史,每年約吸引千萬人前來參拜,人數僅次於明治神宮。境內的大本堂建於昭和43年(1986年),是舉行御護摩祈願的場所,以御護摩向不動明王祈願,是真言密宗的特殊儀式,自平安時代流傳至今。

◉ 成田山表參道

JR成田駅東口、京成成田駅西口徒步約15分 成田山新勝寺前參道 店家營時各異

參拜完成田山新勝寺後,絕不能錯過寺院門前的成田山表參道,這條帶有古風的參道,齊聚眾多美食名店、伴手禮、街邊小吃等商家,在結束寺廟巡禮後再來到參道補充體力,開始下一站的旅行。

佐原

◉ 伊能忠敬旧宅

JR佐原駅徒步15分,或搭巴士在忠敬橋下車徒 2分 0478-54-1118 香取市佐原イ1900-1 9:00~16:30 免費

屋宅就面臨著小野川與樋橋,這裡是伊能忠敬17歲入贅伊能商家後,店鋪兼住宅之處。忠敬在此生活了30年,直到50歲才離開前往江戶學習天文學。經營釀造業的伊能旧家,可以進入參觀店舗內部外,店鋪後方則是住宅、庭院及土藏,江戶時代的建築歷史、加上是忠敬30年生活遺跡,因此昭和時即被指定為國定史蹟。

◉ 小野川遊船

JR佐原駅徒步15分 0478-55-9380 香取市佐原イ1730-3 (伊能忠敬紀念館前乘船) 10:00~16:00(依季節而異),一趟約30分 年末年始、不定休 大人￥1300、小學生￥700 www.kimera-sawara.co.jp

要想細細品味佐原水鄉的美好風情,最推薦的就是小野川遊船。遊船小舟雖已在多年前從撐篙的方式改成馬達,但依舊讓乘客無比雀躍。全程約30分鐘的航行,可欣賞兩岸的土藏造建築與綠意垂柳夾道的美景,幸運的話還可看到火車從頭頂上行駛而過。

日光

日光二荒山神社

🚌日光駅前搭乘東武巴士的世界遺產巡禮巴士，至「勝道上人像前」、「大猷院 二荒山神社前」站下車 📞0288-54-0535 🏠日光市山內2307 ⏰4~10月8:00~17:00、11~3月8:00~16:00 💲神苑￥300、神橋￥300、寶物館￥500 🔗www.futarasan.jp

二荒山神社是日光山岳信仰的主祭神社，建築莊嚴充滿著神道教的樸實無欲，其中還祭祀著福緣結守之神「大己貴命」，求子安產之神「田心姬命」等神靈。神苑中有處稱做「二荒靈泉」的神泉，傳說喝了可以治療眼疾，一旁的茶亭還有賣用此靈泉所製的抹茶和咖啡呢。

東照宮

🚌日光駅前搭乘東武巴士的世界遺產巡禮巴士，至「勝道上人像前」、「大猷院 二荒山神社前」站下車 📞0288-54-0560 🏠日光市山內2301 ⏰4~10月9:00~17:00、11~3月9:00~16:00 💲高中生以上￥1300，中小學生￥450 🔗www.toshogu.jp ❗下神庫、背面唐門、渡廊等處則預計2024年3月31日完成整修。

1999年12月由聯合國教科文組織將其登錄為世界遺產的日光東照宮，是為了祭祀江戶幕府第一代大將軍德川家康，1617年由二代將軍秀忠開始修建，而到了三代將軍家光時，更花下大筆經費、窮天下工匠絕藝，將東照宮修築得絢爛奪目。

中禪寺湖

👁️JR日光駅前搭乘開往中禪寺溫泉的東武巴士約45分，至「中禪寺溫泉」站下車 🏠日光市中宮祠 ⏰自由參觀；遊船9:00~17:00 💲遊覽船有4條路線：大人￥1400，各路線約50~60分 🔗chuzenjiko-cruise.com

中禪寺湖是日光連山主峰男體山、火山噴發時所形成的高山堰塞湖，周長約25公里，是栃木縣內最大的湖泊。據傳是由勝道上人所發現，過去曾做為修行道場。秋天楓紅時分，碧藍的湖水襯著湛藍的晴空，倒映著深秋紅葉燦爛似火般的剪影，令人心醉不已。

日光山 輪王寺

🚌日光駅前搭乘東武巴士的世界遺產巡禮巴士，至「勝道上人像前」、「大猷院 二荒山神社前」站下車 📞0288-54-0531 🏠日光市山內2300 ⏰4~10月8:00~17:00、11~3月8:00~16:00 💲輪王寺(三佛堂・大猷院) 大人￥900、中小學生￥400 🔗www.rinnoji.or.jp

輪王寺相傳是766年日光開山聖祖「勝道上人」所開建，祭祀著千手觀音、阿彌陀佛、馬頭明王，分別象徵著日光三山的男體山、女峰山以及太郎山，鎮守著日光山中神靈聖地。其中供奉千手觀音、阿彌陀佛、馬頭明王三神的是三佛堂，為日光山中最大的建築物。

那須動物王國

📍接駁車於JR那須塩原駅9:15發車,約10:25抵達(需預約) 📞0287-77-1110 🏠那須郡那須町大島1042-1 ⏰10:00~16:30,週末假日9:00~17:00(冬季10:00~16:00) 🚫週三 💲大人￥2600,3歲~小學生￥1200 🔗www.nasu-oukoku.com ❗冬季動物農場區域不開放

　　園區內主要分成2大區,以室內區呈現的「王國小鎮」最受歡迎的就是水豚區,可以走入柵欄盡情一起玩自拍。另一區則是需搭乘園區接駁車才能到的「動物農場」。可散步或搭遊園車、纜車行進,還有紐西蘭農場綿羊秀、猛禽飛行秀、海獅秀等表演活動。

那須高原啤酒工廠

📍JR黑磯駅前搭乘那須湯元方向的東野交通巴士,約10分後在「下松子」下車徒步5分 📞0287-62-8958 🏠那須郡那須町大字高久甲3986 ⏰10:30~19:00(餐廳11:00~19:00) 🚫週二、三 🔗www.nasukohgenbeer.co.jp

　　採用那須岳的雪溶水和那須產的小麥所釀造的那須高原啤酒,口味濃美甘醇,帶有一種獨特的芳香,還曾經在德、美、日三國舉辦的品評會中榮獲金牌獎。那須高原啤酒工廠裡的餐廳,除了有提供多達十幾樣的啤酒外,還有各式各樣對身體有益的啤酒酵母料理。

殺生石

📍JR黑磯駅前搭乘那須湯元方向的東野交通巴士,約35分鐘後在「那須湯本」站下車 🏠那須郡那須町湯本

　　殺生石的由來相傳是古時在此處的石頭附近,發散著含有亞硫酸瓦斯的毒氣。除此之外,傳說中有隻會變身為美女,妖惑人間的九尾狐狸在事跡敗露後,逃到此處化身為石頭後,惡毒的噴出毒氣奪走接近者的生命。這裡四周佈滿碎石且不時噴出硫磺煙,不過不用擔心,湯煙是無毒的。

那須彩色玻璃美術館

📍JR那須塩原駅或黑磯駅前搭東野巴士至「守子坂」下徒步15分 📞0287-76-7111 🏠那須町高久丙1790 ⏰9:30~17:30,10~3月~16:30 💲大人￥1300、中高生￥800、小學生￥500 🔗sgm-nasu.com

　　由於仍保有濃厚貴族風格的英國科茲窩丘陵區域,跟那須的氛圍很像,因此美術館便以當地領主宅邸為意象,進口當地的萊姆石,建造出風格與氛圍都極度相似的美術館建築群。這裡以19世紀的彩繪玻璃展示為主體,收藏許多骨董家具、音樂盒,禮品店還有來自英國的各式雜貨、DIY課程等。

🍴 CoCoLo湯沢

🚉JR越後湯沢駅內　🏠南魚沼郡湯沢町大字湯沢主水2427-1　📞025-784-4499　🕐10:00~18:30，依店鋪而異　🔗jenic.jp/cocolo/index.php?sc_name=yuzawa

位在越後湯澤車站內，CoCoLo湯沢擺滿了新潟的各種名產，不論醬菜或是和菓子、南魚沼產的越光米等應有盡有，而各名產中最吸引人的，就屬以新潟好米與好水釀造出來的在地美味清酒，CoCoLo湯沢不僅設有可以小飲一番的「ぽんしゅ館」，還有「駅の酒蔵」販賣各式美酒，甚至還有一處「酒風呂」，可以在加了清酒的浴池裡泡湯。

ぽんしゅ館

🏠CoCoLo湯沢內　📞025-784-3778　🕐9:30~18:00　💰￥500　🔗www.ponshukan.com

想要一次品嚐新潟的美酒，來到這裡就能實現願望。集結了新潟縣內93個酒蔵的代表銘酒共117種類，各有不同特色，而只要一個500日圓銅板，便能換得5枚代幣，一枚可以試飲一小杯酒，五枚總共可以品嚐五種酒，建議可以按照人氣指數挑選品嚐。

👁 GALA湯澤滑雪度假村

🚉JRガーラ湯沢駅直通　🏠南魚沼郡湯沢町湯沢大字湯沢字茅平1039-2　📞025-785-6543　🕐12/15~5/6，7~9月的五、週末例假日(Summer Park)，每年時間不定，詳見官網　❄春、秋季　💰冬：1日券大人￥4600、小學生￥2300、60歲以上￥3700。夏：大人￥2000~3400、小學生￥1000~1700　🔗gala.co.jp

GALA湯澤滑雪場與新幹線直通，對旅客來說十分方便，也因此吸引許多海外滑雪客，中文標示相當齊全，語言溝通也不成問題。抵達之後租借滑雪板、報名參加中文滑雪課程，換上防寒雪衣後，選擇想要體驗的活動，就可以登上纜車，開始享受滑雪樂趣。

關東─吃喝玩樂

今代司酒造

📍JR新潟駅万代口徒步約15分 🏠新潟市中央區鏡が岡1-1 ☎025-245-0325 🕐9:00~17:00 🚫12/31~1/3 💲酒藏見學免費，英文導覽收費￥400(需網路預約) 🌐imayotsukasa.co.jp

今代司酒造是新潟市區知名的百年酒造，創業於1767年，不只可以到現代風設計的賣店選購名酒，還可以到老酒藏免費參觀，由職人帶領你認識酒造歷史與釀酒知識，老招牌、釀酒道具都充滿歷史感，也可以試飲藏元生產的各種日本酒。

◉ 西三川黃金公園

📍新潟港搭乘噴射汽船Jetfoil至小木港，再開車約20分 🏠佐渡市西三川835-1 ☎0259-58-2021 🕐5~8月8:30~17:30，12~2月9:00~16:30，3~4月及9~11月8:30~17:00 💲大人￥1200、小孩￥1000(票價含採金體驗) 🌐www.e-sadonet.tv/~goldpark

來到佐渡，一定要來淘金砂！在館內參觀一圈可以了解西三川地區的採金方式，接著便可以親自在水池中淘出金砂！淘金體驗教室裡頭有數十條像洗手檯的水槽，先站定位，接著把淘金盆有一條條溝槽的那面，朝外來回上下晃動，這時候砂石會順著水流跑出盆外，可以帶回家紀念。

◉ 上古町商店街

📍JR新潟駅搭乘觀光循環巴士「白山公園前」站下車 🏠新潟市中央區古町通 🕐、🚫依店舖而異 🌐www.kamifuru.info

白山神社鳥居正對面的上古町商店街，不僅找得到歷史悠久的老店，還有許多新開的小店舖，可以說是當地年輕人、文青聚集的街道，想要找些不一樣的店家，或是感受一下在地悠閒風情，都很適合到這裡一逛。

◉ 盆舟

📍新潟港搭乘噴射汽船Jetfoil至小木港 🏠佐渡市小木町1935(小木港) 🕐3~10月下旬8:30~17:00、10月下旬~11月下旬8:30~16:00、11月下旬~2月9:00~16:00 💲大人￥700、小孩￥400 🌐park19.wakwak.com/~rikiyakankou(力屋觀光汽船)

小木港附近不但有食堂、賣店，更是要來體驗「神隱少女」裡的盆舟！特有的盆舟外觀像超大型木造澡盆，是從釀完酒退役的大木桶重新打造而來，盆舟原是島民為方便補捉海鮮，而設計出方便於岩石間活動的交通工具，現則提供給遊客搭乘，成為新奇有趣的觀光體驗。

Hokuriku Arch Pass
北陸拱型鐵路周遊券

連續7天	￥30,000	Good Point

東京 – 金沢 – 大阪	·橫跨東西日本最划算 ·東海道新幹線NG ·地方鐵道線NG
JR東日本＋JR西日本	※2024/3/16後售價

 針 對從大阪或東京前往北陸地區的旅客設計的周遊券，涵蓋區域包含關西的大阪市區、神戶、京都、奈良，北陸地區的金澤、富山等以及東京都區內，範圍之廣，一票就能玩遍東西日本與北陸。可利用此票券搭乘北陸新幹線東京~金澤區間普通車廂指定席或自由席，以及京阪神奈地區與東京都區 JR線，亦可搭乘連接關西機場的HARUKA自由席與連結成田機場的特急成田特快N'EX。

￥ PRICE OF TICKETS
票券種類與價格

連續7天 ￥30,000
※6-11歲兒童半價

HOW TO USE
如何使用票券 ✓

◎無論網路預購或抵日再購買，都須持護照正本取票或購買。

◎取得票券後先核對資料有無錯誤。

◎PASS票券目前為適用自動檢票閘口形態的車票卡發售，搭乘時只需將PASS票券插入自動檢票閘口、通過後再取回票券，無須再走有站務人員的出入口。使用期限中可自由進出車站、搭乘該票券能坐的車種，不需另外購票。

◎若是需要搭乘東日本新幹線、特急列車的指定席，可至各車站售票窗口或是可預訂指定席的售票機、官網預定，**免費取得指定券**，沒有指定券只能搭乘自由席。若想搭乘綠色車廂或是Class車廂，則必需另外購買指定席車廂券。

◎票券遺失、破損不再補發，也不能退費。

INFO ⓘ
購買資訊

◎**購買資格**

持觀光簽證短期入境日本的外國旅客才可購買使用。

◎**購買方法**

(1) JR西日本網路預約服務、JR東日本網路訂票系統(預訂&抵日取票)

(2)抵日後直接購買(2024/3/15後停止販售)

(3)台灣各大旅行社

◎**使用期間**

指定日期起連續七天

◎**兌換/領取地點**

抵日後兌換及領取方式，除了透過人員服務的JR綠色窗口外，也可利用有「附護照讀取功能綠色售票機」兌換及領取票券，節省排隊時間。

(1)**JR東日本旅行服務中心(JR EAST Travel Service Center)**：池袋、長野、成田機場第1‧2‧3航廈、羽田機場第3航廈、澀谷、品川、新宿、東京、上野、川崎、大宮、橫濱等車站。

(2)**旅客服務中心(Tourist Information Center)**：羽田機場第2航廈(**)、成田機場第1航廈(**)。

(3)**JR綠色窗口**：關西機場(**)、京都(**)、成田機場第1‧2‧3航廈、大阪(**)、新大阪(**)、富山(**)、金澤(**)。

(4)**日本旅行TiS**：京都分店、大阪分店、三之宮分店、金澤分店、福井分店。

❶ (**)僅有「銷售、換票」，無JR東日本網路訂票系統及護照讀取機

SCOPE OF VALIDITY
票券使用範圍

◎JR東日本線
◎JR西日本線
◎東京單軌電車線全線
◎IR石川鐵道
◎AINOKAZE富山鐵道
◎能登鐵道（七尾站～和倉溫泉站）
◎HAPI-LINE FUKUI（福井～越前花堂）

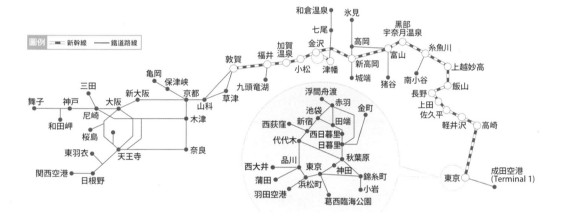

NOTE
注意事項

◎IR石川鐵道僅限於搭乘經過「金澤站～津幡站區間」的列車（可搭乘特快列車）
◎AINOKAZE富山鐵道僅限於搭乘經過「高岡站～富山站區間」的列車（搭乘快速列車「AINOKAZE LINER」時須支付LINER費用）
◎持北陸拱型鐵路周遊券無法搭乘東海道新幹線
◎一切使用規範、範圍、售價等，皆以官網為準。
🌐www.westjr.co.jp/global/tc/ticket/hokuriku-arch-pass/

 # TRAVEL EXAMPLE
範例行程

橫跨三區北陸旅行

這樣坐要	¥ 44,850
網路購票	¥ 30,000

激省!! **¥ 14,850**

Day1

成田機場

 50min
成田特快

東京

 1hr 4min
北陸新幹線

輕井沢

 30min
北陸新幹線

長野

 11min
北陸新幹線

Day2

飯山

 56min
北陸新幹線

富山

 8min
北陸新幹線

新高岡

 45min
JR城端線至「高岡」
換JR冰見線

冰見

 31min
JR冰見線

高岡

Day3

成田特快

東京車站

善光寺

輕井澤車站

火打山

春日山神社

苗名瀑布

燕溫泉

高岡大佛

冰見海上連峰

萬葉線

鱒魚壽司本舖 源

The Corner of
Q&A

Q 因為行程需要用到多張JR PASS，可以一次買起來嗎？

A 只要掌握「使用期間不可重疊」的原則，一個人買自己使用的多張 JR PASS是OK的哦！但各家規定不一定，像JR東日本、JR九州都可以在日本國內買多張，但JR西日本就只能在日本買一次，你要多買要先在海外買兌換券，抵達日本後再兌換。

Day4	高岡
	🚌 40min IR石川鐵道
Day5	金沢
	🚌 1hr 28min 花嫁暖簾
	和倉溫泉
	🚌 6min JR七尾線
	七尾
	🚌 1hr 3min 特急篝火號
Day6	金沢
	🚌 47min 特急雷鳥號
	福井
	🚌 21min 特急雷鳥號
Day7	加賀溫泉
	🚌 57min 特急雷鳥號
	敦賀
	🚌 1hr 27min 特急雷鳥號
	大阪

21世紀美術館　八百萬本舖　石浦神社　金澤神社

弁天崎溫泉公園

Le Musee de H　花嫁暖簾號

福井車站　福井市路面電車　BUBBLES BURGER　山代溫泉 古總湯

人道之館 敦賀博物館　氣比神宮　特急雷鳥號　大阪車站

Takayama-Hokuriku Area Tourist Pass
高山・北陸地區周遊券

連續5天　**¥ 19,800**

大阪 – 金沢 – 名古屋

・從大阪玩到名古屋
・東海道新幹線NG
・金澤-白川鄉-高山間巴士OK

JR東海＋JR西日本

關 西進出前往金澤、白川鄉、高山地區的票券，可搭乘北陸新幹線富山~金澤區間，以及名古屋~富山（經東海道本線、高山本線）、金澤~京都~大阪市（經北陸線、湖西線、東海道本線）、大阪市~關西機場（經阪和線、關西空港線）特急、普通急行、快速、普通列車的普通車廂自由席，亦可搭乘高速巴士至白川鄉、高山地區。

¥ PRICE OF TICKETS
票券種類與價格

連續5天 **¥ 19,800**

※6-11歲兒童半價

HOW TO USE
如何使用票券 ✓

◎無論網路預購或抵日再購買，都須持護照正本取票或購買。
◎取得票券後先核對資料有無錯誤。
◎請把鐵路周遊券本券放入自動驗票閘門。通過後請取回票券。
◎可劃位JR特急和北陸新幹線**指定席最多6次**。
◎不予將本鐵路周遊券更換成其他種類的鐵路周遊券或基本車票類。
◎不可更改使用開始日期。
◎票券遺失、破損恕不予補發。

INFO ⓘ

購買資訊

◎**購買資格**
持觀光簽證短期入境日本的外國旅客才可購買使用。
◎**購買方法**
(1) JR西日本網路預約服務(預訂&抵日取票)
(2)抵日後直接購買
(3)日本國外旅行社
◎**使用期間**
指定日期起連續五天。

◎**日本銷售&兌換地點**
兌換・購票只限營業時間（鐵路周遊券受理時間）內可辦理，兌換時需要一點時間，請儘早前來辦理。且需出示有「短期滯在」的印章/貼紙的護照，並填妥申請書上所規定的欄位。此外，也可使用指定席售票機自己劃位，領取指定席車票。
(1)JR東海售票處：東京、品川、新橫濱、小田原、熱海、三島、新富士、靜岡、掛川、濱松、豐橋、三河安城、名古屋、高山、京都、新大阪等車站。
(2)JR東海TOURS：東京、新橫濱、靜岡、濱松、名古屋、京都、新大阪等

車站。
❗僅有「兌換、發售」，無領取服務。
(3)JR諮詢所：名古屋站。
(4)JR西日本售票處：小松(*)、金澤(*)、富山(*)、京都、新大阪、大阪、關西機場等車站。
❗(*)僅有「領取、兌換」，無發售服務。
(5)日本旅行 TiS：京都、大阪、三之宮分店。
❗僅有「兌換、發售」，無領取服務。
(6)旅行服務中心：新大阪站。
(7)Central Japan Travel Center：中部國際機場。
❗僅有「兌換、發售」，無領取服務。

SCOPE OF VALIDITY
票券使用範圍

◎可無限次搭乘路線上的JR在來線、特急、北陸新幹線、巴士
◎JR線的特別急行列車、普通急行列車或快速、普通列車的普通車廂自由座席：
名古屋站～富山站區間（經由東海道、高山線）、金澤站～京都站～大阪市內區間（經由北陸、湖西、東海道線）、大阪市內～關西機場站區間（經由阪和、關西機場線）
◎北陸新幹線的普通車廂自由座席：富山站～敦賀站區間
◎濃飛巴士、富山地鐵、北鐵巴士、名鐵巴士的白川鄉–金澤線，高山–富山線：高山濃飛巴士中心～白川鄉～金澤/富山之間（一部分除外，巴士必須事前預約。）
◎加越能巴士的世界遺產巴士：白川鄉～新高岡站區間

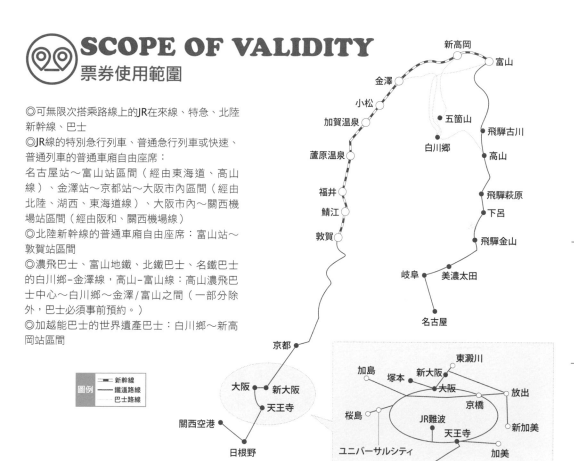

圖例
- 新幹線
- 鐵道路線
- 巴士路線

NOTE
注意事項

◎不予搭乘京都站～新大阪站區間的東海道新幹線。
◎欲搭乘東海道新幹線時，需另行支付所需的費用。
◎一切使用規範、範圍、售價等，皆以官網為準。

ⓜ touristpass.jp/zh-tw

TRAVEL EXAMPLE
範例行程

升龍道5日行程

這樣坐要	¥ 46,840
網路購票	¥ 19,800

激省!!

¥ 27,040

Day1

 關西機場

1hr 18min
特急HARUKA

京都

2hr 7min
特急雷鳥號

金沢

京都車站

金沢車站

特急HARUKA

金沢百番街

Day2

 金沢駅西口

1hr 23min
濃飛高速巴士

白川鄉BT

55min
濃飛高速巴士

高山濃飛BC

濃飛巴士

合掌村冬季點燈

合掌村消防演練

白川鄉巴士站

Q JR PASS是要先在台灣買,還是到日本再買?哪個比較省事省時?

The Corner of Q&A

A 如果都已經安排好旅遊時間,也確定使用日期,那麼在台灣先買比較好。不但有海外優惠價格,在官網可以直接線上劃位 (有效期內的指定席都可以全部先劃好),只要到日本兌換PASS時現場給序號,就能一次拿完全部的票,省時又省力哦!

Day3

高山

🚌 1hr 42min
特急飛驒號

美濃太田

🚌 45min
特急飛驒號

名古屋

飛驒の里　　宮川朝市　　三町老街　　高山拉麵
　　　　　　　　　　　　　　　　　　　豆天狗

Day4

🚌 1hr 31min
特急飛驒號

下呂

🚌 2hr 17min
特急飛驒號

富山

JR名古屋駅　下呂溫泉祭　　　足湯の里　富山港
中央雙塔　　　　　　　　　　　ゆあみ屋　展望台

Day5

🚌 23min
北陸新幹線

金沢

🚌 2hr 35min
特急雷鳥號

大阪

寺島蔵人邸　　尾山神社　　　東茶屋街　　　兼六園

Alpine-Takayama-Matsumoto Area Tourist Pass

立山黑部・高山・松本地區周遊券

連續5天 　¥ 21,200

名古屋 – 富山 – 松本

· 夏秋期間限定
· 新幹線NG
· 阿爾卑斯路線OK

JR東海

想 要由名古屋進出，暢遊高山飛驒、富山、立山黑部，唯一首選便是立山黑部、高山、松本地區周遊券。此票券一大重點可不限次數自由搭乘多種交通工具玩透立山黑部阿爾卑斯路線，更是4~6月立山黑部大雪壁觀光必備的周遊券。

HOW TO USE
如何使用票券 ✓

PRICE OF TICKETS
票券種類與價格

連續5天 ¥21,200

※6-11歲兒童半價

INFO
購買資訊

◎**購買資格**
持觀光簽證短期入境日本的外國旅客才可購買使用。
◎**購買方法**
(1) JR西日本網路訂票系統(預訂&抵日取票)
(2)抵日後直接購買
(3)日本國外旅行社
◎**使用期間**
每年2/1~11/7發售，3/15~11/7兌換，4/15~11/11使用。
指定日期起連續五天。
◎**日本銷售&兌換地點**
兌換‧購票只限營業時間（鐵路周遊券受理時間）內可辦理，兌換時需要一點時間，請儘早前來辦理。且需出示有「短期滯在」的印章/貼紙的護照，並填妥申請書上所規定的欄位。此外，也可使用指定席售票機自己劃位，領取指定席車票。
(1)JR東海售票處：東京、品川、新橫濱、小田原、熱海、三島、新富士、靜岡、掛川、濱松、豐橋、三河安城、名古屋、高山、京都、新大阪等車站。
(2)JR東海TOURS：東京、新橫濱、靜岡、濱松、名古屋、京都、新大阪等車站。
❶ 僅有「兌換、發售」，無領取服務。
(3)JR諮詢所：名古屋站。
(4)Central Japan Travel Center：中部國際機場。
❶ 僅有「兌換、發售」，無領取服務。

◎無論網路預購或抵日再購買，都須持護照正本取票或購買。
◎取得票券後先核對資料有無錯誤。
◎請把鐵路周遊券本券放入自動驗票閘門。通過後請取回票券。(※指定席車票不能通過。)
◎可以預約JR在來線普通車**4次**指定席
◎欲搭乘立山~黑部湖的各種交通工具前，需在立山或黑部湖的出站窗口出示本票券，取得**乘車整理票**。另立山出發的立山斜面電車不需網路預約即可搭乘。
◎不予將本鐵路周遊券更換成其他種類的鐵路周遊券或基本車票類。也不予更改使用開始日期。
◎票券遺失、破損恕不予補發。

中部北陸—超值票券

◎可無限次搭乘路線上的JR在來線、特急、立山黑部路線全路線
◎JR線的特別急行列車、普通急行列車或快速、普通列車的普通車廂的非預定座位：名古屋站～富山站之間
（經由東海道、高山線）、信濃大町站～名古屋站（經由大糸、篠之井、中央本線）
◎立山黑部阿爾卑斯路線區間內的「電鐵富山～信濃大町」之間。富山地方鐵路線包含「電鐵富山站～立山
站」之間的特急列車的非預定座位。

SCOPE OF VALIDITY
票券使用範圍

NOTE
注意事項

◎乘坐立山～扇澤的各交通工具時，須在立山站或扇澤站的車站窗口出示本券，並領取搭乘對應區間專用之「乘車票」。
◎立山黑部阿爾卑斯路線內各種交通工具發生停駛等狀況導致旅行中止的情況，可免費乘坐本券適用區間的路線返回交付該周遊券的JR東海車站窗口等指定的兌換‧銷售地點辦理退票手續。（若是繼續旅行，或是已經搭乘立山黑部阿爾卑斯路線內各交通工具的話，恕不接受任何理由的退票。）
◎「立山黑部‧高山‧松本地區周遊券」僅能在限定期間內兌換與使用
◎一切使用規範、範圍、售價等，皆以官網為準。
🌐 touristpass.jp/zh-tw

TRAVEL EXAMPLE

 範例行程

黑部立山超值行

| 這樣坐要 | ￥35,200 |
| 網路購票 | ￥21,200 |

 激省!!

￥14,000

Day1

名古屋

 18min 特急飛彈號

岐阜

1hr 11min 特急飛彈號

下呂

Day2

49min 特急飛彈號

高山

1hr 29min 特急飛彈號

富山

 岐阜城

  下呂車站

 下呂溫泉朝市

 下呂布丁

 櫻山八幡宮

 高山車站

 三町老街

 飛彈牛握壽司

Day3

電鐵富山

1hr 5min
富山地方鐵道本線

立山

7min
立山斜面電車

美女平

50min
立山高原巴士

室堂

10min
立山隧道電軌巴士

大觀峰

7min
立山纜車

黑部平

5min
黑部斜面電車

黑部湖

15min
步行

黑部大霸

16min
關電隧道電氣巴士

扇沢

40min
Alpico巴士

信濃大町

Day4

1hr 6min
JR大系線

松本

Day5

38min
特急信濃號

木曾福島

1hr 31min
特急信濃號

名古屋

The Corner of Q&A

Q 我可以在官網購買JR PASS後，在尚未取票之前就先預約我下一趟旅程的座位嗎？

A 當然可以。指定席於欲搭乘列車之乘車日前一個月起開放預約。也就是說30天前就可以預約，而且只要是預定的JR PASS使用期間內的車次都能預約。

地獄谷

雪之大谷

黑部水壩

松本城

松本市立美術館

珈啡MARUMON

舊開智學校校舍

四柱神社

奈良井宿

豐田產業技術紀念館

NANA巨型人偶

Hokuriku Area Pass

北陸地區鐵路周遊券

連續4天	¥ 7,000	
北陸三縣	・北陸機場進出推薦 ・地方鐵道不能搭 ・北陸新幹線自由席OK	
JR西日本	※2024/3/16後售價	

深 度旅遊北陸地區福井縣、石川縣、富山縣三縣的超值周遊券，適合規劃一趟小奢華的泡湯巡遊從位於石川縣的加賀溫泉、和倉溫泉到富山縣的宇奈月溫泉，身心靈皆大滿足；往西來到福井縣，遊逛世界知名以生產眼鏡聲名遠播的鯖江、港口城市敦賀飽覽山海包圍的絕美景觀。

PRICE OF TICKETS
票券種類與價格

連續4天 ¥ 7,000

※6-11歲兒童半價

INFO
購買資訊

◎**購買資格**
持觀光簽證短期入境日本的外國旅客才可購買使用。

◎**購買方法**
(1) 台灣各大旅行社購買(抵日兌換)
(2) JR西日本網路預約服務(預訂&抵日領取)

◎**使用期間**
指定日期起連續四天。

◎**兌換/領取地點**
抵日後兌換及領取方式，除了透過人員服務的JR綠色窗口外，也可利用有「附護照讀取功能綠色售票機」兌換及領取票券，節省排隊時間。

(1)JR綠色窗口：關西機場、京都、新大阪、大阪、富山、新高岡、金澤、小松、福井、敦賀各站。
(2)新大阪旅遊服務中心(Travel Service Center SHIN-OSAKA)。
(3)日本旅行TiS(僅能兌換)：京都分店、大阪分店／大阪旅遊服務中心(Travel Service Center OSAKA)、金澤分店。

HOW TO USE
如何使用票券

◎無論台灣、網路預購或抵日再購買，都須持護照正本取票或購買。
◎取得票券後先核對資料有無錯誤。
◎PASS票券目前為適用自動檢票閘口形態的車票卡發售，搭乘時只需將PASS票券插入自動檢票閘口、通過後再取回票券，無須再走有站務人員的出入口。使用期限中可自由進出車站、搭乘該票券能坐的車種，不需另外購票。
◎可**不限次數**搭乘北陸新幹線(金澤～黑部宇奈月溫泉)列車的**自由席**。
◎搭乘JR系統普通車廂指定席可至各車站綠色窗口或是可預訂指定席的售票機、官網(**僅限JR西日本官網購票**)購買指定席券。若想搭乘綠色車廂或Gran Class(頭等車廂)，則必需另外購買指定席車廂券。
◎票券遺失、破損不再補發，也不能退費。

◎北陸新幹線(敦賀〜黑部宇奈月溫泉)
◎JR西日本在來線(區域間)
◎IR石川鐵道(金澤〜津幡)
◎愛之風富山鐵道(富山〜高岡)
◎能登鐵道(七尾〜和倉溫泉)
◎西日本JR巴士(金澤周邊：名金‧深谷溫泉線、才田線、東長江線、循環線、城北運動公園線)
◎自行車出租EKIRIN KUN(區域間營業所)

SCOPE OF VALIDITY
票券使用範圍

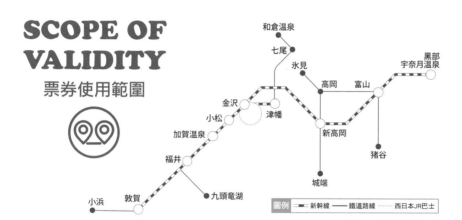

圖例 ▬▬▬ 新幹線 ━━━ 鐵道路線 ‥‥‥‥ 西日本JR巴士

NOTE
注意事項

◎無法在JR綠色窗口購買。
◎不能搭乘新幹線指定席，需另購買指定席券。
◎不能搭乘特急列車指定席，需另購買特急指定席券。
◎不能搭乘新快速指定座位A-SEAT，需另購買指定席券。
◎不能搭乘寢台列車。
◎IR石川鐵道(金澤〜津幡)、愛之風富山鐵道(富山〜高岡)不能中途上下車出站。
◎搭乘愛之風富山鐵道(あいの風とやま鉄道)富山〜高岡區間快速列車愛之風LINER(あいの風ライナー/AINOKAZE LINER)，需另購買Liner券。
◎不能搭乘福井路面電車、富山市電(路面電車)、黑部峽谷鐵道觀光小火車(黑部峽谷鉄道トロッコ電車)。
◎不能搭乘高速巴士。
◎一切使用規範、範圍、售價等，皆以官網為準。
🚅 www.westjr.co.jp/global/tc/ticket/

TRAVEL EXAMPLE
範例行程❶

金沢近郊溫泉4日旅行

這樣坐要	¥ 18,570
網路購票	¥ 7,000

激省!!

¥ 11,570

中部北陸─超值票券

Day1

金沢

35min
北陸新幹線

宇奈月溫泉車站

黑部宇奈月溫泉

25min
富山地方鐵道本線
*需另付 ¥640

黑部峽谷鐵道

宇奈月溫泉

25min
富山地方鐵道本線
*需另付 ¥640

ALPEN CHEESE CAKE

黑部宇奈月溫泉

35min
北陸新幹線

Day2

金沢

52min
特急篝火號

花嫁のれん館

七尾

6min
JR七尾線

高澤蠟燭店

和倉溫泉

富山地方鐵道

Day3

和倉溫泉

1hr 4min
特急篝火號

那谷寺

金沢

57min
特急雷鳥號

魯山人寓所跡
いろは草庵

加賀溫泉

31min
特急雷鳥號

鶴仙溪

靖江

9min
特急雷鳥號

Day4

福井

47min
特急雷鳥號

西山動物園

金沢

鯖江車站

鯖江眼鏡博物館

範例行程❷

金沢日歸4日旅行

這樣坐要	￥23,100
網路購票	￥7,000

激省!! ￥16,100

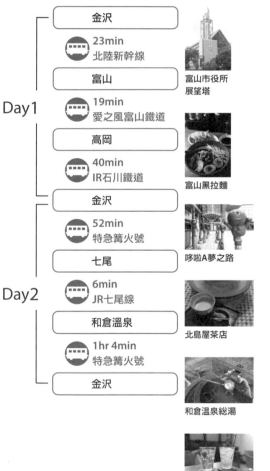

Day1

金沢
→ 23min 北陸新幹線
富山 — 富山市役所展望塔
→ 19min 愛之風富山鐵道
高岡
→ 40min IR石川鐵道 — 富山黑拉麵
金沢

Day2

金沢
→ 52min 特急篝火號 — 哆啦A夢之路
七尾
→ 6min JR七尾線
和倉溫泉 — 北島屋茶店
→ 1hr 4min 特急篝火號
金沢 — 和倉温泉総湯

ICOU

Q 我持JR PASS一般車票,如果想升等GREEN 或GRAN車廂,那在官網用JR PASS預約的時候,會顯示需要補的價差嗎?

The Corner of **Q&A**

A JR PASS可以當一般乘車券使用,想搭GREEN或GRAN車廂,沒有補差價的問題,直接現場或網上購買GREEN或GRAN車廂「特急券」即可。

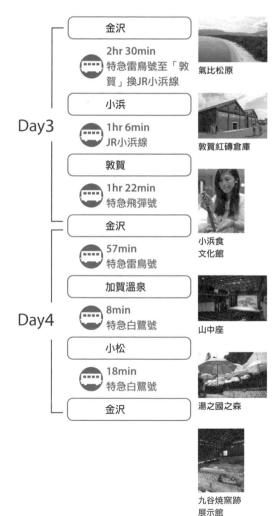

Day3

金沢
→ 2hr 30min 特急雷鳥號至「敦賀」換JR小浜線 — 氣比松原
小浜
→ 1hr 6min JR小浜線 — 敦賀紅磚倉庫
敦賀
→ 1hr 22min 特急飛彈號
金沢 — 小浜食文化館

Day4

金沢
→ 57min 特急雷鳥號
加賀溫泉
→ 8min 特急白鷺號 — 山中座
小松
→ 18min 特急白鷺號 — 湯之國之森
金沢

九谷燒窯跡展示館

中部北陸─超值票券

Kansai-Hokuriku Area Pass

關西&北陸地區鐵路周遊券

| 連續7天 | ¥ 19,000 | |

關西＋北陸	·串聯關西＋北陸 ·JR西日本巴士OK ·新幹線OK
JR西日本	

使 用範圍很廣的周遊券，幾乎涵蓋關西廣域版周遊券使用區域，再擴大至位於日本海沿岸的福井縣、石川縣、富山縣的北陸地區，途經福井、金澤、新高岡、富山、黑部宇奈月溫泉、上越妙高等站，是計畫遊玩北陸多日的好選擇，另也可一路向西至岡山縣再順遊回關西地區。

PRICE OF TICKETS
票券種類與價格

連續7天 ¥ **19,000**
※6-11歲兒童半價

INFO
購買資訊

◎**購買資格**
持觀光簽證短期入境日本的外國旅客才可購買使用。

◎**購買方法**
(1)台灣各大旅行社購買(抵日兌換)
(2) JR西日本網路預約服務(預訂&抵日領取)

◎**使用期間**
指定日期起連續七天。

◎**兌換/領取地點**
抵日後兌換及領取方式，除了透過人員服務的JR綠色窗口外，也可利用有「附護照讀取功能綠色售票機」兌換及領取票券，節省排隊時間。

(1)JR綠色窗口：關西機場、京都、福知山、新大阪、大阪、三之宮、奈良、和歌山、岡山、富山、新高岡、金澤、小松、福井、敦賀各站。

(2)新大阪旅遊服務中心(Travel Service Center SHIN-OSAKA)。

(3)日本旅行TiS(僅能兌換)：京都分店、大阪分店/大阪旅遊服務中心(Travel Service Center OSAKA)、三之宮分店、金澤分店。

HOW TO USE
如何使用票券 ✓

◎無論台灣、網路預購或抵日再購買，都須持護照正本取票或購買。

◎取得票券後先核對資料有無錯誤。

◎PASS票券目前為適用自動檢票閘口形態的車票卡發售，搭乘時只需將PASS票券插入自動檢票閘口、通過後再取回票券，無須再走有站務人員的出入口。使用期限中可自由進出車站、搭乘該票券能坐的車種，不需另外購票。

◎可**不限次數**搭乘山陽新幹線(新大阪～岡山)的普通車廂指定席及自由席。 北陸新幹線(敦賀～上越妙高)的普通車廂指定席及自由席。

◎可**不限次數**搭乘JR西日本在來線(區域間)：普通、快速、新快速、特急列車的普通車廂指定席及自由席(部分特急列車為全車指定席)。

◎JR系統普通車廂指定席可至各車站綠色窗口或是可預訂指定席的售票機、官網(**僅限JR西日本官網購票**)預訂，**免費換取不限次數普通車廂指定席券，第7次(含)起需至綠色窗口預訂**，自由席則無限制次數。若想搭乘綠色車廂或Gran Class(頭等車廂)，則必需另外購買指定席車廂券。

◎可**不限次數**搭乘丹後鐵道全線特急列車指定席(黑松號、赤松號除外，**赤松號需另購買整理券**)及自由席。

◎可**不限次數**搭乘IR石川鐵道(IRいしかわ鉄道)金澤～津幡區間特急列車。

◎票券遺失、破損不再補發，也不能退費。

◎山陽新幹線(新大阪～岡山)
◎北陸新幹線(敦賀～上越妙高)
◎JR西日本在來線(區域間)
◎丹後鐵道全線(宮福線：福知山～宮津、宮豐線：宮津～天橋立～豐岡、宮舞線：西舞鶴～宮津)
◎和歌山電鐵貴志線(和歌山～貴志)
◎IR石川鐵道(金澤～津幡)
◎愛之風富山鐵道(富山～高岡)
◎能登鐵道(七尾～和倉溫泉)
◎西日本JR巴士(高雄・京北線：京都～高雄・周山、若江線：近江今津～小濱、金澤周邊：名金・深谷溫泉線、才田線、東長江線、循環線、城北運動公園線)
◎自行車出租EKIRIN KUN(區域間營業所)

SCOPE OF VALIDITY
票券使用範圍

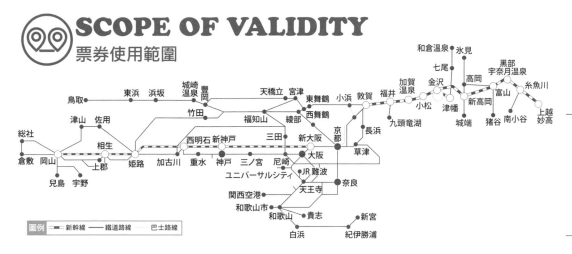

圖例 ▬▬ 新幹線　── 鐵道路線　┅┅ 巴士路線

中部北陸─超值票券

NOTE
注意事項

◎無法在JR綠色窗口購買。
◎不能搭乘北陸新幹線(上越妙高～東京)、東海道新幹線(新大阪～京都～東京)、山陽新幹線(岡山～博多)。
◎搭乘超級白兔號(スーパーはくと/ SUPER HAKUTO)及超級因幡號(スーパーいなば/SUPER INABA)上郡～鳥取區間需另購買車票及特急指定席券或自由席券。
◎不能搭乘新快速指定座位A-SEAT，需另購買指定席券。
◎不能搭乘寢台列車。
◎IR石川鐵道(金澤～津幡)、愛之風富山鐵道(富山～高岡)不能中途上下車出站。
◎搭乘愛之風富山鐵道(あいの風とやま鉄道)富山～高岡區間快速列車愛之風LINER(あいの風ライナー/AINOKAZE LINER)，需另購買Liner券。
◎不能搭乘福井路面電車、富山市電(路面電車)、黑部峽谷鐵道觀光小火車 (黑部峽谷鉄道トロッコ電車)。
◎不能搭乘高速巴士。
◎一切使用規範、範圍、售價等，皆以官網為準。
🌐 www.westjr.co.jp/global/tc/ticket/

TRAVEL EXAMPLE
範例行程

關空進出經典行程

這樣坐要	￥59,140
網路購票	￥18,500

激省!!

￥40,640

Day1

新大阪

 44min
山陽新幹線

岡山

 17min
JR山陽本線

倉敷

 1hr 12min
JR山陽本線回「岡山」
轉山陽新幹線

新大阪

Day2

 2hr 35min
特急鴻鳥號

豐岡

1hr 14min
京都丹後鐵道

天橋立

岡山城

後樂園

大原美術館

岡山車站前桃太郎

智恩寺

京都丹後鐵道

天橋立View Land

大原美術館

The Corner of Q&A

Q 在台灣買的到JR鐵路周遊券？還是只能在日本當地買？

A 大部份的JR周遊券可在日本當地購得。部份周遊券，如JR全國7日/14日/21日，僅能在台灣購買，日本並無販售。日本沒販售的PASS在台灣買只能先取得兌換券，再憑兌換券到日本當地的JR綠色窗口換取周遊券。

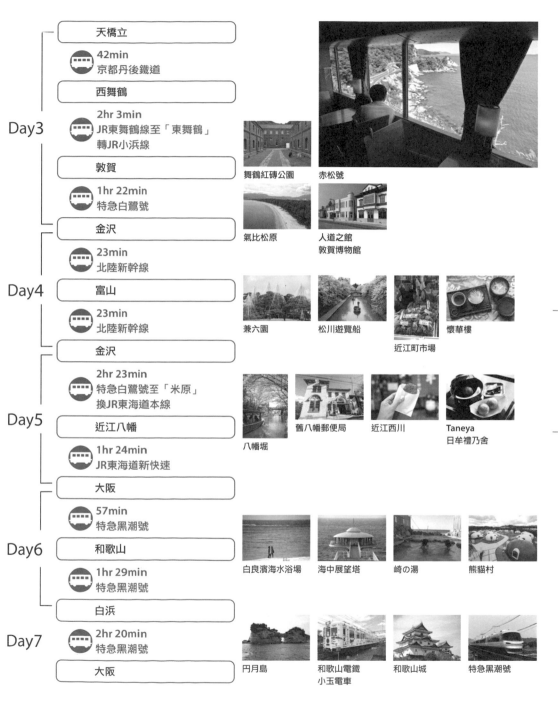

Day3

天橋立

🚌 42min
京都丹後鐵道

西舞鶴

🚌 2hr 3min
JR東舞鶴線至「東舞鶴」
轉JR小浜線

敦賀

🚌 1hr 22min
特急白鷺號

金沢

舞鶴紅磚公園　赤松號

氣比松原　人道之館
敦賀博物館

Day4

🚌 23min
北陸新幹線

富山

🚌 23min
北陸新幹線

金沢

兼六園　松川遊覽船　懷華樓

近江町市場

Day5

🚌 2hr 23min
特急白鷺號至「米原」
換JR東海道本線

近江八幡

🚌 1hr 24min
JR東海道新快速

大阪

八幡堀　舊八幡郵便局　近江西川　Taneya
日牟禮乃舍

Day6

🚌 57min
特急黑潮號

和歌山

🚌 1hr 29min
特急黑潮號

白浜

白良濱海水浴場　海中展望塔　崎の湯　熊貓村

Day7

🚌 2hr 20min
特急黑潮號

大阪

円月島　和歌山電鐵
小玉電車　和歌山城　特急黑潮號

名古屋城

🚇地下鐵名城線市役所駅7號出口，徒步5分鐘 🏯名古屋城中區本丸1-1 ☎052-231-1700 🕐9:00~16:30(天守閣9:00~16:00) 🚫12/29~1/1 💴入場￥500，中學以下免費 🌐www.nagoyajo.city.nagoya.jp/ ❗天守閣因補強耐震結構，即日起關閉中，其他設施依舊開放

德川家康一統天下後，於1612年完成的名古屋城，木造的大、小天守閣、本丸御殿都被燒毀，重建後的天守閣以水泥建成一座地上7層樓、地下1層的雄偉建築，總高48公尺，屋頂一對黃金打造的吉祥物：雌雄「鯱」，重量達1200公斤，是名古屋市最耀眼的地標。

金鯱橫丁

🚇(宗春區)地下鉄名城線「市役所駅」7號出口即達；(義直區)搭乘巴士在「名古屋城正門前」站或觀光巴士「名古屋城」站下車即達 🏯宗春：名古屋城東門；義直區：名古屋城正門 🕐宗春10:30~22:30；義直區10:30~17:30 🚫依各店鋪而異 🌐kinshachi-y.jp

取名自第一代初代藩主義直、個性嚴謹剛健，第七代藩主宗春、個性華麗豪放，這兩人將名古屋帶向基盤穩固與商業繁花盛開，因此義直區以江戶建築造街，聚集名古屋各式知名美食老鋪，並推出限定版料理；而宗春區則是融和傳統的新建築，以流行美食為主打，各有千秋。

OASIS 21

🚇栄駅4號出口即達 🏯名古屋市東區東桜1-11-1 ☎052-962-1011 🕐商店10:00~21:00，餐廳10:00~22:00，水之宇宙船步道10:00~21:00 🚫依各店鋪不同 🌐www.sakaepark.co.jp

名古屋電視塔旁邊，有座巨大的飛碟狀圓盤形物體，那就是OASIS21。這座高14m、連結地下鐵栄駅的建築物，正是以「水之宇宙船」為概念而打造出來的一座複合式休憩功能建築，有舉辦各式活動的開放廣場、購物美食區、自由休憩區、巴士總站等。

中部電力 MIRAI TOWER

🚇久屋大通駅4B出口即達，栄駅3號&4號出口徒步3分 🏯名古屋市中區錦3-6-15 ☎052-971-8546 🕐展望台：週日~五10:00~21:00，週六10:00~21:00，最後入場為閉館前20分 🚫每年2天(檢修日) 💴大人￥1300、中小學生￥800 🌐www.nagoya-tv-tower.co.jp/

名古屋電視塔在2020年重新整修開放後，也順勢換上「中部電力 MIRAI TOWER」新名稱。餐廳、賣店、咖啡店等設施入駐，也讓登塔賞景更多選擇角度。由於位在最熱鬧的商圈「榮」中間，從展望台上360度眺望的夜景更耀眼。

卍 大須観音寺

📍大須觀音駅徒步2分鐘 ❖名古屋市中區大須2-21 ☎052-231-6525 ❖、⑤自由參拜

紅豔外觀的大須觀音寺是大須商店街發展的起點，原本位於大洲這個地方，自從德川家康在名古屋建城之後，派人將整座寺廟建築搬移到大須這裡來。觀音寺搬到大須之後，香火鼎盛，有「日本三大觀音」之稱，而周圍的市街門前町也跟著熱鬧起來，慢慢發展成現在的人氣購物商區。

◉ 万松寺通・仁王門通

📍大須觀音駅徒步2分鐘、上前津駅徒步3分鐘 ❖名古屋市中區大須 ❖依各商店而異

仁王門通是位於大須觀音寺前的一條商店街，整條街約600公尺，兩旁商店以顏色豐富的服飾、雜貨為主，靠近東仁王門通一帶餐廳比較多。万松寺通則與仁王門通平行，起點在觀音寺旁的鐘樓，前一小段稱觀音寺通。兩條平行商街的商店都非常類似，穿越其間的小巷子裡也有許多精緻的小店。

⛩ 熱田神宮

📍名鉄名古屋本線「神宮前駅」徒步3分；地鉄名城線的「神宮西駅」徒步5分 ❖名古屋市熱田區神宮1-1-1 ☎052-671-4151 ❖神宮境內自由參拜，宝物館9:00~16:30(最後入館16:10) ⑤宝物館￥300(持交通一日券￥250) ⓦwww.atsutajingu.or.jp/jingu

廣達19萬平方公尺的蔥鬱境內，古木籠罩的熱田神宮充滿神話傳說。據說這裡以祭拜「草薙神劍」而始。草薙神劍是日本三大神器，且這把劍來自伊勢神宮，後恭奉於此，從此熱田神宮成為許多古代武將、皇族甚至一般民眾的廣泛信仰與朝聖。

🍴 あつた蓬莱軒 本店

📍伝馬町駅4號出口徒步3分 ❖名古屋市熱田區神戶町503 ☎052-671-8686 ⏰11:30~14:00(L.O.)、16:30~20:30(L.O.) ㊡週三、每月的第2・4個週四(遇國定假日營業) ⑤ひつまぶし(鰻魚飯)￥4,600 ⓦwww.houraiken.com

創業於明治6年(1873)的あつた蓬莱軒，在第二代店主推出了「ひつまぶし」而迅速成為當地名店。品嚐時先分成四等分，第一份舀起吃原味，第二份加入稱為「藥味」的細蔥花、海苔絲及山葵等佐料吃，第三份加入香茶變成「茶泡飯」，最後一份當然就是依照個人喜好，隨便你怎麼吃！

👁 高山陣屋

🚶JR高山駅徒步約10分 🏠高山市八軒町1-5 📞0577-32-0643 🕐8:45~17:00，11~2月8:45~16:30 🈳12/29~1/3 💰入館￥440，高中生以下免費 🌐jinya.gifu.jp/

　高山陣屋本是高山城主金森家的宅邸，幕府主政後，代幕府視事的官員就以此為行政中心，改成「陣屋」，也就是所謂的官邸。在還政天皇後的明治時期，政府官廳也利用這裡辦公，數百年來都是高山的權力象徵。在廣達49塊榻榻米的大廳中，不難看出它的氣勢。

👁 宮川朝市

🚶JR高山駅徒步10分 🏠高山市宮川旁(鍛冶橋到弥生橋之間) 🕐7:00~12:00(11~3月8:00~12:00) 🌐www.asaichi.net/

　宮川朝市聚集了除朝市常見的一些蔬果、自製熟食外，這裡還有一些手工雜貨、小紀念品、咖啡，非河岸這側原本的店家像是駄菓子店、飲食店、酒藏等，還有聚合近十家店鋪的右衛門町、匠屋這兩大棟商家。

👁 三町老街

🚶JR高山駅徒步約10分 🏠高山市上三之町~下三之町 🕐依店家而異，但時間大多集中在9:00~17:00

　綿延約400公尺長的三町老街，黑色木製的格子窗櫺、古意的店家、穿梭於巷弄間的人力車，營造高山獨有的古意氛圍，而且老街裡有五花八門的零嘴，走在三町老街裡，根本不怕餓肚子。就玩樂、觀光重心來說，上三之町比下三之町有趣，但下三之町的建築、飛驒藝匠的專賣店也很精彩。

🎁 飛驒猴寶寶商店

🚶JR高山駅徒步14分 🏠高山市上一之町53 📞0577-34-2558 🕐10:00~17:00，體驗為16:00前 🈳不定休 💰猴寶寶製作體驗￥1300起 🌐takayamap.hida-ch.com/

　猴寶寶是飛驒的代表吉祥物，在這家店裡除了可以買到商品之外，也能動手做出屬於自己的猴寶寶，說是「做」，其實也只是把衣服、御守組合到猴寶寶身上，但也不失為高山旅行的美好回憶。

下呂発温泉博物館

📍下呂駅徒步13分 🏠下呂市湯之島543-2 ☎0576-25-3400 🕐9:00~17:00 🈲週四 💰大人¥400，小孩¥200 🌐www.gero.jp/museum

下呂発温泉博物館就是座專業的溫泉博物館，由「溫泉科學」、「溫泉文化」、「歡迎來到下呂溫泉」、「溫泉博士之家」、「有趣的溫泉挑戰」五個展示區構成，透過深入淺出的介紹及豐富的館藏，讓人可以輕鬆了解關於溫泉的神秘知識，以及各地的溫泉發現傳說。

◉ 下呂溫泉合掌村

🚌濃飛巴士「合掌村」站即達，JR下呂駅徒步約20分 🏠下呂市森2369 ☎0576-25-2239 🕐8:30~17:00。12/31~1/1：9:00~16:00(最終入場為30分鐘前) 💰大人¥800、中小學生¥400 🌐www.gero-gassho.jp

下呂溫泉合掌村以從飛驒一帶遷移而來的10棟合掌造民家展示為主，並將整個村落規劃為合掌之里、歲時記之森二大區域。合掌之里林立著資料館和博物館，對於昔日生活的樣貌有深入的介紹。再往內部走，即可來到國家指定的重要有形民俗文化財的舊大戶家住宅與手作體驗等，能看能玩的地方十分豐富。

卍 溫泉寺

📍JR下呂駅徒步15分 🏠下呂市湯之島680 ☎0576-25-2465 🕐、💰自由參拜 🌐www.onsenji.jp

下呂溫泉在傳說中是由變身成白鷺絲的藥師如來所發現，而讓這處優質的名泉得以被世人知曉。沿著173段的階梯往上爬，兩旁整齊排放著墓碑，在階梯的正上方即為溫泉寺本堂。從本堂前的空地往下眺望，下呂溫泉街景、飛驒川與遠山連峰，從眼前展開來，一覽無遺。

⛩ 加恵瑠神社

📍下呂溫泉駅徒步8分 🏠下呂市湯之島543-2 🕐自由參拜

你以為日本的神社都很古老嗎？加恵瑠神社建於2010年、以「下呂（ゲロ）」為靈感命名，青蛙的叫聲帶有與「無事帰る」（平安歸來）等幽默諧音相似，成為造訪下呂溫泉另一個能夠享受吉祥和神聖利益的旅遊景點，吸引了許多人前來朝聖。

中部北陸—吃喝玩樂

富山市玻璃美術館

市電1~3線「西町」下車徒步1分　富山市西町5-1
076-461-3100　9:30~18:00，週五、六~20:00　第1、
3個週三、年末年始　￥200，高中以下免費　toyama-glass-
art-museum.jp

由日本知名建築師隈研吾所設計，外觀呈現立山連
峰的意象、內部則以挑高直達6樓的大量木造結構，演
繹出建築大師一貫風格，令人驚艷。2至6樓的空間一
半是玻璃展，另一半則是圖書館，其中2樓附設咖啡廳
之外，6樓的美國玻璃藝術大師Dale Chihuly常設展如
夢似幻，令人醉心。

富山縣美術館

JR富山駅北口徒步
15分鐘，或搭乘周遊巴士(西北
周路線)在「環水公園」下車即
達　富山市木場町3-20　
076-431-2711　美術館
9:30~18:00，屋上庭園8:00~22:00　美術館休週三(假日正常開
放)、假日的隔日及年末年始。屋上庭園休12/1~3/15　常設展
￥300，企劃展另外收費；高中以下常設展、企劃展免費。屋上庭
園免費　tad-toyama.jp

以20世紀設計美術為展出主軸的富山縣美術館充滿
年輕與活潑風格，館藏除了有畢卡索、米羅、夏卡爾等
美術巨匠作品外，設計海報、椅子等作品也都在展出之
列。除了1-3樓展示廳，頂樓以佐藤卓氏所設計的遊戲
庭園，是趣味設計感強烈的免費遊憩地。

富岩運河環水公園

JR富山駅北口徒步10分鐘，或搭乘周遊巴士(西北周路
線)在「環水公園」下車即達　富山市湊入船町　076-444-
6041　自由參觀，天門橋瞭望塔9:00~21:30　天門橋免費參
觀　www.kansui-park.jp

以運河景致重新活用開發，富岩運河環水公園是個
巨大的複合式設施，在廣達近10公頃的腹地內集合美
麗水景公園、富山美術館、市民運動中心、運河觀光
船、景觀餐廳、景觀咖啡廳等，從早到晚都美，立即躍
昇富山人氣景點NO.1。

松川遊覽船

JR富山駅南口徒步約10分　富山市本丸1-34(富山城
址公園北側松川茶屋)　076-425-8440富山觀光遊覽船　3月
下旬~11月，每日10:00~17:00間運行　週一(假日除外)、假日
隔日、天候惡劣　遊覽船大人￥1600，小孩￥750；櫻花季大人
￥1800，小孩￥900　matsukawa-cruise.jp

流經富山城址公園的松川是富山市中心的重要水
道，也是富山市民的休閒場所。水道兩旁短短1.5公里
中，種植了633株櫻花樹，每到春天的賞櫻時節就吸引
許多市民甚至是外地遊客，特地前來欣賞絕美壯麗的春
日盛景。

高岡

◎ 高岡大佛

🚋JR高岡駅徒歩10分　🏠高岡市大手町11-29　📱
0766-23-9156　🕐大佛台座下回廊6:00~18:00　🌐www.
takaokadaibutsu.xyz

　日本三大佛之一的高岡大佛慈眉善目，臉型比起一般佛象的圓潤顯得更有稜角，被稱為是日本美男的原型。高岡大佛原為木造，經過火災後只剩頭部，目前存於大佛台座下的拜殿裡。現在看到的大佛是1907起花了26年才建造完成的銅鑄佛像，也是高岡鑄銅工匠們展現技巧與精華的代表作。

卍 高岡山 瑞龍寺

🚋JR高岡駅瑞龍寺口下車徒歩12分　🏠高岡市関本町35
📱0766-22-0179　🕐9:00~16:30，12/10~1/31：~16:00　💰
大人¥500　🌐www.zuiryuji.jp

　瑞龍寺的前身是金沢的法円寺，於慶長18年(1613)移築至現址，在前田利長死去後以其法名「瑞龍院」而改名為瑞龍寺，是富山縣內唯一的國寶。境內山門曾多次燒毀，現存的是文政3年(1820)完成的二重門建築；而另一處國寶法堂內則有木造烏蒭沙魔明王立像，高117公尺，是境內最老的佛像。

◎ 山筋町

🚋JR高岡駅古城公園口徒步12分；萬葉線「片原町駅」下車徒步2分　🏠高岡市守山町、木舟町、小馬出町

　山町筋以加賀藩的2代藩主、前田利長從金澤退居至此居住後，而開始繁盛發展，又因豐臣秀吉用於迎接天皇的御車山，後來被利長帶來這裡，因而以山町稱呼。明治時代以土藏建築重建成現今所見樣貌，但老店卻大都不復存在，只有一些文青小店進駐。

◎ 万葉線

🚋高岡駅~越ノ潟每站皆停，全程約40分　📱0766-25-
4139　🕐哆啦A夢電車(ドラえもんトラム)每天有7~8班次(詳見官網)　💰高岡駅~海王丸¥400，一日券(ドラえもんフリーきっぷ)
¥900　🌐www.manyosen.co.jp

　由於高岡市是哆啦A夢的作者藤子・F・不二雄的故鄉，2012年為了紀念哆啦A夢誕生前100年推出了這列以哆啦A夢藍色為主體的列車。車門是粉色任意門的造型，踏進車廂內悠遊在哆啦A夢的奇幻世界裡，隨處可見童趣的裝潢巧思，讓大人小孩都無法敵擋它可愛的魅力。

◎ 宇奈月溫泉

🚃富山地方鐵道本線直達宇奈月溫泉駅 ⌂黑部市宇奈月溫泉 ☎0765-65-0022(黑部・宇奈月溫泉観光局) 🌐www.kurobe-unazuki.jp

　切割黑部峽谷的黑部川，在峽谷出口處轉了一個大彎，彎邊的崖上聳立著一幢幢溫泉旅館、高級飯店。宇奈月從距離7公里遠的黑薙引來湧出時高達100度的溫泉，引到宇奈月後仍保有60度左右的高溫，經由這樣龐大的工程，才造就了宇奈月溫泉。

◎ 黑部峽谷小火車

🚃路線：宇奈月~柳橋~森石~黑薙~笹平~出平~猫又~鐘釣~小屋平~欅平 ⌚4~11月間行駛，1小時1~2班車。宇奈月首班8:17發車，末班14:56發車。💰宇奈月駅~欅平駅¥1,980，搭乘特別客車需加¥370，搭乘リラックス客車需加¥530 🌐www.kurotetu.co.jp ⓘ全車皆為對號座，行前一定要事先訂位，以免徒留遺憾。

　黑部峽谷鉄道原本是為了開發水力發電而鋪設的軌道。沿著斷崖絕壁前進的輸送小火車，過41個山洞、25座橋，但中間停的站不多，主要是黑薙、釣鐘和欅平三大站，卻也意外提供了觀賞高山峽谷秘境之美的絕佳視野。一路還有廣播説明歷史、建設過程和景點，十分富有教育意義。

新山彥橋

　跨越黑部川，長163公尺，離溪谷約40公尺高，而且為了遷就峽谷兩岸的高度差而形成稍微仰角的橋面。

新柳河原發電所

　新柳河原發電所就位於宇奈月水壩旁，外型像一座歐洲古堡，坐在小火車上看，非常顯眼。

錦繡關

　黑部川支流穿過窄小的峭壁，山險溪湍，使這裡贏得「錦繡關」的名號，也是黑部峽谷的第一紅葉名景。

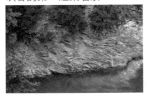

奧鐘橋

　出欅平站可往下坡可以走到川畔溪谷，以仰角的方式欣賞紅色奧鐘橋，以及婉延向遠方的秋色峽谷。

人喰岩

　巨岩騰空凸懸在頭頂上，人走在下頭像是走進石頭巨人的大嘴裡似的，這裡是大家最喜歡攝影留念的地方。

足羽神社

⚲JR福井駅西口徒步30分，福井鐵道福武線「足羽山公園口駅」徒步約10分 🏠福井市足羽1-8-25 ☎0776-36-0287 📱www.asuwajinja.jp

　足羽神社由第26代天皇繼體天皇所創，已有1300年的沿革，主祭神是繼體天皇，另外還有大宮地之靈，是福井縣最古老的神社。境內還有一株超過360歲的枝垂櫻，每到4月底左右便會綻放，也是春日的粉嫩一景。

福井縣立恐龍博物館

⚲JR福井駅前搭越前鐵道至「勝山駅」，從車站前搭乘直通巴士或くるりん巴士，約15分後在「恐龍博物館」下車即達 🏠勝山市村岡町寺尾51-11 ☎0779-88-0001 ⏰9:00~17:00(最後入館16:30)、暑假8:30~18:00(最後入館17:30) 🈺第2、4個週三(遇假日順延，暑假無休)；年末年始，換展期間 💰常設展￥1000；野外恐龍博物館￥1300 📱www.dinosaur.pref.fukui.jp ❶入場門票採預約制，可於網路預約購票取得QRCode入場

　福井縣立恐龍博物館是日本最大的恐龍博物館，起源於在勝山市挖到的草食性及肉食性恐龍化石，而興起一股恐龍熱潮，也是日本恐龍化石出土最多的地方，於是2000年成立恐龍博物館，2023年7月重新整裝開放，展示包括來自世界各大洲發現的恐龍骨骼模型，其中亞洲恐龍佔多數，讓日本第一次認識亞洲的古生物群。

氣比神宮

⚲JR敦賀駅徒步15分，或搭ぐるっと敦賀周遊巴士至「氣比神宮」站 🏠敦賀市曙町11-68 ☎0770-22-0794 ⏰6:00~17:00 📱kehijingu.jp

　由於敦賀良港是早期北陸對朝鮮、中國的玄關口，因此氣比神宮被喻為「北陸道總鎮守」，正顯示其地理位置的重要性。位在入口的大鳥居是這裡的象徵，被喻為日本三大鳥居之一，有幸逃過戰火，經過多次修復、朱塗，至今仍閃耀著神宮光輝，是國家重要文化財。

人道之館 敦賀博物館

⚲ぐるっと敦賀周遊巴士至「金ヶ崎綠地」站、徒步6分 🏠敦賀市金ヶ崎町23-1 ☎0770-37-1035 ⏰9:00~17:00、六日例假日~19:00(最後入館閉館前30分) 🈺週三(遇假日延隔日休)、年末年始 💰大人￥500，小學以下￥300 📱tsuruga-museum.jp/

　敦賀博物館是一座面對著敦賀港口的資料展示館，主要展出各種和敦賀相關的歷史資料。敦賀港在20世紀初為日本對亞洲的最重要港口之一，1939年便有許多受到德國迫害的波蘭、猶太難民藉由敦賀港上陸，經過日本逃往更自由的美國，也因此敦賀港又有人道之港的美稱。

中部北陸—吃喝玩樂

◎ 東茶屋街

📍JR金沢駅搭城下町周遊巴士(右回)至「橋場町」站(ひがし・主計町茶屋街)站下車 🏠金沢市東山東 🕐約10:00～17:00，依店家不一

東茶屋街兩層樓木造樓房外有整排的紅褐色細格子窗櫺，將整條街襯托得古色古香。雖然現在的東茶屋街已經沒有當時的榮景，在街上也見不到藝妓的蹤影，但當時的建築、舞台、樂器等等都還完整地保存下來，而許多藝品小店與咖啡廳進駐，也為這裡帶來新的風情，成為遊客必訪的旅遊勝地。

✎ 金沢21世紀美術館

📍「広坂・21世紀美術館」巴士站下達；「香林坊」巴士站徒步約5分 🏠金沢市広坂1-2-1 ☎076-220-2800 🕐免費進入的公共區域9:00～22:00，展覽區10:00～18:00(週五、六~20:00) 🈺週一(遇假日順延)，年末年始 💲常設展￥510 💻 www.kanazawa21.jp

美術館外型呈白色扁圓形、被透明玻璃圍繞；除去傳統美術館建築的沉重與包袱，改以與市街融為一體、四方皆有出入口的生活交流空間，明亮的採光透過「光庭」流動在各個角落，讓每個進入美術館的人能心情愉悅且輕鬆地與藝術產生共鳴。

🍴 近江町市場

📍JR金沢駅徒步約15分鐘；「武藏ヶ辻」巴士站下車 🏠金沢市上近江町50 🕐市場約9:00~17:00。餐飲店7:00~23:00，週日大多店家只營業至16:00 🈺各店舖不一，大多為週三休息 💻 ohmicho-ichiba.com

面積將近8000坪，包含7個通道、250個店面的近江町市場，號稱「金沢お台所」，也就是金沢市的廚房的意思。在這裡，不但可以看見金沢市民一般的生活常態，在通道出口的幾家餐廳裡，還可以優惠的價格吃到有地方特色的海鮮料理。

◉ 武家屋敷跡 野村家

🚌「香林坊」巴士站徒步7分　🏠金沢市長町1-3-32　☎076-221-3553　🕐8:30~17:30，10~3月8:30~16:30(入館為閉館前30分鐘)　🈺12/26~27、1/1~1/2　💰大人￥550，高中生￥400，國中小學￥250　🌐www.nomurake.com

　長町武家屋敷中唯一開放參觀的就只有野村家。野村家在加賀藩政時期曾是年俸1200石的家老，現在保留下來的房舍其實是從別處移築來的富豪家屋，只有庭園保持當年野村家的模樣。除了參觀豪奢的建築，庭院裡高6尺的大雪見燈籠、400年樹齡的山桃樹都是引人注目的焦點。

◉ 九谷光仙窯

🚌「広小路」巴士站徒步6分；野町駅徒步1分　🏠金沢市野町5-3-3　☎076-241-0902　🕐9:00~17:00　💰窯元參觀免費，上色體驗￥1650~5500，運費另計(送至台灣約￥2000左右)　🌐kutanikosen.com　❗參加上色體驗也包含窯元見學，全程共約1小時。上色完成後，約2週~1個月成品才會寄送回手上

　創業於明治3年的九谷光仙窯，至今已有百餘年的歷史，館內展示著傳統九谷燒作品，黃、綠、紅三色交織的鮮豔色澤十足古味；館方也很熱心提供製作過程見學，從製坯到上色、窯燒等各個步驟詳細說明。除了見學外，這裡也提供九谷燒的上色體驗，讓人了解九谷燒的迷人與珍貴。

◉ 兼六園

🚌搭乘巴士在兼六園下站下車，徒步3分鐘　🏠金沢市兼六町1　☎076-221-6453(兼六園観光協会案内所)　🕐3/1~10/15為7:00~18:00；10/16~2月底為8:00~17:00，時雨亭9:00~16:30　💰大人￥320，小孩￥100　🈺兼六園無休，時雨亭12/29~1/3　🌐www.pref.ishikawa.jp/siro-niwa/kenrokuen/

　作為金沢城外庭的江戶庭園，隨著歷代城主的整建，讓兼六園形態格局開闊宏大，符合了中國宋朝詩人李格非《洛陽名園記》一文中「宏大、幽邃、人力、蒼古、水泉、眺望」等六勝，因而被取名為「兼六園」。北陸氣候四季分明，各個時節來訪都能感受不同氛圍。

ALL SHIKOKU Rail Pass
四國鐵路周遊券

連續7天	¥ 20,500	Good Point
四國區域	· 鐵道制霸全四國 · 不同天次可選擇 · 渡輪OK地方鐵道線OK	
JR四國		

外 國人來四國可利用此票券搭乘**JR四國**、**土佐黑潮鐵道**可以搭乘特急、快速、普通列車指定席、自由席；亦可搭乘**伊予鐵道、阿佐海岸鐵道、高松琴平電氣鐵道、土佐電氣鐵道全線**，最北至兒島，兒島以北為則屬**JR西日本**經營範圍，接續搭乘需另自付費用。

¥ PRICE OF TICKETS
票券種類與價格

連續3天¥12,500	海外銷售¥12,000
連續4天¥15,500	海外銷售¥15,000
連續5天¥17,500	海外銷售¥17,000
連續7天¥20,500	海外銷售¥20,000

※6-11歲兒童半價
※上網（JR東日本網路訂票系統）
　購票時，票價為海外銷售價格

HOW TO USE
如何 使用票券 ✓

◎無論網路預購或抵日再購買，都須持護照正本取票或購買。
◎取得票券後先核對資料有無錯誤。
◎請把鐵路周遊券本券放入自動驗票閘門。通過後請取回票券。
◎不予將本鐵路周遊券更換成其他種類的鐵路周遊券或基本車票類。也不予更改使用開始日期。
◎票券遺失、破損恕不予補發。

INFO (i)
購買資訊

◎**購買資格**
持觀光簽證短期入境日本的外國旅客才可購買使用。
◎**購買方法**
(1) JR西日本網路訂票系統(預訂&抵日取票)
(2)抵日後直接購買
(3)日本國外旅行社
◎**使用期間**
指定日期起連續三天、四天、五天、七天。
◎**日本銷售&兌換地點**
兌換 購票只限營業時間（鐵路周遊券受理時間）內可辦理，兌換時需要一點時間，請儘早前來辦理。且需出示有「短期滯在」的印章/貼紙的護照，並填妥申請書上所規定的欄位。
(1)日本國內購票：高松、松山、德島、高知各站及各Warp 分店、Warp 梅田分店或琴平町站內資訊處
(2)海外購票後兌換：在JTB、日本旅行、KNT–CT控股、Tobu TOP Tours、JALPAK 各公司的分店及其代理店

購買兌換證後，於高松、松山、德島、高知各站及各Warp 分店、Warp 梅田分店、日本旅行 TiS 岡山或琴平町站內資訊處兌換周遊券
(3)JR-WEST ONLINE TRAIN RESERVATION預訂：於高松站、松山站、德島站、高知或各站的Warp分店換取周遊券
❶於琴平站觀光諮詢處無法兌換E-MCO（電子票券）。琴平站觀光諮詢處將於2024年2月29日（週四）結束「四國鐵路周遊券」的經銷。

◎JR四國全線以及土佐黑潮鐵道全線之特急列車、快速及普通列車之普通車廂自由席。
◎阿佐海岸鐵道全線、伊予鐵道全線、高松琴平電氣鐵道全線、土佐電交通路面電車全線。
◎小豆島渡輪高松～土庄間航線。
◎小豆島橄欖巴士的路線巴士。

SCOPE OF VALIDITY
票券使用範圍

| 圖例 | ──鐵道路線 | ──巴士路線 | - - - 渡輪 |

四國 — 超值票券

NOTE
注意事項

◎無法搭乘Sunrise 瀨戶號及少爺列車。
◎無法搭乘小豆島渡輪的高速船及高松～土庄間以外的航線。
◎無法搭乘各公司（除小豆島橄欖巴士）的路線巴士。
◎可以搭乘JR瀨戶大橋線兒島站以南的列車。兒島站以北（岡山站方向）為有效區段外。如欲前往有效區段外旅行，需另付該區段的車資及費用。
◎退票需另支付辦理退票時產生之手續費。
◎琴平町站內資訊處僅接受本處售出的票券退票。此外，在日本以信用卡付款購買的票券，退票點將受到限制。
◎一切使用規範、範圍、售價等，皆以官網為準。
🌐shikoku-railwaytrip.com/tw/railpass

TRAVEL EXAMPLE
範例行程

四國7日大蹤走

這樣坐要	¥44,240
網路購票	¥20,500

激省!!

¥23,740

Day1

高松

 5min
JR高德線

栗林公園北口

 39min
JR高德線回「高松」
轉特急石鎚號

丸龜

 9min
特急南風號

琴平

Day2

 10min
特急南風號

多度津

 1hr 54min
特急石鎚

松山

 25min
伊予鐵道

道後溫泉

Day3

 1hr 4min
伊予鐵道至「松山」
轉特急宇和海號

內子

 9min
特急宇和海號

伊予大洲

琴平電氣鐵道

高松中央商店街

丸龜城

金刀比羅宮
表參道筋

金刀比羅宮

道後溫泉車站

少爺列車

道後溫泉本館

松山城

內子町家資料館

大洲城與
伊予灘物語

Q&A
The Corner of
Q&A

Q 拿JR PASS 全國版可以跨區預約指定席嗎？

A 可以的。例如在關西的JR櫃檯劃位JR東日本的特急列車指定席或是新幹線，也都是OK的。

Day4

| 伊予大洲 |
| 🚌 49min 特急宇和島號 |
| 宇和島 |
| 🚌 3hr 30min JR予讚線至「若井」轉土佐黑潮鐵道 |
| 中村 |
| 🚌 hr 40min 特急足摺號 |
| 高知 |

Day5

| 🚌 50min 特急南風號 |
| 大步危 |
| 🚌 1hr 41min 特急南風至「阿波池田」轉搭特急劍山號 |
| 德島 |

Day6

| 🚌 1hr 4min JR高德線 |
| 鳴門 |
| 🚌 1hr 4min JR「池谷」轉搭特急渦潮號 |
| 高松 |

Day7

| ⛴ 1hr 小豆島渡輪 |
| 土庄港 |
| 🚌 28min 小豆島橄欖巴士 |
| 小豆島橄欖公園口 |
| 🚌 34min 小豆島橄欖巴士 |
| 映畫村 |
| 🚌 1h 12min 小豆島橄欖巴士 |
| 土庄港 |
| ⛴ 1hr 小豆島渡輪 |
| 高松 |

下灘車站

中村車站

四萬十川

肱川鵜飼

大步危峽觀光遊覽船

小便小僧

奧祖谷觀光周遊單軌列車

舊小采家住宅

鳴門觀光汽船

鳴門大橋

渦の道

靈山寺

天使的散步道

小豆島橄欖公園

橄欖的飛機頭

小豆島渡輪

Setouchi Area Pass

瀨戶內地區鐵路周遊券

連續7天	¥ 22,000	Good Point

博多 – 大阪 - 松山 - 高松	・瀨戶內海交通全包 ・山陽新幹線OK ・巴士OK路面電車OK

JR四國＋JR西日本

由 關西機場或福岡機場出發，很適合利用這張周遊券，搭乘新幹線往來新大阪至博多，利用在來線、巴士、渡輪、路面電車交通工具，順遊山口、廣島、岡山、香川、愛媛等地區，還能搭乘渡輪到瀨戶內海的小豆島，體驗不同於城鎮的小島風情。

PRICE OF TICKETS
票券種類與價格

連續7天 ¥ 22,000

※6-11歲兒童半價

HOW TO USE
如何
使用票券 ✓

◎無論台灣、網路預購或抵日再購買，都須持護照正本取票或購買。
◎取得票券後先核對資料有無錯誤。
◎PASS票券目前為適用自動檢票閘口形態的車票卡發售，搭乘時只需將PASS票券插入自動檢票閘口、通過後再取回票券，無須再走有站務人員的出入口。使用期限中可自由進出車站、搭乘該票券能坐的車種，不需另外購票。
◎可**不限次數**搭乘山陽新幹線(新大阪～博多)的普通車廂指定席及自由席。
◎可**不限次數**搭乘JR西日本、JR四國在來線(區域間)：普通、快速、新快速、特急列車的普通車廂指定席及自由席(部分特急列車為全車指定席)。
◎JR系統普通車廂指定席可至各車站綠色窗口或是可預訂指定席的售票機、官網(**僅限JR西日本官網購票**)預訂，**免費換取不限次數普通車廂指定席券，第7次(含)起需至綠色窗口預訂**，自由席則無限制次數。若想搭乘綠色車廂或Gran Class(頭等車廂)，則必需另外購買指定席車廂券。
◎票券遺失、破損不再補發，也不能退費。

INFO
購買資訊

◎**購買資格**
持觀光簽證短期入境日本的外國旅客才可購買使用。
◎**購買方法**
(1) 台灣各大旅行社購買(抵日兌換)
(3) JR西日本網路預約服務(預訂&抵日領取)
(3)日本旅行TiS京都分店、大阪分店、三之宮分店等購買。
◎**使用期間**
指定日期起連續七天。
◎**兌換/領取地點**
抵日後兌換及領取方式，除了透過人員服務的JR綠色窗口外，也可利用有「附護照讀取功能綠色售票機」兌換及領取票券，節省排隊時間。
(1)JR綠色窗口：關西機場、京都、新大阪、大阪、三之宮(僅可兌換)、岡山、廣島、高松、松山、博多(JR西日本售票處新幹線中央口)各站。
(2)新大阪旅遊服務中心(Travel Service Center SHIN-OSAKA)。
(3)日本旅行TiS(僅能兌換)：京都分店、大阪分店/大阪旅遊服務中心(Travel Service Center OSAKA)、三之宮分店。
(4)Warp (僅能兌換)：高松分店、松山分店。

SCOPE OF VALIDITY
票券使用範圍

◎山陽新幹線(新大阪～博多)
◎JR西日本在來線(區域間)
◎JR四國在來線(區域間)
◎岡山市路面電車全線(東山線:岡山站前～東山、清輝橋線:岡山站前～清輝橋)
◎岡電巴士(岡山站～新岡山港)
◎中國JR巴士 (廣島市觀光循環巴士ひろしま めいぷる～ぷ)
◎廣島巴士(廣島港新線/広島みなと新線:廣島港～廣島站)
◎兩備渡輪(新岡山港～土庄港)
◎小豆島渡輪(高松港～土庄港)
◎石崎汽船(廣島港～吳港～松山港)
◎瀬戶內海汽船(廣島港～吳港～松山港)
◎JR西日本宮島渡輪(宮島口～宮島)

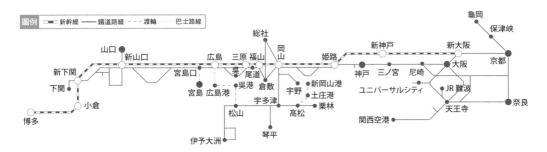

NOTE
注意事項

◎無法在JR綠色窗口購買。
◎搭乘宮島渡輪至宮島,需另支付宮島訪問稅￥100,於宮島口渡輪站附近自動售票機購買。
◎不能搭乘東海道新幹線(新大阪～京都～東京)、九州新幹線(博多～鹿兒島中央)。
◎不能搭乘新快速指定座位A-SEAT,需另購買指定席券。
◎不能搭乘快速列車Liner列車及需要整理券的列車,需另購買整理券及Liner券。
◎不能搭乘小豆島渡輪的高速艇。
◎一切使用規範、範圍、售價等,皆以官網為準。
🚆www.westjr.co.jp/global/tc/ticket/setouchi/areapass/

四國—超值票券

TRAVEL EXAMPLE
範例行程

山陽四國跳島7日

這樣坐要	￥58,390
網路購票	￥22,000

激省!! ￥36,390

Day1

新大阪

🚌 13min
山陽新幹線

神戸港塔

新神戸

🚌 35min
山陽新幹線

生田神社

岡山

🚌 40min
岡電巴士

新岡山港

風見雞の館

🚢 50min
兩備渡輪

土庄港

🚌 28min
小豆島橄欖巴士
*需另付￥300

岡山路面電車

Day2

小豆島橄欖公園

🚌 28min
小豆島橄欖巴士
*需另付￥300

小豆島橄欖公園

土庄港

🚢 1hr
小豆島渡輪

高松港

高松

Day3

高松

🚌 1hr 15min
JR予讃線

大街道・銀天街

琴平

🚌 2hr 30min
JR土讃線至「多度津」轉特急潮風號

伊予鐵道

松山

🚌 20min
伊予鐵道巴士
*需另付￥400

金刀比羅宮

松山觀光港

Day4

🚢 1hr 10min
石崎汽船／瀨戸內海汽船 Super Jet

廣島城

広島港

🚌 35min
J広島巴士港新線

平和紀念公園

広島

廣島燒村

Day5

| 広島 |

1hr 3min
🚅 山陽新幹線至「福山」
轉JR山陽本線

| 尾道 |

1hr 5min
🚅 JR山陽本線

| 倉敷 |

1hr 7min
🚅 JR山陽本線至「岡山」
換山陽新幹線

Day6

| 広島 |

27min
🚅 JR山陽本線

| 宮島口 |

10min
⛴ JR西日本宮島渡輪
*需另付¥100登島費

| 宮島 |

10min
⛴ JR西日本宮島渡輪

| 宮島口 |

22min
🚅 JR山陽本線

| 岩國 |

15min
🚅 至「新岩國」搭山陽新幹線

Day7

| 広島 |

1hr 35min
🚅 山陽新幹線至「新下關」
轉JR山陽本線

| 下關 |

51min
🚅 JR山陽本線至「新下關」
轉山陽新幹線

| 博多 |

Q 拿PASS劃好位後，能不能更改班次？

A 即便持有JR周遊票券可任意劃位，若不搭乘原座位也應先取消後，再預訂下一班次。而改班次的方式一樣可透過JR綠色窗口辦理，只需提供原座位票給服務人員，一樣寫妥欲改搭乘的出發點、目的地、人數、更改出發的時間給服務人員，即可更正。

The Corner of Q&A

尾道車站　　尾道港景　　千光寺山纜車　　倉敷美觀地區

宮島小鹿

小鹿霜淇淋　　宮島渡輪

嚴島神社 海中鳥居

關門大橋

下關車站　　關門海峽

◉ 玉藻公園

🚶JR高松駅徒步約3分　☎087-851-1521　📍高松市玉藻町2-1　🕐西門5:30~19:00(日出至日落，時間依季節而異)；東門7:00~18:00(10~3月8:30~17:00)　💰大人¥200、6~15歲小孩¥100、5歲以下免費　🌐www.takamatsujyo.com

　　玉藻公園是高松城城跡的所在地，在江戶時期是代代讚岐藩藩主的居城，精心經營的枯水庭園極為優美，松樹蒼勁蔥翠，望之不俗。日本城堡具有守禦功能，登高遠望可以看到來犯的敵軍，護城河引入瀨戶內海的海水，每年還會進行水軍演習，武德不墜，是日本少數的水城，十分特別。

◉ 北浜alley

🚶JR高松駅徒步約13分　📍高松市北浜町3-2　🌐www.kitahama-alley.com

　　北浜alley是由高松港老倉庫所改建而成的購物區，擺飾雜貨店、嬉皮衣物店、古家具屋、酒吧、異國餐廳都改裝在一間間老倉庫裡，風味一家比一家獨特，每扇門好像有個性有脾氣，簡直酷的不像話，怪不得人氣聚集，想要找新鮮玩意，就到這裡來報到吧。

◉ 栗林公園

🚶JR栗林駅徒步20分、栗林公園北口駅徒步3分　☎087-833-7411(栗林公園観光事務所)　📍高松市栗林町1-20-16　🕐5:30~18:30(日出至日落，時間依季節而異)　💰入園大人¥410、中小學生¥170；遊船(約30分)大人¥600、中小學生¥300，乘船券於東門的售票處購買　🌐ritsuringarden.jp

　　如果說玉藻公園是藩主處理公務的辦公室，那栗林公園就是供藩主遊憩賞玩的私人庭園。代代讚岐藩藩主苦心經營，歷經百年打磨潤飾，栗林公園自然是高松人最自豪的珍珠。一走入栗林公園，整個人就被綠色所迷惑，四季美景更是美不勝收。

🍴 上原屋本店

🚶JR栗林駅徒步20分　☎087-831-6779　📍高松市栗林町1-18-8　🕐9:30~15:30　🚫週四、日、1/1~3　🌐ueharayahonten.com

　　上原屋本店美味的秘訣不僅在它Q彈帶勁的麵條，湯底更是一絕，烏龍涼麵(ざるうどん)的沾醬以釀造數年的醬油為基底，嚐來鹹香回甘，清湯烏龍麵(かけうどん)的高湯以昆布及鰹魚熬煮而成，味道清爽，風味香醇，還有提供天婦羅、關東煮、飯糰、壽司等配菜，便宜又大碗。

琴平

🛕 金刀比羅宮

🚶琴電琴平駅徒步約15分，JR琴平駅徒步約18分即達
參道入口 📞0877-75-2121(社務所) 📍琴平町892-1 🕐御
本宮6:00~17:30(5~8月至18:00、11~2月至17:00)，奧社
8:00~17:00 💲自由參拜 🌐www.konpira.or.jp

金刀比羅宮位於象頭山山腰，供奉大物主神，掌管
五穀豐收、海上交通安全等，要到本宮必須走上785
階，而一直到最裡面的奧社則總共是1368階，長長的
石階參道走來頗為費力，沿途有多間商家提供木杖租借
服務，循著沿路下來時在原租借處歸還即可。

🎯 旧金毘羅大芝居「金丸座」

🚶琴電琴平駅徒步約15分，JR琴平駅徒步約18分 📞
0877-75-6714 📍琴平町1241 🕐9:00~17:00 💲參觀大人
¥500、國高中生¥300、小孩¥200 🌐www.konpirakabuki.jp

歌舞伎不同於上層階級的貴族藝術，起於民間也盛
於民間，互動性和娛樂性極高，不輸今日的百老匯。金
丸座裡的「花道」可以讓演員從門口出現，而「人力迴
轉舞台」讓場景變化更也張力，舞台設之巧讓人讚嘆不
已。金丸座至今仍在使用，定期演出歌舞伎，貼滿海報
劇照，是元氣十足的活古蹟。

屋島

🎯 四國村(四國民家博物館)

🚶琴電屋島駅徒步約5分，JR屋島駅徒步約15分 📞087-
843-3111 📍高松市屋島中町91 🕐9:30~17:00，入村至閉村
前1小時 🚫週二 💲入村大人¥1600、高中生¥1000、中小學生
¥600 🌐www.shikokumura.or.jp

四國村是一個非常獨特的民家博物館，占地約3萬平
方公尺的廣闊腹地上，共有33棟從四國各地移築過來
的老房子，其中8棟還被指定為國家文化財，建築裡展
示的家具農具一應俱全，隱藏在山林一角的小屋各有特
色，且實用性高，可以窺見當時的生活狀態。

詫間

🎯 父母ヶ浜

🚶JR詫間駅搭乘計程車約15分，或搭乘三豐中央觀光巴士
運行的Hearts Shuttle，於父母ヶ浜下車；或在琴平駅搭乘往三豐
父母濱海岸KOTO巴士(コトバス) 📍三豐市仁尾町仁尾乙203 3(父
母ヶ浜海水浴場) 🕐自由參訪(可先至網站查詢潮汐時間) 🌐www.
mitoyo-kanko.com

想看天空之鏡不用大老遠的跑到南美洲玻利維亞！
位在香川三豐市的「父母濱海岸」，在蜿蜒的潟湖上水
面鏡射天空與人像，是人氣打卡景點。夕陽西下的魔幻
時刻是最美的拍照瞬間，此景也入選「日本夕陽百選」
之一。

坂上之雲博物館

☎089-915-2600 ○松山市一番町3-20 ⌄
9:00~18:30(入館至18:00) ⓧ週一(遇假日順延一天) ⓢ
大人¥400、高中生¥200、中學生以下免費 ⓤwww.
sakanouenokumomuseum.jp

　以司馬遼太郎的小説《坂上之雲》為主題的博物館展出書中主角秋山好古、秋山真知以及正岡子規的相關資料。由安藤忠雄設計的建築本身也相當有看頭,三角形設計鋼筋水泥建築自然地融入於松山城山腳,2樓的咖啡廳可免費進入,點一杯咖啡一面靜賞眼前自然風光一面咀嚼文學之美。

道後溫泉本館

⌖伊予鐵道道後溫泉駅徒步約5分 ☎089-921-5141 ○
松山市道後湯之町5-6 ⌄一樓溫泉「神之湯」6:00~23:00(最後入場時間22:30) ⓢ泡湯大人¥460、小孩¥160 ⓤwww.dogo.or.jp

　西元1894年建成的道後溫泉本館,三層樓木造建築,北廂三層南棟兩層,後方是青銅板屋簷的三層又新殿,四方不對稱的設計、參差錯落的屋簷、山牆與鼓樓「振鷺閣」。道後溫泉本館另外還有日本唯一的皇室專用浴室「又新殿」,昭和天皇亦曾下榻,擁有完整的居間與浴場。

松山城

⌖伊予鐵道大街道駅徒步約10分至纜車站,再搭纜車或吊椅上山,纜車約3分、吊椅約6分 ☎089-921-4873 ○松山市丸之1(松山公園) ⌄松山城前本丸廣場5:00~21:00(11~3月5:30~21:00) ⓢ松山城天守觀覽券大人¥520、小學生¥160 ⓤwww.matsuyamajo.jp

　松山城佇立於標高132公尺的勝山山頂,城內的大天守、小天守、城門、隅櫓等21處珍貴建築已被指定為國家重要文化財,可謂是松山的象徵性景點。登上松山城的天守閣能飽覽松山市全景,從陽光灑進的光影間,彷彿看見四百年前的嘉明公憑欄俯視著領土的變遷。

少爺列車

⌖伊予鐵道道後溫泉駅徒步即達 ☎089-948-3323 ⌄
路線:道後溫泉駅發車,有道後溫泉~松山市駅及道後溫泉~古町駅兩條路線 ⓢ大人¥1300,兒童¥650 ⓤwww.iyotetsu.co.jp/botchan

　伴隨汽笛聲的蒸煙濃濃,連文豪夏目漱石都傾心的列車曾陪著松山人走過明治、大正、昭和三個年代。2001年,列車根據原本駛於輕便鐵道上的小型蒸氣機關車復原,重新行駛在松山市區街頭,更是大受觀光客的歡迎。而車廂內依老照片復原,連列車長也走懷舊復古風呢!

四國—吃喝玩樂

◎ 大洲城

🚌搭乘巴士在大洲本町站徒步約13分、枡形站徒步約6分 📞0893-24-1146 🏠大洲市大洲903 🕐9:00~17:00 💲¥550，與臥龍山莊的共通券¥880 🌐www.ozucastle.jp

沿著肱川走可以看到大洲城天守閣，有四層樓高，威勢赫赫。大洲城建於鎌倉時代末年，歷經刀光劍影的戰國時代，是實實在在防衛用的城郭。但因年久失修，市民和當地企業捐獻五億日元，參考文獻古籍依照原樣費時10年修復，於2004年初秋完工，等著訪客大駕光臨，一展昔日風姿。

四國──吃喝玩樂

◎ 臥龍山莊

🚌搭乘巴士在大洲本町站徒步約10分 📞0893-24-3759 🏠大洲市大洲411-2 🕐9:00~17:00 💲¥500，與大洲城的共通券¥800 🌐www11.ocn.ne.jp/~garyu/

臥龍山莊是明治時期的商人構思4年、費時10年所建，主要由臥龍院、知止庵、不老庵三個部分組成，臥龍院是參考京都的桂離宮所建，十分典雅，而原是浴室的茶室知止庵小巧幽靜，不老庵則臨著臥龍淵，傍著富士山，建在懸崖上，居高臨下，當風歇涼，不亦快哉。

◎ 八日市護國町街道

🚃JR內子駅徒步約20分 📞0893-44-5212(八日市 護国町並保存センター) 🏠喜多郡內子町內子 🌐www.we-love-uchiko.jp

內子的八日市護國町街道被選為「國家重要傳統建造物群保存地區」，從江戶到明治數百年間，豪商的宅邸和民家老舖連成長達六百公尺、古色古香的街道景致，內子座更是見證了大正時代的繁華。黃昏時走在巷子裡常有種錯覺，彷彿一轉身就會看到穿著和服的古代女子，拉開紙門踏出家門。

五台山竹林寺

🚌高知駅搭乘MY遊巴士約29分至竹林寺前站，JR高知駅搭計程車約20分 ☎088-882-3085 📍高知市五台山3577 🕐8:00~17:00，寶物館·庭園8:30~17:00 💰寶物館·庭園¥400 🌐www.chikurinji.com

竹林寺為四國八十八靈場第31番札所，被尊稱為「南海第一道場」。建於西元724年，傳説聖武天皇夢見中國五台山的文殊菩薩後，下令行基和尚行腳全日本，終於尋到高知市附近的這塊寶地。竹林寺寺中供奉掌管智慧的文殊菩薩，所以每到考季，無數的考生蜂擁而至，以祈求佳績。

高知公園

🚌JR高知駅徒步約30分，土佐電鐵高知城前駅徒步約7分 ☎088-824-5701 📍高知市丸ノ內1-2-1 ⭕自由參觀

在高知市中心的高知公園，境內的高知城天守、御殿還留存著當時的歷史風情，登上天守閣還可一望高知市街，被選為日本100名城。每年春天240株櫻花綻放，與高知城相映成趣，別具情調。

高知縣立坂本龍馬紀念館

🚌高知駅搭乘MY遊巴士約50分至龍馬紀念館前站；或搭乘高知縣交通巴士桂濱線，從高知駅前約37分可達龍馬紀念館前站，下車徒步2分 ☎088-841-0001 📍高知市浦戶城山830 🕐9:00~17:00 💰大人¥500，高中生以下免費 🌐www.ryoma-kinenkan.jp

坂本龍馬紀念館的外觀設計成一艘面向著太平洋的船，館內分為新館及本館，收藏坂本龍馬寫給家人的親筆信和暗殺現場的沾血屏風，其他還有不少互動式的展覽品，讓人一窺幕末日本人的世界觀，並接觸這位大英雄身處的世界，其他相關的書面資料也十分可貴。

弘人市場

🚌土佐電鐵大橋通駅徒步約3分 ☎088-822-5287 📍高知市帶屋町2-3-1 🕐9:00~23:00，週日7:00~23:00 ❌1/1、1、5、9月的第2、第3個週三 🌐www.hirome.co.jp

ひろめ市場像是高知市的傳統市場，大約有60間居酒屋和名產店聚集在此，空間可分為龍馬通、城下廣場、いごっそう橫丁、乙女小路、自由廣場、はいから橫丁、ひろめばる以及ぎっちり日曜市。這裡就如同夜市一般喧鬧，餐桌上三五好友成群，觥籌交錯、熱烈交談，高知名物鰹のタタキ(炙烤鰹魚生魚片)風味絕妙，更是不可錯過。

四國—吃喝玩樂

◉ 柳瀨嵩紀念館(麵包超人博物館)

🚗JR土讚線土佐山田駅轉乘JR巴士大栃線約25分鐘，從美良布車站步行5分鐘，在麵包超人博物館前車站下車即達 ☎0887-59-2300 🏠香美市香北町美良布1224-2 🕐9:30~17:00 ㊡週二(遇假日則延至隔天休)、不定休 💲大人¥800、國高中生¥500、3歲以上兒童¥300 🌐anpanman-museum.net

　麵包超人的創作者就是出身高知縣香美市的柳瀨嵩，在這座高達4層樓的氣派博物館裡，不但展示上千件珍貴的繪本原版畫，還有柳瀨嵩為了博物館特別創作畫作，館內還會放映麵包超人的電影、五花八門歷屆各種商品、地下室屬於小小孩的遊戲天地等，還看不過癮的話，戶外也有許多大型公仔超好拍。

◉ 龍河洞

🚗JR土讚線土佐山田駅轉乘土佐交通巴士20分，從播磨屋橋搭乘土佐鐵交通巴士1小時20分抵達龍河洞 ☎0887-53-2144 🏠香美市土佐山田町逆川1424 🕐8:30~17:00，12/1~2月底8:30~16:30 💲大人(高中生以上)¥1200、國中生¥700 🌐ryugadou.or.jp

　位在高知縣香美市的「龍河洞」為日本三大鐘乳洞，全長約4公里，為國家指定天然紀念物，也是全世界唯一經考古學出土證實曾當作為居住空間使用的鐘乳洞，是為歷史及學術性高價值史蹟得以保存至今。洞內導入彩燈及光雕投影，為原本神秘的洞內加添互動型體驗元素，更搖身躍向全球化景點。

◉ 四万十川

🚗欲前往四萬十川各景點，先前往JR中村駅後再利用喜歡的交通工具巡遊，因巴士的班次較少，推薦抵達後到車站附近租車或租借單車，以自駕或騎單車的方式更為自在愜意。 🏠四万十市 🕐自由參觀

　四萬十川是四國最長、流域面積第二大的河川，發源自四國山地的不入山，全長196公里，共匯集了318條支流，流經中村市，最後再緩緩注入太平洋。河面上架有47座沒有欄杆的沈下橋，當水位升高時會將橋面淹沒，沒有欄杆的設計可以減少水流的阻力，是獨特的景致。

◉ 阿波舞會館

🚃JR德島駅徒步約15分 ☎088-611-1611 ⌂德島市新町橋2-20 ⏰9:00~21:00(依設施而異),公演時間請見官網 ㊡2、6、10月的第2個週三(遇假日順延一天)、12/28~1/1 Ⓢ入館¥300,白天公演¥800,晚間公演¥1000 🌐www.awaodori-kaikan.jp

有四百年歷史的阿波祭典名滿天下,跟著舞者一起同手同腳大跳一番,絕對好玩。會館一樓設有地方土產專賣店,2樓則是表演阿波舞的舞台,參觀3樓的博物館可以瞭解阿波舞數百年的變化,展示的老照片和資料彌足珍貴,4樓則是練習場,5樓的纜車則可通到眉山山頂展望台。

眉山山頂展望台

⌂德島市新町橋2-20(阿波舞會館5樓) ⏰9:00~21:00,11/1~3/31 9:00~17:30 Ⓢ單程¥620,來回¥1030 🌐awaodori-kaikan.jp/bizan-ropeway ❗冬季纜車營運僅到17:30,等於夜燈初上就得下山,可別賞景而忘了末班纜車。

看似不算高的山頭,登頂後卻能將整個德島市區一覽無遺,因鄰近市區關係,夜晚的萬家燈火就像踩在腳下,相當美麗,也曾名列日本新夜景的浪漫美景之列。觀景台共有室內跟戶外三區,可以欣賞德島市區串聯河、海景致外,更棒的是在夜景來臨前轉頭就欣賞到另一側夕陽落映在群山間,浪漫爆表。

◉ 大步危峽觀光遊覽船

🚃大步危駅徒步約20分,開車約5分 ☎0883-84-1211 ⌂三好市山城町西宇1520 ⏰9:00~16:30 ㊡天候不佳時停駛 Ⓢ大人¥1500、小孩¥750

吉野川貫穿四國山脈所切割出的大步危、小步危峽谷,乃天下絕景,要一覽大步危的壯麗,搭乘觀光遊覽船自然最佳,往返約2公里、30分鐘的船程讓人心曠神怡,流水是最偉大的石雕大師,岩壁奇勝,形態不一,四季景色的轉換,也是秀麗絕倫。

◉ 祖谷蔓橋・琵琶瀑布

🚃大步危駅搭乘開往かずら橋的巴士,約20分至「かずら橋」站下車徒步5分 ⌂三好市西祖谷山村善徳162-2 ⏰7/21~8月6:30~19:00,4月~7/20、9月7:00~18:30,10月~3月7:00~17:30 ㊡日出到日落 三年一度的修橋期間暫停開放(冬季約1個月) Ⓢ大人¥550、小學生¥350

祖谷溪是平家人為了躲避政敵而藏身的秘境,因此搭建了敵人來犯時,可以隨時斬斷追兵去路的藤蔓吊橋,已被指定為國家重要有形文化財。從祖谷蔓橋步行約2分鐘可以來到附近的琵琶瀑布,據說平家人會聚集在此邊彈奏琵琶邊思念故鄉,互相安慰彼此,而這瀑布也因此得名。

大塚國際美術館

JR鳴門駅前搭往鳴門公園、美術館方向巴士在大塚美術館下車即達　088-687-3737　鳴門市鳴門町土佐泊浦字福池65-1　9:30~17:00　週一(遇假日順延至隔日)　¥3300、大學生¥2200、小中高生¥550　o-museum.or.jp

有哪一個美術館可以同時欣賞《蒙娜麗莎的微笑》和《最後的晚餐》？有哪一個美術館允許參觀者觸摸展覽品？大塚美術館收藏來自世界26國、190多個知名美術館、1000多件西洋名畫的複製陶版畫，除了畫作外，連西斯汀教堂壁畫也原汁原味重現，和原畫並無二致，而且歷經千年不壞。

大鳴門橋‧渦の道

JR鳴門駅前搭巴士到「鳴門公園」站徒步約7分　088-683-6262　鳴門市鳴門町土佐泊浦字福池65(鳴門公園內)　9:00~18:00(黃金週及暑假8:00~19:00，10~2月9:00~17:00)，入場至閉館前30分　3、6、9、12月的第2個週一　大人¥510、國高中生¥410、小學生¥260，另有推出與鳴門觀光汽船、等各設施的套票　www.uzunomichi.jp

大鳴門橋完工於1985年，向北走可連結淡路島、明石海峽大橋，一路直通關西。大鳴門橋長達1629公尺，除了供汽車行駛，橋底下還設有450公尺的「渦の道」可以漫步在海面上，透過腳下的透明玻璃，欣賞著名的漩渦，最大級可達直徑20公尺、時速20公里，一定要試試漩渦在腳下旋轉奔流的滋味。

鳴門觀光汽船

JR鳴門駅搭乘開往鳴門公園的德島巴士至「鳴門觀光港」站下車即達　088-687-0101　鳴門市鳴門町土佐泊浦大毛264-1(龜浦觀光港)　わんだーなると(Wonder鳴門)9:00~16:20每40分鐘一班，航程約30分鐘；預約制のアクアエディ(Aqua Eddy)9:15~16:15每30分鐘一班，航程約25分鐘　Wonder鳴門¥1800，Aqua Eddy¥2400　www.uzusio.com

從大鳴門橋的渦の道由高處隔著玻璃向下望，已是魄力十足，但若搭乘鳴門觀光汽船出海觀潮，更是臨場感滿點，海風從耳邊吹過，漩渦捲著白浪就在眼前，望之讓人生懼。為追尋出現時間地點不定的漩渦，船隻會不斷調整方向與位置，因此船上會些許搖晃，乘客欣賞漩渦時，也需多注意安全。

千疊敷展望台

JR鳴門駅前搭乘巴士至「鳴門公園」站徒步約8分　088-684-1157(鳴門市商工觀光課)　鳴門市鳴門町土佐泊浦福池65(鳴門公園內)　自由參觀

位在大鳴門橋前的展望台，臨近渦の道的入口，壯闊的橋身與瀨戶內海美景就展現在眼前，不時可見海面上往來航行的船隻，氣氛一派悠閒，順著遊步道走還可前往海岸。展望台附近有多間土產店、餐廳與喫茶店，可以購入知名的鳴門金時、紀念品或各種名產。

四國—吃喝玩樂

Kansai Area Pass
關西地區鐵路周遊券

| 連續4天 | ￥7,000 |

 Good Point

京阪神區域
· 京阪神地區神票
· 不同天次可選擇
· 新幹線NG

JR西日本

想 要玩遍京阪神重點區域，推薦可利用這張超值票券，從關西機場出發，行經京都、大阪、奈良、神戶、姬路、和歌山、滋賀等地，基本上京阪神的都市區域都會到。還附贈京阪電鐵一日券、京都市營地下鐵一日券及阪急電鐵京都線一日券兌換券各一張，範圍涵蓋京都大部分的各大景點，非常適合計畫停留京都多日的旅客利用。

PRICE OF TICKETS
票券種類與價格

連續1天 ￥2,800	連續2天 ￥4,800
連續3天 ￥5,800	連續4天 ￥7,000

※6-11歲兒童半價

INFO
購買資訊

◎**購買資格**
持觀光簽證短期入境日本的外國旅客才可購買使用。

◎**購買方法**
(1) 台灣各大旅行社購買(抵日兌換)
(2) JR西日本網路預約服務(預訂&抵日領取)
(3) 日本旅行TiS京都分店、大阪分店、新大阪分店等店面購買。

◎**使用期間**
指定日期起連續一、二、三、四、五天。

◎**兌換/領取地點**
抵日後兌換及領取方式，除了透過人員服務的JR綠色窗口外，也可利用有「附護照讀取功能綠色售票機」兌換及領取票券，節省排隊時間。

(1)JR綠色窗口：關西機場、京都、新大阪、大阪、三之宮、奈良、和歌山各站。
(2)新大阪旅遊服務中心(Travel Service Center SHIN-OSAKA)。
(3)日本旅行TiS(僅能兌換)：京都分店、大阪分店/大阪旅遊服務中心(Travel Service Center OSAKA)、三之宮分店。

HOW TO USE
如何使用票券

◎無論台灣、網路預購或抵日再購買，都須持護照正本取票或購買。
◎取得票券後先核對資料有無錯誤。
◎PASS票券目前為適用自動檢票閘口形態的車票卡發售，搭乘時只需將PASS票券插入自動檢票閘口、通過後再取回票券，無須再走有站務人員的出入口。使用期限中可自由進出車站、搭乘該票券能坐的車種，不需另外購票。
◎若是要搭乘JR特急列車HARUKA(特急はるか)普通車廂指定席，可至各車站綠色窗口或是可預訂指定席的售票機、官網預訂，**免費換取2次普通車廂指定席券**，自由席則無限制次數。若想搭乘綠色車廂或Gran Class(頭等車廂)以及超過免費兌換指定席券次數，則必需另外購買指定席車廂券。
◎可自由搭乘JR西日本在來線(區域間)的普通、快速、新快速列車
◎票券遺失、破損不再補發，也不能退費。

NOTE
注意事項

◎無法在JR綠色窗口購買
◎不能搭乘JR特急列車HARUKA以外的其他特急列車
◎不能搭乘新幹線
◎不能搭乘寢台列車
◎不能搭乘高速巴士
◎一切使用規範、範圍、售價等，皆以官網為準。
🆓www.westjr.co.jp/global/tc/ticket/pdf/pass_kansaimini.pdf

SCOPE OF VALIDITY

票券 使用範圍

◎JR特急列車HARUKA (關西機場～京都)
◎JR西日本在來線(區域間)
◎西日本JR巴士(京都市內路線巴士)
◎京阪電鐵(京阪本線：石清水八幡宮～出町柳～宇治、石清水八幡宮參道纜車)
◎京都市營地下鐵(烏丸線、東西線)
◎阪急電鐵(京都本線、千里線、嵐山線)
◎自行車出租EKIRIN KUN(區域間營業所)

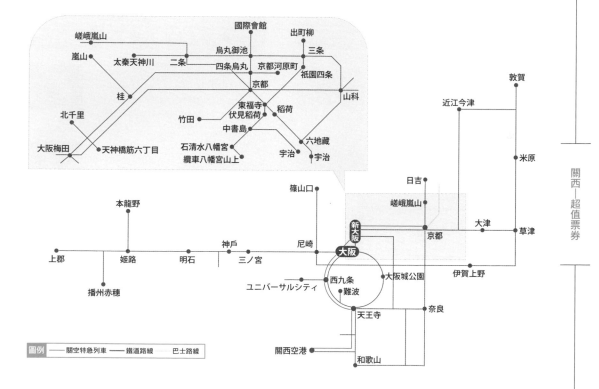

圖例 ——關空特急列車 ——鐵道路線 ——巴士路線

ANOTHER CHOICE

另一種 選擇

◎JR關西迷你鐵路周遊券

　　這是一張以「京阪神」市區串聯為主的通票，如果不想跑遠，只想在京阪神市區走走，這張票就很適合你哦！
🕐連續3天￥3,000（6-11歲兒童半價）
❶若欲搭乘特急HARUKA需另購特急券
🔗www.westjr.co.jp/global/tc/ticket/pdf/pass_kansaimini.pdf

TRAVEL EXAMPLE
範例行程❶

京阪神4日經典行程

這樣坐要	¥ 11,540
網路購票	¥ 7,000

激省!!

¥ 4,540

Day1

關西機場

🚌 1hr 27min
特急Haruka

石山寺

大津

🚌 9min
JR東海道新快速

縱走雪見船

京都

🚌 44min
JR奈良線

京都鐵道博物館

Day2

奈良

🚌 33min
JR關西本線
大和路快速

奈良町

天王寺

東大寺

Day3

天王寺

🚌 1hr 15min
JR阪和線關空快速

高野山

和歌山

🚌 1hr 28min
JR阪和線
紀州路快速

阿倍野HARUKASU

大阪

🚌 1hr 3min
JR東海道本線
新快速

通天閣

姬路

🚌 46min
JR山陽本線快速

姬路城

Day4

舞子

🚌 21min
JR山陽本線快速

明石海峽大橋

三ノ宮

🚌 21min
JR東海道本線新快速

大阪

好古園

關西―超值票券

Q 日本新幹線是否有分自由席與指定席？

A 大部份的日本新幹線都為自由席設數個車廂，方便未訂座位的乘客搭乘。但有些車次為「全車指定席」便一定要先取得指定席券能能上車。如果搭乘自由席車廂時，建議在列車開車前10分到月台等候，以便找到座位。月台多設有兩條排隊路線，一條給馬上出發的車次使用，另一條提供給下一班次排隊者等候。

範例行程❷

大阪日歸4日行程

| 這樣坐要 | ￥11,350 |
| 網路購票 | ￥7,000 |

激省!!

￥4,350

關西—超值票券

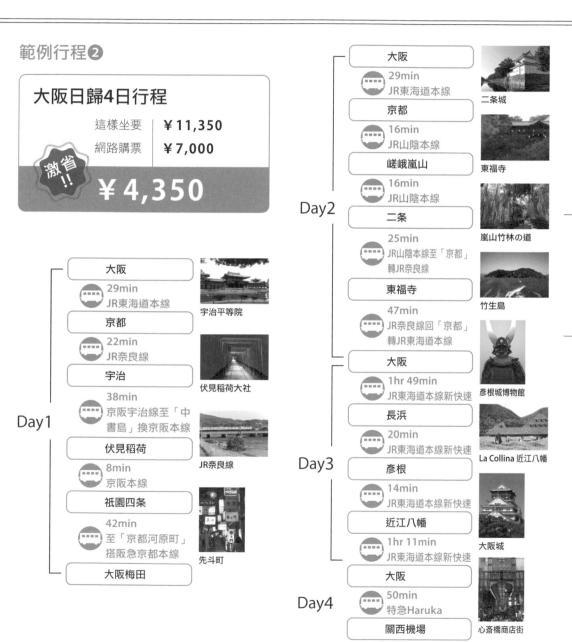

Day1

大阪
29min
JR東海道本線
京都

宇治平等院

22min
JR奈良線
宇治

伏見稻荷大社

38min
京阪宇治線至「中書島」換京阪本線
伏見稻荷

JR奈良線

8min
京阪本線
祇園四条

42min
至「京都河原町」搭阪急京都本線
大阪梅田

先斗町

Day2

大阪
29min
JR東海道本線
京都

二条城

16min
JR山陰本線
嵯峨嵐山

東福寺

16min
JR山陰本線
二条

嵐山竹林の道

25min
JR山陰本線至「京都」轉JR奈良線
東福寺

竹生島

47min
JR奈良線回「京都」轉JR東海道本線
大阪

Day3

1hr 49min
JR東海道本線新快速
長浜

彥根城博物館

20min
JR東海道本線新快速
彥根

14min
JR東海道本線新快速
近江八幡

La Collina 近江八幡

1hr 11min
JR東海道本線新快速
大阪

大阪城

Day4

50min
特急Haruka
關西機場

心斎橋商店街

157

Kansai WIDE Area Pass

關西廣域鐵路周遊券

連續5天 ｜ ¥ 12,000

關西近郊

· 京阪神出發！日歸最高〜
· 山陽新幹線OK
· 連鳥取、四國都能去

JR西日本

從 關西機場出發，除了去關西地區京都、大阪、神戶、奈良市區外，還可到近郊的城崎溫泉、姬路、天橋立、舞鶴、白濱、滋賀縣米原等地順遊，往西則可至中國地區的鳥取縣、岡山縣，最遠甚至能到位在四國地區香川縣的高松，讓京阪神連接至四國更加便利。

PRICE OF TICKETS
票券種類與價格

連續5天 ¥ 12,000
※6-11歲兒童半價

INFO
購買資訊

◎購買資格
持觀光簽證短期入境日本的外國旅客才可購買使用。

◎購買方法
(1)台灣各大旅行社購買(抵日兌換)
(2) JR西日本網路預約服務(預訂&抵日領取)
(3)日本旅行TiS京都分店、大阪分店購買。

◎使用期間
指定日期起連續五天。

◎兌換/領取地點
抵日後兌換及領取方式，除了透過人員服務的JR綠色窗口外，也可利用有「附護照讀取功能綠色售票機」兌換及領取票券，節省排隊時間。
(1)JR綠色窗口：關西機場、京都、福知山、新大阪、大阪、三之宮、奈良、和歌山、鳥取、岡山、高松各站。
(2) 新大阪旅遊服務中心(Travel Service Center SHIN-OSAKA)。
(3)日本旅行TiS(僅能兌換)：京都分店、大阪分店 / 大阪旅遊服務中心(Travel Service Center OSAKA)、三之宮分店。
(4)Warp (僅能兌換)：高松分店。

HOW TO USE
如何使用票券

◎無論台灣、網路預購或抵日再購買，都須持護照正本取票或購買。
◎取得票券後先核對資料有無錯誤。
◎PASS票券目前為適用自動檢票閘口形態的車票卡發售，搭乘時只需將PASS票券插入自動檢票閘口、通過後再取回票券，無須再走有站務人員的出入口。使用期限中可自由進出車站、搭乘該票券能坐的車種，不需另外購票。
◎可**不限次數**搭乘山陽新幹線(新大阪〜岡山)的普通車廂指定席及自由席。
◎可**不限次數**搭乘JR西日本在來線(區域間)：普通、快速、新快速、特急列車的普通車廂指定席及自由席(部分特急列車為全車指定席)。
◎JR系統普通車廂指定席可至各車站綠色窗口或是可預訂指定席的售票機、官網(**僅限JR西日本官網購票**)預訂，**免費換取不限次數普通車廂指定席券，第7次(含)起需至綠色窗口預訂**，自由席則無限制次數。若想搭乘綠色車廂或Gran Class(頭等車廂)，則必需另外購買指定席車廂券。
◎可不限次數搭乘丹後鐵道全線特急列車指定席(黑松號、赤松號除外，**赤松號需另購買整理券**)及自由席。
◎票券遺失、破損不再補發，也不能退費。

◎山陽新幹線(新大阪～岡山)

◎JR西日本在來線(區域間)

◎丹後鐵道全線(宮福線：福知山～宮津、宮豐線：宮津～天橋立～豐岡、宮舞線：西舞鶴～宮津)

◎和歌山電鐵貴志線(和歌山～貴志)

◎智頭急行(上郡～智頭)

◎西日本JR巴士(高雄‧京北線：京都～高雄‧周山、若江線：近江今津～小濱)

◎四國(僅可於宇多津、坂出、高松這三站進出站)

◎自行車出租EKIRIN KUN(區域間營業所)

 SCOPE OF VALIDITY
票券使用範圍

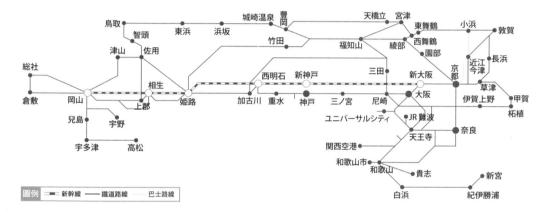

圖例 ━━ 新幹線 ━━ 鐵道路線 ━━ 巴士路線

 NOTE
注意事項

◎無法在JR綠色窗口購買。

◎不能搭乘東海道新幹線(新大阪～京都～東京)、山陽新幹線(岡山～博多)、九州新幹線(博多～鹿兒島中央)。

◎不能搭乘新快速指定座位A-SEAT，需另購買指定席券。

◎不能搭乘寢台列車。

◎不能搭乘高速巴士。

◎一切使用規範、範圍、售價等，皆以官網為準。

🚃www.westjr.co.jp/global/tc/ticket/

TRAVEL EXAMPLE
範例行程

關西5日經典行程

這樣坐要	￥40,650
網路購票	￥12,000

激省!!

￥28,650

Day1

關西機場

 1hr 40min
特急Haruka

京都

 1hr 25min
特急舞鶴號

西舞鶴

Day2

京都車站

清水寺

三嶋亭 本店　錦市場

 43min
京都丹後鐵道

天橋立

2hr 19min
特急橋立號

京都

伊根舟屋

五老岳公園

傘松公園

舞鶴港遊覽船

160

Q 遇到颱風列車停駛怎麼辦？

A 不幸遇到颱風、大雪等天災時最好提早出發在車站掌握狀況，以利後面行程接續。不過在使用規定有明文寫著：「無法運行、延遲等的情況無法退款。」所以只要PASS開始使用後就是不能退款的。想要理賠的話，可以事先在台灣保旅遊不便險，再依照各保險公司的規範來申請理賠。

京都

24min
JR東海道本線新快速

新大阪

49min
山陽新幹線

Day3 岡山

15min
JR山陽本線

倉敷

15min
JR山陽本線

岡山

24min
山陽新幹線

Day4 姬路

1hr 48min
特急浜風號

城崎溫泉

2hr 50min
特急鴻鳥號

Day5 大阪

50min
特急Haruka

關西機場

倉敷美觀地區

味司野村

岡山路面電車

JR山陰本線

姬路城

城崎溫泉站

溫泉足湯

道頓堀

通天閣

城崎溫泉街

關西機場站

161

Ise-Kumano-Wakayama Area Tourist Pass

伊勢・熊野・和歌山地區周遊券

連續5天　　¥ 16,500

Good Point

三重-和歌山

・三重＋和歌山必備
・特急列車OK
・新幹線NG

JR東海＋JR西日本

使 用此券從大阪，沿熊野、伊勢，一路玩到名古屋，JR在來線、伊勢鐵道和歌山電鐵在有限範圍內的自由席列車可無限次搭乘，另前往伊勢神宮、鳥羽、世界遺產熊野古道（熊野本宮大社、速玉大社、那智大社等）的巴士亦可不限次數自由搭乘。

HOW TO USE
如何
使用票券

◎無論網路預購或抵日再購買，都須持護照正本取票或購買。
◎取得票券後先核對資料有無錯誤。
◎請把鐵路周遊券本券放入自動驗票閘門。通過後請取回票券。
◎可劃位JR特急**指定席最多6次**。
◎不可更改使用開始日期。
◎票券遺失、破損恕不予補發。

PRICE OF TICKETS
票券種類與價格

連續5天 ¥ 16,500
※6-11歲兒童半價

INFO

購買資訊

◎**購買資格：**
持觀光簽證短期入境日本的外國旅客才可購買使用。
◎**購買方法**
(1)JR西日本網路預約系統(預訂&抵日取票)
(2)抵日後直接購買
(3)日本國外旅行社

◎**使用期間**
指定日期起連續五天。
◎**日本銷售&兌換地點：**
兌換/購票只限營業時間（鐵路周遊券受理時間）內可辦理，兌換時需要一點時間，請儘早前來辦理。且需出示有「短期滯在」的印章/貼紙的護照，並填妥申請書上所規定的欄位。此外，也可使用指定席售票機自己劃位，領取指定席車票。
(1)JR東海售票處：東京、品川、新橫濱、小田原、熱海、三島、新富士、靜岡、掛川、濱松、豐橋、三河安城、名古屋、京都、新大阪等車站。

(2)JR東海TOURS：東京、新橫濱、靜岡、濱松、名古屋、京都、新大阪等車站。
❶僅有「兌換、發售」，無領取服務。
(3)JR諮詢所：名古屋站。
(4)JR西日本售票處：京都、新大阪、大阪、關西機場
(5)日本旅行 TiS：大阪分店。
❶僅有「兌換、發售」，無領取服務。
(6)旅行服務中心：新大阪站。
(7)Central Japan Travel Center：中部國際機場。
❶僅有「兌換、發售」，無領取服務。

◎可無限次搭乘路線上的JR在來線、特急、巴士、鐵路

◎JR線、伊勢鐵道線的特別急行列車、普通急行列車或快速、普通列車的普通車非預定座位：名古屋站～大阪市內（關西本線、紀勢本線、阪和線）、日根野站～關西機場站之間（關西機場線）、多氣站～鳥羽站之間（參宮線）、龜山站～大阪市內之間（關西本線）、木津站～大阪市內之間（片町線）、久寶寺站～大阪市內之間（大阪東線）、鳳站～東羽衣站之間（阪和線）、和歌山站～和歌山市站（紀勢本線）、河原田～津站之間（伊勢鐵道線）

◎和歌山電鐵線：和歌山站～貴志站之間

◎三重交通巴士：外宮內宮線、伊勢二見鳥羽周遊巴士「CAN巴士」、尾鷲站口～鷲毛區間、尾鷲站口～瀨木山～熊野古道中心區間、熊野市站～千枚田、通嶺入口區間

◎熊野御坊南海巴士：紀伊勝浦站～那智山區間、新宮站～紀伊勝浦站區間、新宮站～本宮大社前區間、志古 神丸～小口區間、相筋線・広角住宅線 松山高田線

◎自行車出租EKIRIN KUN(區域間營業所)

SCOPE OF VALIDITY
票券使用範圍

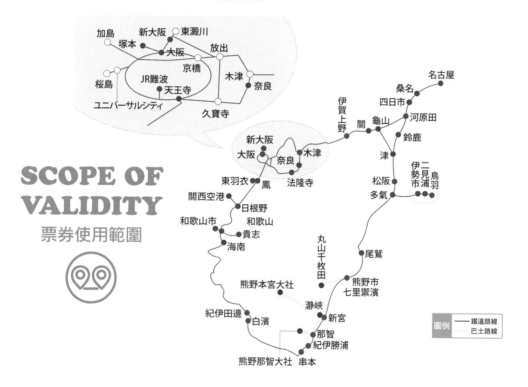

圖例　━━ 鐵道路線　—— 巴士路線

NOTE
注意事項

◎不能搭乘新快速指定座位A-SEAT，需另購買指定席券。
◎不能搭乘寢台列車。
◎不能搭乘高速巴士。
◎一切使用規範、範圍、售價等，皆以官網為準。
🎫 touristpass.jp/zh-tw

TRAVEL EXAMPLE
範例行程

熊野伊勢朝聖5日行程

這樣坐要	￥30,580
網路購票	￥16,500

激省!!

￥14,080

Day1

- 大阪
  - 🚌 1hr 2min
    特急黑潮號
- 和歌山
  - 🚌 36min
    和歌山電鐵
- 貴志
  - 🚃 2hr 38min
    和歌山電鐵回「和歌山」
    轉特急黑潮號
- 白浜

 JR和歌山駅觀光交流中心

 貴志車站

 貓站長4代玉

和歌山城

Day2

- 白浜
  - 🚌 1hr 46min
    特急黑潮號
- 新宮
  - 🚐 1hr
    熊野御坊南海巴士
- 熊野本宮大社
  - 🚐 1hr
    熊野御坊南海巴士
- 新宮

 熊野本宮大社

 循環巴士

 三段壁

 円月島觀光玻璃船

Q 在買票時就要先選定起始日期嗎？

The Corner of Q&A

A 依各家限制不一定。不過人多海外、線上售票，都有規定在購買後90天內要在日本兌換成實體PASS，同時也要指定兌換日後30天內的一天做為啟用日。所以一定要事先決定好使用日期，一但開通後就不能再更改日期了。

新宮

 2hr 40min
特急南紀號至「多氣」
轉JR參宮線

伊勢市

 22min
三重交通CAN巴士

Day3

伊勢神宮

 22min
三重交通CAN巴士

伊勢市

 19min
JR參宮線

鳥羽

 41min
快速三重

Day4

松阪

 1hr 16min
特急南紀號

名古屋

 1hr 50min
JR關西本線快速
至「龜山」換乘

Day5

伊賀上野

 1hr53min
JR關西本線快速
至「加茂（京都）」換乘

大阪

伊勢神宮

赤福 本店

托福橫丁

海女小屋はちまんかまど

神明神社

鳥羽水族館

CAN巴士

元祖伊賀肉 金谷本店

伊賀忍者博物館

伊賀神戶站

伊賀上野觀光中心

165

👁 傘松公園

🚶從一の宮棧橋徒步，穿過籠神社後約3分可達纜車搭乘處 ☎天橋立觀光協會0772-22-0830 📍宮津市大垣75 ⏰ケーブルカー(登山車)車程4分，9:00～17:00每0、15、30、45分發車；リフト(吊椅式登山纜車)車程6分，3/1～12/18 9:00～16:00隨時運行 ㊡リフト(吊椅式登山纜車)12/19～2/28週一～五(1/3無休) 💰登山車來回￥680 🌐www.amano-hashidate.com/cablecar

搭乘纜車登上傘松公園可以一眼望盡天橋立的美景，望去的天橋立呈現斜斜的一劃，故又被稱為「斜め一文字」。這裡有一種有趣的欣賞方法，叫作「股のぞき」，也就是説站在指定的位置，低下頭從兩腳之間反著看天橋立，就會發現天橋立真的就好像橋在天上的橋一樣呢！

⛩ 元伊勢 籠神社

🚶從一の宮棧橋徒步約5分 ☎0772-27-0006 📍宮津市字大垣430 ⏰7:30～16:30(年末年始依季節而異，詳見官網)，授与所8:30～16:30 💰自由參拜 🌐www.motoise.jp

與三重伊勢神宮同樣，祭祀著天照大神與豐受大神的籠神社，這裡的本殿也與伊勢神宮一樣採取神明造的樣式，訴説著其歷史性的正統與悠久。籠神社四周森林環繞，通往傘松公園的小路上商店林立，當地小吃、名產一應俱全。

👁 天橋立View Land

🚶天橋立駅徒步5分即達纜車搭乘處 ☎0772-22-1000 📍宮津市天橋立文珠 ⏰(2/21～7/20、8/21～10/20)9:00～17:00；(7/21～8/20)8:30～18:00；(10/21～2/20)9:00～16:30 ㊡登山纜車定期檢修期間，週三居多(詳見官網) 💰入園＋登山纜車來回券國中生以上￥850，可自由選擇搭登山纜車(モノレール)或是吊椅式登山纜車(リフト) 🌐www.viewland.jp

天橋立View Land是一個多方位的遊樂園，由於從這裡看出去的天橋立像昇天飛龍，故又暱稱這裡望出去的景色為「飛龍觀」。除了可以展望美景之外，這裡也有一些遊樂設施，像是緩緩轉動的摩天輪、高架腳踏軌道車，都是可以更高一層欣賞天橋立美景的設施，不怕高的人一定要試試！

卍 智恩寺

🚶天橋立駅徒步5分 ☎0772-22-2553 📍宮津市字文珠466 ⏰自由參觀 🌐www.monjudo-chionji.jp

智恩寺供奉的文殊菩薩在日本人心目中是充滿智慧的象徵，在日本全國總共有三大供奉文殊菩薩的地方，稱做日本三文殊，故智恩寺別稱文殊堂。其木造建築保存著簡樸恢弘的古風，因為這裡有護佑學子智慧增長的傳説，寺廟販賣的護身符中，有個造型特殊的「知惠輪」是保佑聰慧。

舞子

◎ 明石海峽大橋

🚃JR舞子駅徒步3分 🏠神戶市垂水區東舞子町2051 📷
078-785-5090 🕐9:00~17:00 ❌12/29~12/31 💲成人
¥250，週六日例假日成人¥300，高中生以下免費 🌐hyogo-
maikopark.jp/

　明石海峽大橋花費十年建造，途中遭遇阪神大震
災，克服重重困難於1998年通車，全長3911公尺，
為連接淡路島與本州的跨海大橋，也是目前世界上最長
的吊橋式大橋。從舞子這側登上明石海峽大橋中，就能
來到迴遊式海上步道，從海面上47公尺高的地方往下
看，閃亮的波浪就在腳下，懼高的人可得小心！

明石

◎ 魚の棚商店街

🚃JR明石駅南口即達 🏠明石市本町 📷078-911-9666
🕐8:00~18:00 (依店舖而異) 🌐www.uonotana.or.jp

　位於明石車站前的魚の棚商店街，明石城築城前後
即開始營業，至今已有近400年歷史，演變至今，聚集
了眾多海鮮店、特產店、雜貨店、小吃店等，形成一整
區熱鬧的街道，人來人往，摩肩接踵，加上此起彼落的
叫賣聲，充滿了活力。

姬路

◎ 姬路城

🚃JR姬路駅步行約10分 🏠姬路市本町68 📷079-
285-1146 🕐9:00~17:00(16:00關門)，夏季7下旬~8月至
18:00(17:00關門) ❌12/29、12/30 💲18歲以上¥1000，小
學生~高中生¥300；姬路城 好古園共通券18歲以上¥1050，小
學生~高中生¥360 🌐www.city.himeji.lg.jp/guide/castle

　姬路城因為有著白漆喰(抹牆用的灰泥)所塗刷的白
壁，所以有白鷺城的美稱。建在姬山上的姬路城從山腳
到天守閣頂端，有海拔92公尺高，是非常重要的軍事
要塞，加上其複雜迂迴的防禦性城郭設計，使姬路城更
是易守難攻。壯觀華美的姬路城，若要由外緣到城內全
程走完大約需要3小時。

奈良

👁 奈良公園

🚶近鐵奈良駅徒步10分；JR奈良駅徒步15分　☎0742-22-0375　🏠奈良市雜司町469　🕐自由參觀

奈良市區的觀光景點就以奈良公園為中心的這一片區域最為精采。這裡充斥著看起來可愛，搶食起來卻讓人不敢領教的鹿群。提醒來東大寺、春日大社這一帶遊逛時，隨身行李要小心別被小鹿偷襲了。還有來到奈良必逛的格子町「奈良町」，嚐嚐當地最有名的柿葉壽司與甜點，在古色古香的格子町裡留下美好的記憶。

⛩ 春日大社

🚶JR奈良駅前搭乘70、88、97、98、133路公車，於「春日大社本殿」站前下車　☎0742-22-7788　🏠奈良市春日野町160　🕐6:30~17:30，11~2月7:00~17:00；特別參拜9:00~16:00　💰特別參拜￥500　🌐www.kasugataisha.or.jp

春日大社祭奉的神祇鹿島大明神，相傳騎了一年的鹿來到了奈良，奈良鹿野從此以「神的使者」的身分定居於神社附近。本殿位於高大的樹林之間，由朱紅色的南門進入後，朱漆的顏色也慢慢變深；殿內千餘座銅製燈籠，在每年2月節分與8月的14、15日都會點亮，氣氛相當神秘迷人。

卍 東大寺

🚶JR奈良駅前搭乘奈良循環巴士，於「大佛殿春日大社前」站下車徒步5分　☎0742-22-5511　🏠奈良市雜司町406-1　🕐大佛殿7:30~17:30　💰國中生以上￥600，小學生￥300　🌐www.todaiji.or.jp

東大寺為奈良時代佛教全盛時期的代表作，起建於天平13年(741年)，由於位於平城京東方，故命名之。境內最精采的大佛殿，是全世界最大的木造建築，高度超過47公尺，相當於16層樓。寺內僅供養了毘盧舍那佛，是世界最大的銅造佛像。

関西—吃喝玩樂

👁 黑壁廣場

🚶 JR長浜駅徒步5分　🕐 自由參觀

　黑壁廣場的範圍包括北國街道與大手門通一帶，每年可以吸引300萬觀光人次，以黑壁玻璃館為起點，現在共有玻璃體驗教室、工房、藝廊、不同特色的商店等，以「玻璃」為主題結合地方特色，是日本最大的玻璃藝術品集散地，也是老街重生的經典案例。

👁 彦根城

🚶 JR琵琶湖線彦根駅徒步15分　☎ 0749-22-2742　📍 彦根市金亀町1-1　🕐 8:30~17:00　💰 彦根城‧玄宮園成人￥800　🌐 hikonecastle.com/

　彦根城主要建築天守閣共有三層，就建在小山丘頂上，只需登上天守閣的最上層樓，從窗戶眺望四周城市和琵琶湖景觀視野，絕對讓人感到驚艷。在明治時期下了廢城令，當時彦根城原本也在廢城清單中，後經過幾番遊說之後終於得以保存下來，現在更成為日本五座國寶城的其中之一。

🏛 海洋堂 模型博物館

🚶 JR長浜駅徒步5分　☎ 0749-68-1680　📍 長浜市元浜町13-31　🕐 博物館10:00~17:00(入館至16:30)　📅 博物館不定休
💰 高中生以上￥1000，國中小學生￥500　🌐 www.ryuyukan.net

　海洋堂模型博物館的入口處就有超醒目的模型招牌，有趣的是在櫃台買票入場後，會得到一枚特殊金幣，以這枚金幣就能到扭蛋區免費扭一次，掉下來的扭蛋還能帶回家珍藏，大受歡迎。而館內收藏著食玩(買零食附贈的玩具)、生物演變模型、動漫角色模型等、許多都是已經絕版的珍品。

玄宮園

📍 彦根市金亀町3　🕐 8:30~17:00　💰 成人￥200，國中小學生￥100

　位於城郭東北邊的玄宮園，據說是仿唐玄宗的離宮所建，講究風雅和趣味，有近江八景的美稱，從池畔遠眺位於山頂的天守閣，更顯得意境超然，整個景緻融為一體。內部有處茶室「鳳翔台」，正統的裏千家流抹茶坐在裡頭品茶(抹茶+和菓子)￥500、賞景，聽著四周蟲鳴鳥叫，體會都市沒有的片刻寧靜。

◉ La Collina

🚌近江八幡駅轉乘近江鐵道鐵道巴士，約15分於「北之庄ラコリーナ前」站下車 ☎0748-33-6666 🏠近江八幡市北之庄町615-1 🕘9:00~18:00，Food Court 10:00~17:00 💲自由參觀 🌐taneya.jp/la_collina

2016年開幕的La Collina，是滋賀人氣甜點たねや開創品牌新里程碑的據點，特別找來建築界的頑童藤森照信設計，在廣闊的區域內規劃出甜點屋、賣店、咖啡屋、飲食區、水池區、辦公區與田埔區域，尤其主建築屋頂鋪上厚厚綠色草皮讓人既驚艷又印象深刻，宛如森林裡的童話屋般優雅又充滿童趣。

◉ 水鄉之里円山

🚌近江八幡駅北口搭乘往国民休暇村、長命寺方向的近江巴士，於「円山」站下車即達 ☎0748-32-2333 🏠近江八幡市円山町1467-3 🕘定期船4~11月10:00、13:10、15:00，週六日例假日10:00、13:00、15:00；包船9:00~16:00(需預約) 🚫12~3月週三 💲定期船成人￥2200 🌐www.za.ztv.ne.jp/tekogi.maruyama

早年近江八幡四周全是小島，水路聯結著住家、農田、礦山與作為經濟作物的蘆葦叢，平時交通全仰賴Maruyama的這種手搖小船。遊船路線會帶領乘客繞行錯綜複雜的西之湖舊水道，可以一面欣賞沿岸的自然風光，一面聽船夫訴說這裡的古今故事。

◉ 琵琶湖遊輪密西根號

🚌京阪電鐵浜大津駅下車即達；JR大津駅徒步約12分 ☎077-524-5000 🏠大津市浜大津大津港 ⏰各航班不同，詳見官網 💲ミシガン60￥2400；ミシガン90￥3000；ミシガンナイト￥3200 🌐www.biwakokisen.co.jp

密西根號是仿自美國的復古式輪船，搭乘此觀光船，不但可以飽覽琵琶湖光還可以欣賞船上的美國歌舞秀，而船上也有多味金髮碧眼的服務生，營造出美國的觀樂氛圍。晚餐之後上樓到夾板上，還有精采的樂團現場演唱，從披頭四的流行歌到密西西比的鄉村歌謠，陪你一起度過熱鬧又愉快的夜晚。

卍 三井寺

🚌京阪三井寺駅徒步7分 ☎077-522-2238 🏠大津市園城寺町246 🕘8:00~16:30 💲入山￥600 🌐www.shiga-miidera.or.jp/

要提到大津地區的著名寺廟，三井寺絕對不可不提。正式名稱為「長等山園城寺」的三井寺有一千兩百多年的歷史，寺內還存有豐富的文化財、國寶等，十分值得一訪。這裡也是大津的賞櫻名所，觀月舞台的鏡面反射讓夜櫻變得燦爛漫漫，就算5分鐘要價2500日幣也是許多人排隊想一睹美景。

◉ 高島市農業公園

🚆JR湖西線マキノ駅下車，轉搭市公車マキノ高原線，在「マキノピックランド」下車即達，約15分　☎0740-27-1811　🏠高島市マキノ町寺久保835-1　🕐9:00～17:00　🌐pic-land.com/

高島市農業公園其實範圍廣闊，以各式農業生產園區中，包含有知名的水杉並木道，還有蘋果、草莓、藍莓、櫻桃等採摘體驗可以選擇，如果時間不充裕，那麼公車下車點的綜合休憩&服務處裡，有咖啡、食堂餐廳、地產販售處等，可以直接將在地美味通通裝在肚子裡。

水杉並木景觀道

🏠マキノピックランド內　⚠水杉並木道屬於一般汽車縣道，拍照請務必注意安全

原本作為農業公園的防風林而種植的500棵水杉，筆直延伸長達2.4公里，一眼望去幾乎看不到盡頭。由於水杉春季蔥綠夢幻、夏季深綠涼爽、秋季轉紅羞澀，到了冬季在大雪覆蓋下又宛如韓劇冬季戀歌般銀白燦爛，散步其間，怎麼拍都漂亮。

なみ木食堂 ツバメ

☎0740-27-0264　🏠マキノピックランド內　🔽11:00～14:30　💰近江の恵み「びわ」膳￥2400，近江牛のじゅんじゅん定食￥2700

使用近江食材與季節產物製作料理的小食堂面對著美麗的庭園山谷，大片玻璃窗給人開放的空間感。推薦來這裡享用午餐，充滿湖國竹手土木山色的「びわ」膳，12道小鉢料理，每一道都是特色美食，別處吃不到。若是想要吃近江牛，則可以選擇涮涮小鍋，偏鹹的壽喜燒醬汁滋味豐富十分下飯。

並木カフェ

☎0740-25-2202　🏠マキノピックランド內　🔽10:30～16:00，週末例假日10:00～16:30　💰咖啡￥480，近江牛胡椒飯￥1500

以OUTDOOR為主題的並木咖啡，室內分為各個小區域，架起帳棚，立起煤油燈，給人悠閒的山林探險風。店裡提供咖啡廳會有的咖啡飲品、甜點等，種類十分豐富。若是肚子餓也有提供簡餐，精緻清爽，很適合情侶或閨密相聚。

◉ 三段壁洞窟

🚌JR白浜駅搭乘往三段壁方向的明光巴士約25分，於「三段壁」站下車即達 ☎0739-42-4495 🏠西牟婁郡白浜町三段2927-52 ⏰8:00~17:00(入場至16:50) 🈺12月中旬例行檢修日 💰國中生以上￥1500，小學生￥750，小學生以下免費 🌐sandanbeki.com

　三段壁的絕景除了有垂直於海面上、高5~60公尺的斷崖之外，真正叫人驚嘆的是藏於斷崖之下的大岩洞。這個岩洞原是海水侵蝕而成，後來又因挖礦的工程更具規模，從電梯往下到達岩洞的主廳之後，可以沿著指標參觀許多個大小岩洞，最後到海水灌入的水道末端聽海浪撞擊岩壁的聲音。

◉ 円月島

🚌白浜駅搭乘往三段壁方向的明光巴士，約15分於「臨海」站下車徒步約5分 🏠西牟婁郡白浜町臨海 ⏰自由參觀

　白浜的象徵「円月島」是個長130公尺、寬35公尺的小島，因為長年受海水侵蝕，導致島中央呈一圓洞而聞名。其實的本名叫作「高嶋」，每到黃昏時分的円月島格外美麗，秋天來這裡很有機會看到落日正好落到円月島上的海蝕洞中。

♨ 崎の湯

🚌白浜駅搭乘往三段壁方向的明光巴士，約20分於「湯崎」站下車徒步5分 ☎0739-42-3016 🏠西牟婁郡白浜町湯崎1668 ⏰4~6月、9月8:00~18:00(入湯至17:30)，7~8月7:00~19:00(入湯至18:30)，10~3月8:00~17:00(入湯至16:30) 🈺不定休(詳見官網) 💰3歲以上￥500

　萬葉時代僅存的唯一湯治場(治療病痛的溫泉)，也是白浜溫泉代表的崎の湯，泉質為塩化物泉，就建在海岸邊直接面對太平洋，泡著湯中能夠感受絕對的開放感。不妨卸下身上所有束縛浸入溫泉，赤裸裸的面對著遼闊的太平洋，那種毫無拘束的感覺只可意會，實在無法言傳。

◉ 串本海中公園

🚌JR串本駅有免費接駁巴士，約13分。10:30~14:30每小時一班 ☎0735-62-1122 🏠東牟婁郡串本町有田1157 ⏰水族館·海中展望塔9:00~16:30 💰水族館·海中展望塔大人￥1800 🌐www.kushimoto.co.jp/

　和歌山沿海溫暖的黑潮不但帶來豐沛的魚鮮海產，也為海底生態增色不少。整個串本海中公園分別設有水族館，可以看見珊瑚礁、熱帶魚等的生態風貌；海中展望塔則能輕鬆走入海中，透過觀景窗看見海中優游的魚兒；也可搭上半潛式觀光船出海，透過船艙玻璃欣賞海裡的珊瑚與熱帶魚。

新宮

👁 熊野三山

🚌熊野三山指的是熊野本宮大社、熊野那智大社與熊野速玉大社。這三處分處異地，要往熊野本宮大社可於紀伊田辺駅轉搭龍神巴士；前往熊野那智大社可於紀伊勝浦駅轉搭熊野交通巴士；前往熊野速玉大社則於新宮駅徒步可達。

熊野三山指的是熊野本宮大社、熊野速玉大社、熊野那智大社三座神社分布的區域。2004年整個紀伊山地被登錄為世界遺產後，拜新聞媒體大肆報導所賜，來這裡體驗古道風情的人潮將石疊路擠得水洩不通，彷彿重現古時「熊野詣」參拜人潮那宛若螞蟻般密密麻麻的盛況。在美麗檜木林中蜿蜒著的熊野古道石疊路青苔滿覆，於清晨薄霧中看來更覺古意盎然。

紀伊勝浦

👁 勝浦漁港

🚃JR紀伊勝浦駅徒步約10分 ☎073-52-0951 🏠東牟婁郡那智勝浦町築地7-8-12 ◐セリ市場(競價市場)7:00開始 🈲週六休市

位於和歌山紀伊半島南端的那智勝浦，號稱為溫泉與鮪魚的故鄉，勝浦港每年鮪魚的卸貨量為日本第一，品質鮮美的鮪魚是來此必嚐的美味。而那智勝浦的溫泉是與海景融為一體而著稱，溫泉散布在勝浦灣畔及其周邊，像是浦島大飯店內的大洞窟溫泉「忘歸洞」就是非泡不可的名湯。

太地

🏛 鯨魚博物館

🚌從JR太地駅搭乘太地町營じゅんかん免費巴士，在「くじら館前」下車，約10分(一天約19班) ☎073-559-2400 🏠東牟婁郡太地町太地2934-2 ◐8:30～17:00 🈲天候惡劣可能臨時休館 ◉成人￥1500、中小學￥800 🌐www.kujirakan.jp/

日本捕鯨歷史悠遠，而太地町早在西元1600年就已開始發展捕鯨業，可說是日本古式捕鯨重要發祥地。區域占地廣大，包含以捕鯨歷史、鯨魚生態及人與鯨魚展示的3層樓本館外，沿著海灣走，還有水族館、濱海自然池裡的鯨豚表演與近距離接觸行程可參加。

伊勢市

🌀 伊勢神宮

🚃伊勢市駅JR出口是往伊勢神宮方向，出站後可先從周邊逛起，左手邊可以看到一個巨大的鳥居，前方就是外宮參道

伊勢神宮的建築獨一無二，外觀看起來類似一座高床式穀倉，是彌生時代以來最古老的日本建築樣式，境內期有14座別宮，以及109座攝社和末社等建築，總稱為「神宮」。古代日本人先參拜完外宮，再順著森林中鋪著白色砂粒(玉砂利)的參道，跨越過宇治橋到內宮參拜。

👁 厄除町・托福橫丁

🚃近鐵山田線宇治山田駅搭乘往內宮方向的三重交通巴士，約15分於「內宮前」站下車徒步1分

從伊勢神宮內宮宇治橋一直延伸到門前町「除厄町」林立著伊勢特有的木造建築「妻入町屋」，而於1993年誕生的「托福橫丁」，則重現了江戶至明治時代的伊勢路代表建築物，在伊勢神宮的庇佑下生生不息，跟朋友一起尋找在內宮おかげ参道牆壁上的愛心石、秋季時份坐在五十鈴川岸邊喝著咖啡、吃著丸子、看著遠方紅葉，也能遙想古時伊勢商人們熙來攘往的景像。

二見浦

👁 夫婦岩

🚃JR二見浦駅徒步約15分　☎二見興玉神社0596-43-2020　🏠伊勢市二見町江575 二見興玉神社內　🕐自由參觀　🌐futamiokitamajinja.or.jp/

浮在二見的東方海面上的夫婦岩可說是二見的象徵，一大一小兩塊岩石分別為男岩和女岩，大的男岩高約8.7公尺，較小的女岩則為3.6公尺，兩塊石頭的中間繫著一條粗麻繩，緊緊地連繫著夫妻間的緣份，象徵夫婦圓滿與良緣。

鳥羽

御木本真珠島

📍JR、近鐵鳥羽駅徒步約8分 ☎0599-25-2028 🏠鳥羽市鳥羽1-7-1 🕙10:00~17:00(依季節而異,詳見官網),售票至閉館前1小時 ❌12月第2個週二起休3天 💲成人￥1650、國中小學生￥820 🌐www.mikimoto-pearl-island.jp/

　純真浪漫又華貴雍容,就是珍珠給人的高質感,三重縣以珍珠的故鄉聞名,英虞灣是世界上第一個培育出人工養珠的海灣,發明此一劃時代技術的人,正是「御木本幸吉」。在鳥羽的御木本真珠島上,除了可以深入了解御木本的傳奇故事與親自體驗篩選珍珠的過程。

松阪

鳥羽水族館

📍JR、近鐵鳥羽駅徒步10分 ☎0599-25-2555 🏠鳥羽市鳥羽3-3-6 🕙9:00~17:00(入館至16:00),7/20~8/31 8:30~17:30(入館至16:30) 💲成人￥2800、國中小學生￥1600,3歲以上￥800 🌐www.aquarium.co.jp

　位於鳥羽灣畔的鳥羽水族館,粉紅藍白相間的外觀搶眼亮麗,裡面共分為11個主題區的水槽更是讓人驚喜連連。除了一般水族館都會有的超大型海底隧道,在鳥羽水族館更能夠看到許多大型水中哺乳類動物,其中號稱河中最大的生物「非洲海牛」最受歡迎。

鳥羽

牛銀本店

📍JR松阪駅徒步8分鐘 ☎0598-21-0404 🏠松阪市魚町1618 🕙11:00~20:00(L.O.19:00,入店至18:45) ❌週一、年末年始、不定休(詳見官網) 💲すきやき 梅(壽喜燒 梅套餐)￥9900 🌐www.gyugin-honten.co.jp ❗需2人一鍋,不能1人點一鍋,故雙數人前往較佳

　牛銀是創業於明治35年的牛鍋(壽喜燒)屋,招牌料理採用高級的松阪牛肉,鮮紅色的肉片上有著如霜降般的雪白油脂,光用看的就十分誘人食欲。牛銀的壽喜燒使用二週熟成的松阪牛肉,將鐵鍋塗滿溶化的牛脂後鋪上肉片,加入砂糖和醬油調味,略略燒煮即可取出沾上蛋汁食用,口感鮮滑嫩香。

伊賀上野

俳聖殿

👁 JR伊賀上野駅搭乘名張巴士至「小田口」下步行3分 🏠伊賀市上野丸之內117-4 🔽自由參觀

為了慶祝松尾芭蕉的300歲誕辰紀念，昭和17年(1942年)時以芭蕉翁雲遊四海時的旅姿為設計靈感於上野公園修築了一座「俳聖殿」，殿裡放置了一尊芭蕉翁瞑想像的伊賀燒。像蘑菇般的屋頂代表旅行時戴的斗笠、八角型的屋簷是袈裟、屋簷下的樑柱則是行腳時用的拐杖。每年10月12日，也就是芭蕉的忌日時會在這裡舉行「芭蕉祭」和全國俳句大會，是日本俳句迷們絕不會錯過的精彩盛事。

伊賀忍者博物館

🚌 JR伊賀上野駅搭乘名張巴士至「公園東口」下步行6分 ☎0595-23-0311 🏠伊賀市上野丸之內117 🕙10:00~16:00(入館至15:30)，週六例假日至16:30(入館至16:30) 💲高中生以上￥800，4歲~國中生￥500；手裏創體驗6枚￥300，忍者秀￥500 🌐www.iganinja.jp

伊賀相傳是日本忍術發源地，也是忍者的故鄉。忍者博物館讓你親身體驗忍者的生活、服飾及功夫，例如在忍者屋敷家中，有忍者為你表演各種隱遁的技巧及房屋中設下的機關，讓你可以親自嘗試遁入牆壁的功夫。而在博物館後方的表演廣場，更有真正的忍者表演各種兵器的用法、打鬥的招式等。

上野公園

👁 JR伊賀上野駅搭乘名張巴士至「公園東口」下即達 ☎0595-21-3148 🏠伊賀市上野丸之內112-1 🔽伊賀上野城9:00~17:00(入館至16:45) 📅12/29~12/31 💲天守閣￥600 🌐igaueno-castle.jp

上野公園是以上野城為中心的市民公園，上野城為17世紀初的築城名將藤堂高虎所築。別名「白鳳城」的上野城的護城石垣格外高聳，在當時是日本第一高的石垣，氣勢自然恢宏不凡。上野公園內除了上野城外，還有俳聖殿、伊賀流忍者博物館等觀光景點。

關西─吃喝玩樂

獅子岩

🚶JR熊野市駅徒步10分　☎熊野市役所0597-89-4111　📍熊野市井戶町　🕐自由參觀

　　從熊野車站出去後往右方的大馬路步行約10分鐘，就可以看到獅子岩，獅子岩是一座高25公尺、寬厚210公尺的巨大奇岩，獅子張開巨口彷彿在朝大海狂吼，模樣非常逼真，怪不得成為國家天然指定物，也是熊野的著名地標。春季太陽和冬季月亮剛好在獅子岩口中，成為著名的拍攝地點。

長島SPA Land

🚶JR、近鐵桑名駅轉搭三重巴士，約20分於「ナガシマリゾート」站下車即達　☎0594-45-1111　📍桑名市長島町浦安333　🕐9:30~17:00(依季節而異)　🚫1月中下旬、6月下旬、設備檢修日(詳見官網)　💰遊園地大人￥1600，各設施費用另計　🌐www.nagashima-onsen.co.jp/spaland

　　位於長島溫泉的長島SPA Land，最適合追求極限驚險體驗的大膽一族。樂園內的雲霄飛車是金氏記錄認可的第一高、第一快、第一長的超級雲霄飛車；而另一項世界最長的木製雲霄飛車，雖然速度不是極速，但爬坡時木架的搖晃和聲響保證讓人大呼過癮。

鬼ヶ城

🚶JR熊野市駅搭乘開往大又大久保方向的巴士，約5分於「鬼ヶ城東口」站下車即達　☎熊野市役所0597-89-4111　📍熊野市木本町　🕐自由參觀　🌐onigajyo.jp/

　　鬼ヶ城，顧名思義是個地形非常崎嶇詭異的地方，由於三重縣熊野地區海岸地質為凝灰岩容易受海水侵蝕變形，形成延綿1公里的奇岩地形。當地人為鬼ヶ城取了許多名字，如「鬼之見張場」(鬼的看守處)、「水谷」、「鬼之洗濯場」、「蜂之巢」等。參觀鬼城可以沿著海岸的步道走或往山上健行，其中從東口到城跡之間種植2000多株櫻花，稱為「櫻之道」。

名花之里

🚶JR、近鐵桑名駅搭乘往なばなの里方向的三重巴士，於終點站下車　☎0594-41-0787　📍桑名市長島町駒江漆畑270　🕐10:00~21:00 (依季節而異)　🚫7月第1、2週平日　💰10月中旬~5月下旬點燈期間小學生以上￥2500，票券附園內￥1000消費券　🌐www.nagashima-onsen.co.jp/nabana

　　位在長島川邊的名花之里如彩虹般美麗大方的花圃圍繞著幾棟歐風莊園，裡面有各國風味的餐廳和烘焙坊、甜點屋讓人食指大動，一旁4棟相連的大型溫室中則種滿世界各國的奇花異草，五顏六色、耀眼奪目的花朵則讓人流連忘返。點燈時園內會點起大片的燈飾，十分美麗。

Kansai-Hiroshima Area Pass

關西&廣島地區鐵路周遊券

連續5天	¥ 17,000

大阪-広島	・關西岡山廣島串聯 ・JR巴士OK ・新幹線OK

JR西日本

以關西門戶關西機場為起點,搭乘新幹線一路向西直奔至廣島縣,轉乘在來線至海軍重地的吳市、貓之細道聞名的尾道,還能搭乘渡輪至日本三景之一的宮島,體驗多樣化的廣島魅力。向東還可至素有晴天之國稱號的岡山縣,順遊列入傳統建造物群保存地區的倉敷美觀地區。

PRICE OF TICKETS
票券種類與價格

連續5天 ¥ 17,000

※6-11歲兒童半價

INFO
購買資訊

◎**購買資格**
持觀光簽證短期入境日本的外國旅客才可購買使用。
◎**購買方法**
(1)台灣各大旅行社購買(抵日兌換)
(2) JR西日本網路預約服務(預訂&抵日領取)
(3)日本旅行TiS京都分店、大阪分店購買
◎**使用期間**
指定日期起連續五天。

◎**兌換/領取地點**
抵日後兌換及領取方式,除了透過人員服務的JR綠色窗口外,也可利用有「附護照讀取功能綠色售票機」兌換及領取票券,節省排隊時間。
(1)JR綠色窗口:關西機場、京都、福知山、新大阪、大阪、三之宮、奈良、和歌山、岡山、廣島各站。
(2)新大阪旅遊服務中心(Travel Service Center SHIN-OSAKA)。
(3)日本旅行TiS(僅能兌換):京都分店、大阪分店/大阪旅遊服務中心(Travel Service Center OSAKA)、三之宮分店。

HOW TO USE
如何使用票券

◎無論台灣、網路預購或抵日再購買,都須持護照正本取票或購買。
◎取得票券後先核對資料有無錯誤。
◎PASS票券目前為適用自動檢票閘口形態的車票卡發售,搭乘時只需將PASS票券插入自動檢票閘口、通過後再取回車券,無須再走有站務人員的出入口。使用期限中可自由進出車站、搭乘該票券能坐的車種,不需另外購票。
◎可**不限次數**搭乘山陽新幹線(新大阪～廣島)的普通車廂指定席及自由席。
◎可**不限次數**搭乘JR西日本在來線(區域間):普通、快速、新快速、特急列車的普通車廂指定席及自由席(部分特急列車為全車指定席)。
◎JR系統普通車廂指定席可至各車站綠色窗口或是可預訂指定席的售票機、官網(**僅限JR西日本官網購票**)預訂,**免費換取不限次數普通車廂指定席券,第7次(含)起需至綠色窗口預訂**,自由席則無限制次數。若想搭乘綠色車廂或Gran Class(頭等車廂),則必需另外購買指定席車廂券。
◎可**不限次數**搭乘丹後鐵道全線特急列車指定席(黑松號、赤松號除外,**赤松號需另購買整理券**)及自由席。
◎票券遺失、破損不再補發,也不能退費。

◎山陽新幹線(新大阪～廣島)
◎JR西日本在來線(區域間)
◎丹後鐵道全線(宮福線：福知山～宮津、宮豐線：宮津～天橋立～豐岡、宮舞線：西舞鶴～宮津)
◎和歌山電鐵貴志線(和歌山～貴志)
◎JR西日本宮島渡輪(宮島口～宮島)
◎中國JR巴士 (廣島市及吳市路線巴士、廣島市觀光循環巴士ひろしま めいぷる～ぷ)
◎西日本JR巴士(高雄・京北線：京都～高雄・周山。若江線：近江今津～小濱)
◎JR四國(僅可於宇多津、坂出、高松這三站進出站)
◎自行車出租EKIRIN KUN(區域間營業所)

SCOPE OF VALIDITY
票券使用範圍

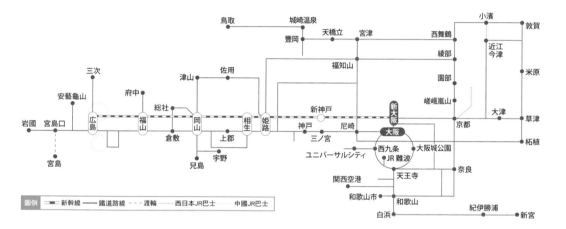

圖例　■■ 新幹線　── 鐵道路線　- - - 渡輪　── 西日本JR巴士　── 中國JR巴士

NOTE
注意事項

◎無法在JR綠色窗口購買。
◎搭乘宮島渡輪至宮島，需另支付宮島訪問稅￥100，於宮島口渡輪站附近自動售票機購買。
◎不能搭乘東海道新幹線(新大阪～京都～東京)、山陽新幹線(廣島～博多)、九州新幹線(博多～鹿兒島中央)。
◎不能搭乘智頭急行(上郡～智頭)。
◎不能搭乘新快速指定座位A-SEAT，需另購買指定席券。
◎不能搭乘寢台列車。
◎不能搭乘高速巴士。
◎一切使用規範、範圍、售價等，皆以官網為準。
ⓦwww.westjr.co.jp/global/tc/ticket/

TRAVEL EXAMPLE
範例行程

鐵道潮風5日旅行

這樣坐要	¥ 51,380
網路購票	¥ 17,000

激省!!

¥ 34,380

Day1

大阪

 3hr 57min
特急黑潮號

紀伊勝浦

那智大社

紀伊勝浦車站

浦島飯店
望歸洞

にぎわい市場

Day2

 1hr 30min
特急黑潮號

白浜

 2hr 26min
特急黑潮號

大阪

冒險世界

海中展望塔

nagisa beer

ToReToRe市場

新大阪

 1hr 35min
山陽新幹線至「福山」
轉JR山陽本線

Day3

尾道

 2hr 50min
觀光列車etSETOra
*需另付1000綠色車廂費

広島

原爆圓頂館

廣島市電

尾道U2

etSETOra列車

Q 在JR西日本使用機器的劃位能有幾次？

The Corner of Q&A

A 如果你買的西日本JR PASS沒有劃位限制的話，可以在綠色機器免費換取不限次數普通車廂指定席券，但第7次(含)起需至綠色窗口人工預訂，自由席則無限制次數。

広島

27min
JR山陽本線

宮島口

10min
JR西日本宮島渡輪
*需另付￥100登島費

宮島

Day4

10min
JR西日本宮島渡輪

宮島口

27min
JR山陽本線

広島

1hr 27min
山陽新幹線

岡山

25min
山陽新幹線

姫路

Day5

1hr 48min
特急浜風號

城崎溫泉

2hr 48min
特急浜風號

大阪

岡山後樂園

宮島登島費100日幣

宮島

宮島口車站

豐岡車站

城崎纜車

城崎溫泉

181

Sanyo-San'in Area Pass

山陽&山陰地區鐵路周遊券

連續7天	¥ 23,000

Good Point

中國地區	・山陽新幹線OK ・JR中國巴士OK ・寢台列車Sunrise瀨戶OK

JR西日本

使 用範圍非常適合以關西機場或福岡機場進出的旅人，聯外交通快速且便利，搭乘新大阪至九州博多區間的山陽新幹線，途經岡山、廣島、新山口、新下關，以山陽新幹線停靠站為中心點，再利用JR在來線規劃放射性玩樂行程，延伸至鳥取縣、島根縣、岡山縣、廣島縣、山口縣等玩遍整個關西與中國地區，此外往返山陰及山陽地區亦可利用智頭急行線，交通更是方便。

¥ PRICE OF TICKETS
票券種類與價格

連續7天 ¥ 23,000

※6-11歲兒童半價

INFO (i)
購買資訊

◎**購買資格**
持觀光簽證短期入境日本的外國旅客才可購買使用。
◎**購買方法**
(1)台灣各大旅行社購買(抵日兌換)
(2) JR西日本網路預約服務(預訂&抵日領取)
(3)日本旅行TiS京都分店、大阪分店購買
◎**使用期間**
指定日期起連續七天。
◎**兌換/領取地點**
抵日後兌換及領取方式，除了透過人員服務的JR綠色窗口外，也可利用有「附護照讀取功能綠色售票機」兌換及領取票券，節省排隊時間。
(1)JR綠色窗口：關西機場、京都、福知山、新大阪、大阪、三之宮、奈良、和歌山、鳥取、境港、米子、松江、岡山、廣島、新山口、下關、小倉(JR西日本售票處新幹線口)、博多(JR西日本售票處新幹線中央口)各站。
(2) 新大阪旅遊服務中心(Travel Service Center SHIN-OSAKA)。
(3)日本旅行TiS(僅能兌換)：京都分店、大阪分店/大阪旅遊服務中心(Travel Service Center OSAKA)、三之宮分店。

HOW TO USE
如何使用票券 ✓

◎無論台灣、網路預購或抵日再購買，都須持護照正本取票或購買。
◎取得票券後先核對資料有無錯誤。
◎PASS票券目前為適用自動檢票閘口形態的車票卡發售，搭乘時只需將PASS票券插入自動檢票閘口、通過後再取回票券，無須再走有站務人員的出入口。使用期限中可自由進出車站、搭乘該票券能坐的車種，不需另外購票。
◎可**不限次數**搭乘山陽新幹線(新大阪~博多)的普通車廂指定席及自由席。
◎可**不限次數**搭乘JR西日本在來線(區間內)：普通、快速、新快速、特急列車的普通車廂指定席及自由席(部分特急列車為全車指定席)。
◎可**不限次數**搭乘寢台列車Sunrise瀨戶(サンライズ瀨)米原~高松、Sunrise出雲(サンライズ出雲)米原~出雲市的5、12號車廂普通指定席「ノビノビ座席」(非包廂臥鋪)，無需另外付費，其他臥鋪則需另外購買臥鋪車廂(寢台列車)券。
◎JR系統普通車廂指定席可至各車站綠色窗口或是可預訂指定席的售票機、官網(**僅限JR西日本官網購票**)預訂，**免費換取不限次數普通車廂指定席券，第7次(含)起需至綠色窗口預訂**，自由席則無限制次數。若想搭乘綠色車廂或Gran Class(頭等車廂)，則必需另外購買指定席車廂券。
◎可**不限次數**搭乘丹後鐵道全線特急列車指定席(黑松號、赤松號除外，**赤松號需另購買整理券**)及自由席。
◎票券遺失、破損不再補發，也不能退費。

◎山陽新幹線(新大阪～博多)
◎JR西日本在來線(區域間)
◎丹後鐵道全線(宮福線：福知山～宮津、宮豐線：宮津～天橋立～豐岡、宮舞線：西舞鶴～宮津)
◎智頭急行(上郡～智頭)
◎JR西日本宮島渡輪(宮島口～宮島)
◎中國JR巴士 (廣島縣路線巴士、廣島市觀光循環巴士ひろしま めいぷる～ぷ、高速巴士超級萩號 スーパーはぎ/SUPER HAGI)
◎西日本JR巴士(高雄・京北線：京都～高雄・周山、若江線：近江今津～小濱)
◎JR四國(僅可於宇多津、坂出、高松這三站進出站)
◎自行車出租EKIRIN KUN(區域間營業所)

SCOPE OF VALIDITY
票券使用範圍

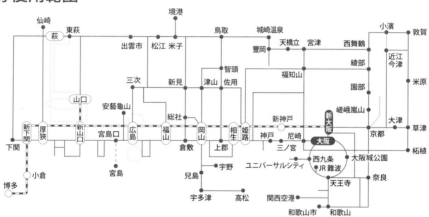

圖例
- 新幹線
- 鐵道路線
- 西日本JR巴士
- 中國JR巴士
- 渡輪

◎無法在JR綠色窗口購買。
◎搭乘宮島渡輪至宮島，需另支付宮島訪問稅￥100，於宮島口渡輪站附近自動售票機購買。
◎不能搭乘東海道新幹線(新大阪～京都～東京)、九州新幹線(博多～鹿兒島中央)。
◎不能搭乘JR西日本在來線(博多～下關)。
◎不能搭乘新快速指定座位A-SEAT，需另購買指定席券。
◎不能搭乘一畑電車、廣島路面電車、岡山路面電車。
◎不能搭乘西日本JR巴士高速巴士、岡山巴士。
◎一切使用規範、範圍、售價等，皆以官網為準。
🌐www.westjr.co.jp/global/tc/ticket/

NOTE
注意事項

ANOTHER CHOICE
另一種選擇

◎鳥取・松江周遊券
　這是一張以「山陰」鳥取、松江市區串聯為主的通票，如果不想跑遠，只想在山陰地區區區走走，這張票券就很適合你哦！
💰連續3天￥3,000（6-11歲兒童半價）
🌐www.westjr.co.jp/global/tc/ticket/pdf/pass_tottori-matsue.pdf

TRAVEL EXAMPLE
範例行程

山陽山陰7日全制霸

這樣坐要	￥64,470
網路購票	￥23,000

激省!!

￥41,470

The Corner of Q&A

Q 我自己沒有要使用，可以幫我的朋友訂JR PASS或購買嗎？

A 購票時需要出示本人的護照正本進行購買，而且JR PASS只限本人購買，所以不能單獨替別的旅客或是家人代買，這點一定要記住哦！

山陽山陰—超值票券

Day1

關西機場

55min
特急Haruka

新大阪

30min
山陽新幹線

姬路

家島

好古園

姬路城

Day2

1hr 48min
特急浜風號

城崎溫泉

1hr 19min
特急浜風號

鳥取

城崎溫泉

城崎文藝館

鳥取沙丘

濱下商店

Day3

1hr56min
特急Super松風號
至「米子」轉JR境港線

境港

1hr 11min
JR境港線至「米子」
轉特急八雲號

松江

松江城

鬼太郎列車

特急八雲號

堀川遊覽船

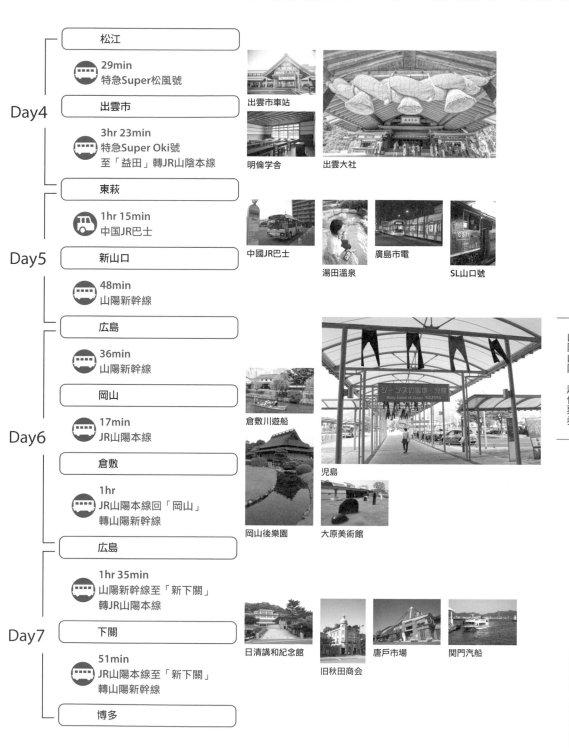

Day4

松江

🚌 29min
特急Super松風號

出雲市

🚌 3hr 23min
特急Super Oki號
至「益田」轉JR山陰本線

東萩

Day5

🚐 1hr 15min
中國JR巴士

新山口

🚌 48min
山陽新幹線

広島

🚌 36min
山陽新幹線

岡山

🚌 17min
JR山陽本線

倉敷

Day6

🚌 1hr
JR山陽本線回「岡山」
轉山陽新幹線

広島

🚌 1hr 35min
山陽新幹線至「新下關」
轉JR山陽本線

下關

Day7

🚌 51min
JR山陽本線至「新下關」
轉山陽新幹線

博多

出雲市車站

明倫学舍

出雲大社

中國JR巴士

湯田溫泉

廣島市電

SL山口號

倉敷川遊船

児島

岡山後樂園

大原美術館

日清講和紀念館

旧秋田商会

唐戶市場

関門汽船

山陽山陰—超值票券

Kansai-San'in Area Pass

關西&山陰地區鐵路周遊券

連續7天　**¥ 18,000**

大阪-岡山-鳥取-島根

· 關西順遊山陰首推
· JR巴士OK
· 新幹線OK

JR西日本

使 用區域以山陰地區的鳥取縣、島根縣為主，搭配關西地區廣大的旅遊區為輔。利用山陽新幹線往來新大阪與岡山之間，飽覽各大景點，也可利用在來線順遊孕育出《鬼太郎》漫畫家水木茂的故鄉境港，以及以日本最大注連繩聞名之結緣神社出雲大社的出雲市，最後搭乘特急列車或是智頭急行線順遊岡山、倉敷。

PRICE OF TICKETS
票券種類與價格

連續7天 **¥ 18,000**

※6-11歲兒童半價

INFO
購買資訊

◎購買資格
持觀光簽證短期入境日本的外國旅客才可購買使用。
◎購買方法
(1)台灣各大旅行社購買(抵日兌換)
(2) JR西日本網路預約服務(預訂&抵日領取)
(3)日本旅行TiS京都分店、大阪分店購買
◎使用期間
指定日期起連續七天。

◎兌換/領取地點
抵日後兌換及領取方式，除了透過人員服務的JR綠色窗口外，也可利用有「附護照讀取功能綠色售票機」兌換及領取票券，節省排隊時間。
(1)JR綠色窗口：關西機場、京都、福知山、新大阪、大阪、三之宮、奈良、和歌山、敦賀、岡山、鳥取、境港、米子、松江各站。
(2)新大阪旅遊服務中心(Travel Service Center SHIN-OSAKA)。
(3)日本旅行TiS(僅能兌換)：大阪分店/大阪旅遊服務中心(Travel Service Center OSAKA)。

HOW TO USE
如何
使用票券

◎無論台灣、網路預購或抵日再購買，都須持護照正本取票或購買。
◎取得票券後先核對資料有無錯誤。
◎PASS票券目前為適用自動檢票閘口形態的車票卡發售，搭乘時只需將PASS票券插入自動檢票閘口、通過後再取回票券，無須再走有站務人員的出入口。使用期限中可自由進出車站、搭乘該票券能坐的車種，不需另外購票。
◎可**不限次數**搭乘山陽新幹線(新大阪～岡山)的普通車廂指定席及自由席。
◎可**不限次數**搭乘JR西日本在來線(區域間)：普通、快速、新快速、特急列車的普通車廂指定席及自由席(部分特急列車為全車指定席)。
◎搭乘JR系統普通車廂指定席可至各車站綠色窗口或是可預訂指定席的售票機、官網(**僅限JR西日本官網購票**)購買指定席券。若想搭乘綠色車廂或Gran Class(頭等車廂)，則必需另外購買指定席車廂券。
◎票券遺失、破損不再補發，也不能退費。

SCOPE OF VALIDITY

票券使用範圍

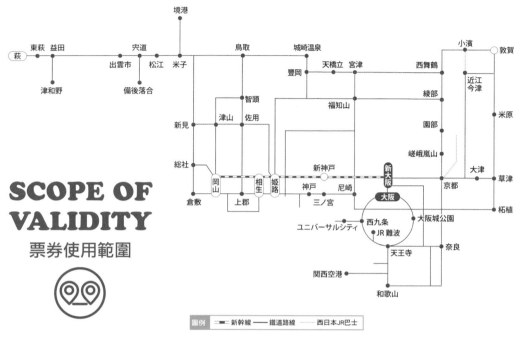

圖例　■━ 新幹線　━━ 鐵道路線　┈┈ 西日本JR巴士

◎山陽新幹線(新大阪～岡山)
◎JR西日本在來線(區域間)
◎丹後鐵道全線(宮福線：福知山～宮津、宮豐線：宮津～天橋立～豐岡、宮舞線：西舞鶴～宮津)
◎西日本JR巴士(高雄・京北線：京都～高雄・周山。若江線：近江今津～小濱)
◎智頭急行(上郡～智頭)
◎自行車出租EKIRIN KUN(區域間營業所)

NOTE

注意事項

◎無法在JR綠色窗口購買。
◎不能搭乘東海道新幹線(新大阪～京都～東京)、山陽新幹線(岡山～博多)。
◎不能搭乘新快速指定座位A-SEAT，需另購買指定席券。
◎不能搭乘寢台列車。
◎不能搭乘高速巴士。
◎不能搭乘岡山路面電車與巴士、一畑電車。
◎一切使用規範、範圍、售價等，皆以官網為準。
🚌www.westjr.co.jp/global/tc/ticket/

TRAVEL EXAMPLE
範例行程

關西山陰7日經典	
這樣坐要	¥ 50,870
網路購票	¥ 18,000

激省!!

¥ 32,870

The Corner of **Q&A**

Q 我可以一直在櫃台劃每天行程的指定席券嗎？

A 有的可以有的不行。大多櫃台並不會限制你劃的指定席張數，但最近因為訪日遊客爆增，像JR西日本的大阪站就限定每位旅客一次只能劃2張指定席券，若需要更多指定席券，就得再重排或是到綠色機器劃位。所以還是得至當地看情況哦。

山陽山陰｜超值票券

Day1

関西機場
 1hr 49min
特急Haruka至「新大阪」
轉山陽新幹線

姫路
 19min
JR山陽新幹線

岡山

Day2

 17min
JR山陽本線

倉敷
 3hr
特急八雲號至「米子」
轉JR境港線

境港
 2hr 5min
JR境港線到「米子」
轉JR山陰本線

松江

Day3

 28min
JR特急八雲號

出雲市
 1hr 50min
JR特急Super Oki

松江

關西機場

路面電車

好古園

姫路城

岡山車站

岡山城、後樂園

鬼太郎列車

倉敷美觀地區

水木茂紀念館

松江城

出雲大社

境港車站

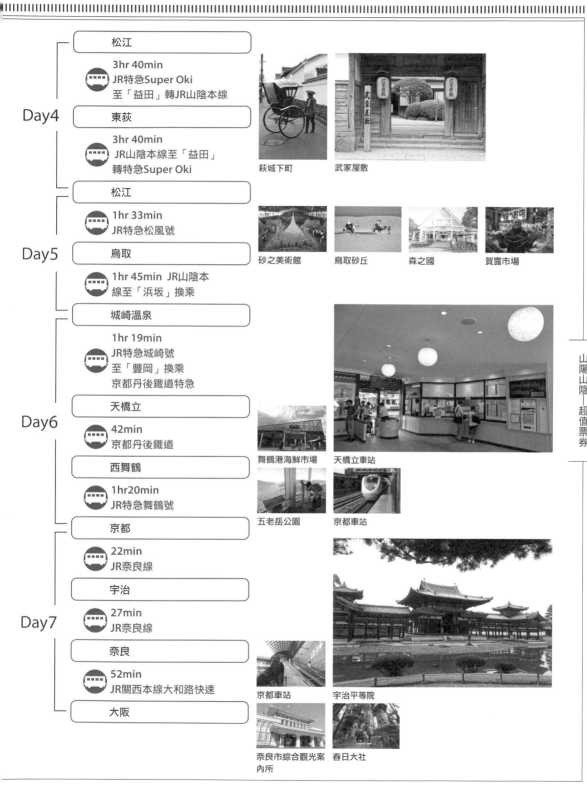

Day4

松江

🚌 3hr 40min
JR特急Super Oki
至「益田」轉JR山陰本線

東荻

🚌 3hr 40min
JR山陰本線至「益田」
轉特急Super Oki

萩城下町　武家屋敷

Day5

松江

🚌 1hr 33min
JR特急松風號

鳥取

🚌 1hr 45min　JR山陰本
線至「浜坂」換乘

砂之美術館　鳥取砂丘　森之國　賀露市場

城崎溫泉

🚌 1hr 19min
JR特急城崎號
至「豐岡」換乘
京都丹後鐵道特急

Day6

天橋立

🚌 42min
京都丹後鐵道

西舞鶴

🚌 1hr20min
JR特急舞鶴號

京都

舞鶴港海鮮市場　天橋立車站

五老岳公園　京都車站

Day7

🚌 22min
JR奈良線

宇治

🚌 27min
JR奈良線

奈良

🚌 52min
JR關西本線大和路快速

大阪

京都車站　宇治平等院

奈良市綜合觀光案
內所　春日大社

山陽山陰─超值票券

189

廣島&山口地區鐵路周遊券

Hiroshima-Yamaguchi Area Pass

連續5天	¥ 15,000

 Good Point

博多-広島	· 博多進出順玩廣島 · 山陽新幹線OK · 中國JR巴士OK

JR西日本

這 是張福岡進出玩山口、廣島的超值周遊券，可利用新幹線節省時間來回福岡、廣島，中途山口下車，利用市區路線巴士漫遊山口縣；亦可直達廣島，遠程利用在來線到貓之細道著名的尾道，近程利用循環巴士周遊廣島市區或是路線巴士遊逛港灣城鎮吳市，還能搭渡輪至宮島，飽覽嚴島神社的海上大鳥居。

PRICE OF TICKETS
票券種類與價格

連續5天 ¥15,000

※6-11歲兒童半價

INFO
購買資訊

◎**購買資格**
持觀光簽證短期入境日本的外國旅客才可購買使用
◎**購買方法**
(1)台灣各大旅行社購買(抵日兌換)
(2) JR西日本網路預約服務(預訂&抵日領取)
(3)日本旅行TiS大阪分店購買
◎**使用期間**
指定日期起連續五天。

◎**兌換/領取地點**
抵日後兌換及領取方式，除了透過人員服務的JR綠色窗口外，也可利用有「附護照讀取功能綠色售票機」兌換及領取票券，節省排隊時間。
(1)JR綠色窗口：關西機場、新大阪、大阪、廣島、新山口、下關、小倉(JR西日本售票處新幹線口)、博多(JR西日本售票處新幹線中央口)各站。
(2)新大阪旅遊服務中心(Travel Service Center SHIN-OSAKA)。
(3)日本旅行TiS(僅能兌換)：大阪分店/大阪旅遊服務中心(Travel Service Center OSAKA)。

HOW TO USE
如何使用票券

◎無論台灣、網路預購或抵日再購買，都須持護照正本取票或購買。
◎取得票券後先核對資料有無錯誤。
◎PASS票券目前為適用自動檢票閘口形態的車票卡發售，搭乘時只需將PASS票券插入自動檢票閘口、通過後再取回票券，無須再走有站務人員的出入口。使用期限中可自由進出車站、搭乘該票券能坐的車種，不需另外購票。
◎可**不限次數**搭乘山陽新幹線(三原～博多)的普通車廂指定席及自由席。
◎可**不限次數**搭乘JR西日本在來線(區域間)：普通、快速、新快速、特急列車的普通車廂指定席及自由席(部分特急列車為全車指定席)。
◎JR系統普通車廂指定席可至各車站綠色窗口或是可預訂指定席的售票機、官網(僅**限JR西日本官網購票**)預訂，**免費換取不限次數普通車廂指定席券，第7次(含)起需至綠色窗口預訂**，自由席則無限制次數。若想搭乘綠色車廂或Gran Class(頭等車廂)，則必需另外購買指定席車廂券。
◎票券遺失、破損不再補發，也不能退費。

SCOPE OF VALIDITY

票券使用範圍

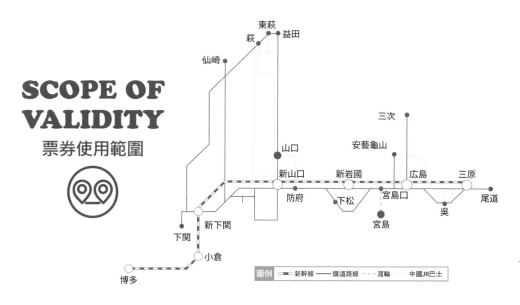

圖例　━━━新幹線　━━━鐵道路線　- - -渡輪　━━━中國JR巴士

◎山陽新幹線(三原～博多)
◎JR西日本在來線(區域間)
◎JR西日本宮島渡輪(宮島口～宮島)
◎中國JR巴士 (廣島縣路線巴士、廣島市觀光循環巴士ひろしま めいぷる～ぷ、高速巴士超級萩號 スーパーはぎ/SUPER HAGI)
◎自行車出租EKIRIN KUN(區域間營業所)

NOTE

注意事項

◎無法在JR綠色窗口購買。
◎搭乘宮島渡輪至宮島，需另支付宮島訪問稅￥100，於宮島口渡輪站附近自動售票機購買。
◎不能搭乘山陽新幹線(三原～新大阪)、東海道新幹線(新大阪～京都～東京)、九州新幹線(博多～鹿兒島中央)
◎不能搭乘新快速指定座位A-SEAT，需另購買指定席券。
◎不能搭乘寢台列車。
◎一切使用規範、範圍、售價等，皆以官網為準。
⑰www.westjr.co.jp/global/tc/ticket/

TRAVEL EXAMPLE
範例行程

山口広島5日經典

這樣坐要	￥32,070
網路購票	￥15,000

激省!!

￥17,070

Day1

博多

 25min
山陰新幹線

新下關

 9min
JR山陽本線

下關

 10min
関門連絡船
*需另付￥400

門司港

 10min
関門連絡船
*需另付￥400

Day2

下關

 9min
JR山陽本線

新下關

 1hr 12min
山陽新幹線至「新山口」
換JR山口線

湯田溫泉

 4min
JR山口線

山口

 1hr 15min
中國JR巴士

東萩

關門海峽

門司港車站

門司港地啤酒工房

下關車站

溫泉足湯

瓦片蕎麥麵 長洲屋　きつねの足あと

Q 在JR西日本使用機器的劃位能有幾次？

A 如果你買的西日本JR PASS沒有劃位限制的話，可以在綠色機器免費換取不限次數普通車廂指定席券，但第7次(含)起需至綠色窗口人工預訂，自由席則無限制次數。

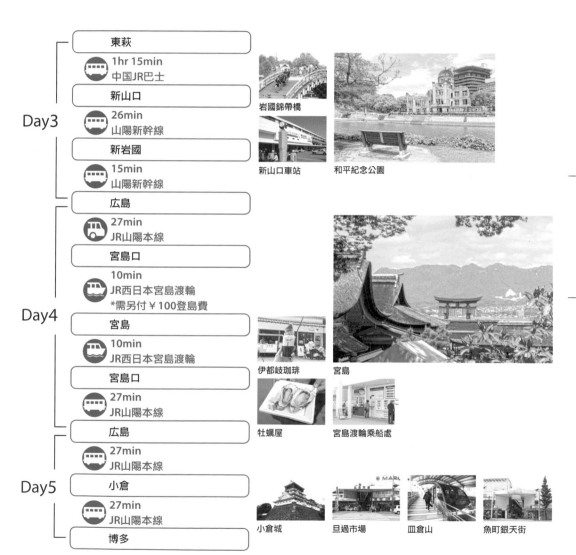

Day3

東萩

🚌 1hr 15min
中國JR巴士

新山口

🚌 26min
山陽新幹線

新岩國

🚌 15min
山陽新幹線

広島

岩國錦帶橋
新山口車站
和平紀念公園

Day4

広島

🚐 27min
JR山陽本線

宮島口

⛴ 10min
JR西日本宮島渡輪
*需另付￥100登島費

宮島

⛴ 10min
JR西日本宮島渡輪

宮島口

🚌 27min
JR山陽本線

広島

伊都岐珈琲
宮島
牡蠣屋
宮島渡輪乘船處

Day5

🚌 27min
JR山陽本線

小倉

🚌 27min
JR山陽本線

博多

小倉城
旦過市場
皿倉山
魚町銀天街

岡山&廣島&山口地區鐵路周遊券

Okayama-Hiroshima-Yamaguchi Area Pass

連續5天　¥ 17,000

 Good Point

| 岡山-広島-山口-博多 | ・新幹線OK
・JR宮島渡輪OK
・中國JR巴士OK |

JR西日本

廣 島&山口地區鐵路周遊券加上岡山的擴大版周遊券，將面向瀨戶內海一帶山陽地區的三縣都納入使用範圍內，是張適合福岡、廣島、岡山機場進出的周遊券，利用新幹線快速移動福岡、山口、廣島、岡山，以此四點為中心，利用在來線、巴士、渡輪等其他交通工具擴散至周邊景點順遊。

PRICE OF TICKETS
票券種類與價格

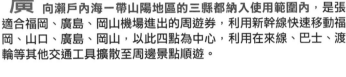

連續5天 ¥17,000

※6-11歲兒童半價

INFO
購買資訊

◎**兌換/領取地點**
抵日後兌換及領取方式，除了透過人員服務的JR綠色窗口外，也可利用有「附護照讀取功能綠色售票機」兌換及領取票券，節省排隊時間。
(1)JR綠色窗口：關西機場、新大阪、大阪、廣島、新山口、下關、小倉(JR西日本售票處新幹線口)、博多(JR西日本售票處新幹線中央口)各站。
(2)新大阪旅遊服務中心(Travel Service Center SHIN-OSAKA)。
(3)日本旅行TiS(僅能兌換)：大阪分店/大阪旅遊服務中心(Travel Service Center OSAKA)。

◎**購買資格**
持觀光簽證短期入境日本的外國旅客才可購買使用
◎**購買方法**
(1)台灣各大旅行社購買(抵日兌換)
(2)JR西日本網路預約服務(預訂&抵日領取)
(3)日本旅行TiS大阪分店購買
◎**使用期間**
指定日期起連續五天。

HOW TO USE
如何使用票券

◎無論台灣、網路預購或抵日再購買，都須持護照正本取票或購買。
◎取得票券後先核對資料有無錯誤。
◎PASS票券目前為適用自動檢票閘口形態的車票卡發售，搭乘時只需將PASS票券插入自動檢票閘口、通過後再取回票券，無須再走有站務人員的出入口。使用期限中可自由進出車站、搭乘該票券能坐的車種，不需另外購票。
◎可**不限次數**搭乘山陽新幹線(岡山～博多)的普通車廂指定席及自由席。
◎可**不限次數**搭乘JR西日本在來線(區域間)：普通、快速、新快速、特急列車的普通車廂指定席及自由席(部分特急列車為全車指定席)。
◎JR系統普通車廂指定席可至各車站綠色窗口或是可預訂指定席的售票機、官網(**僅限JR西日本官網購票**)預訂，**免費換取不限次數普通車廂指定席券，第7次(含)起需至綠色窗口預訂**，自由席則無限制次數。若想搭乘綠色車廂或Gran Class(頭等車廂)，則必需另外購買指定席車廂券。
◎票券遺失、破損不再補發，也不能退費。

SCOPE OF VALIDITY

票券使用範圍

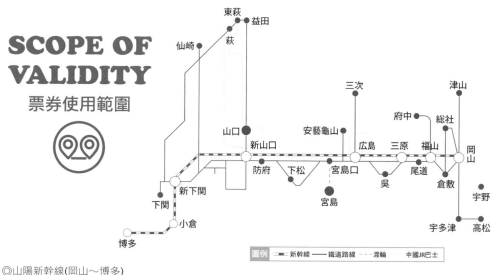

圖例　▪▪▪新幹線　——鐵道路線　- - -渡輪　中國JR巴士

◎山陽新幹線(岡山～博多)
◎JR西日本在來線(區域間)
◎JR西日本宮島渡輪(宮島口～宮島)
◎中國JR巴士 (廣島縣路線巴士、廣島市觀光循環巴士ひろしま めいぷる～ぷ、高速巴士超級萩號 スーパー
はぎ/SUPER HAGI)
◎自行車出租EKIRIN KUN(區域間營業所)

NOTE

注意事項

◎無法在JR綠色窗口購買。
◎搭乘宮島渡輪至宮島，需另支付宮島訪問税￥100，於宮島口
渡輪站附近自動售票機購買。
◎不能搭乘山陽新幹線(新大阪～岡山)。
◎不能搭乘JR九州在來線。
◎不能搭乘新快速指定座位A-SEAT，需另購買指定席券。
◎不能搭乘寢台列車。
◎一切使用規範、範圍、售價等，皆以官網為準。
⚉www.westjr.co.jp/global/tc/ticket/

TRAVEL EXAMPLE
範例行程

山陽新幹線5日滿喫

| 這樣坐要 | ¥ 55,780 |
| 網路購票 | ¥ 17,000 |

激省!!

¥ 38,780

Day1

広島

 1hr 3min
山陽新幹線至「福山」
轉JR山陽本線

尾道

 1hr
JR山陽本線
至「三原」轉乘

竹原

 1hr 4min
JR 線至「広」轉乘

呉

 42min
JR呉線

広島

Day2

 36min
山陽新幹線

岡山

 17min
JR山陽本線

倉敷

1hr
JR山陽本線回「岡山」
轉山陽新幹線

広島

竹原老街

尾道berry

JR呉線

呉港

岡山城　倉敷美觀地區

後樂園　岡山車站

Q 我在台灣先買好JR PASS，到日本後每一個JR車站都能開通PASS嗎？

The Corner of Q&A

A 並不是所有的車站或是所有的綠色窗口都能兌換/開通的，兌換前一定要上官網確認哪可以兌換，並且查好營業時間，以免超出指定時間，浪費票券哦！

門司港車站

Day3

広島

🚃 27min
JR山陽本線

宮島口車站

宮島口

🚢 10min
JR西日本宮島渡輪
*需另付￥100登島費

宮島JR渡輪

宮島

🚢 10min
JR西日本宮島渡輪

宮島

宮島口

🚃 22min
JR山陽本線

錦帶橋

岩國

🚃 15min
至「新岩國」
搭山陽新幹線

広島

廣島車站

Day4

広島

🚃 30min
山陽新幹線

新山口

🚃 2hr 3min
SL山口號
*需另付￥870指定席

廣島美術館

津和野

🚃 1hr12min
JR山口線

山口

縮景園

🚃 1hr10min
JR山口線至「新山口」
轉山陽新幹線

広島

SL山口號

Day5

広島

🚃 42min
山陽新幹線

門司港

新下關

🚃 9min
JR山陽本線

下關

🚢 10min
關門連絡船
*需另付￥400

門司港レトロ展望室

門司港

🚢 10min
關門連絡船
*需另付￥400

下關

Fruit Factory Mooon

🚃 49min
山陽新幹線

広島

JR-WEST All Area Pass
JR西日本全地區鐵路周遊券

連續7天	**¥ 26,000**

博多-大阪-富山	・日本西半部全攻略 ・山陽新幹線OK ・寢台列車Sunrise瀨戶OK

Good Point

JR西日本

西 日本玩透透極大值的周遊券，從北陸到山陽山陰地區、甚至到博多都可以使用。適合來趟大縱走的旅程規劃，由於使用範圍廣大，相對的可利用的交通工具也相當多元化，包含JR西日本體系的鐵道、巴士、渡輪，還有一些私鐵，也讓旅程安排更加彈性。

¥ PRICE OF TICKETS
票券種類與價格

連續7天¥26,000

※6-11歲兒童半價

INFO
購買資訊

◎**購買資格**
持觀光簽證短期入境日本的外國旅客才可購買使用。
◎**購買方法**
(1)台灣各大旅行社購買(抵日兌換)
(2) JR西日本網路預約服務(預訂&抵日領取)
◎**使用期間**
指定日期起連續七天。

◎**兌換/領取地點**
抵日後兌換及領取方式，除了透過人員服務的JR綠色窗口外，也可利用有「附護照讀取功能綠色售票機」兌換及領取票券，節省排隊時間。
(1)JR綠色窗口：關西機場、京都、福知山、新大阪、大阪、三之宮、奈良、和歌山、鳥取、境港、米子、松江、岡山、廣島、新山口、下關、小倉(JR西日本售票處新幹線口)、博多(JR西日本售票處新幹線中央口)、富山、新高岡、金澤、小松、福井、敦賀各站。
(2)新大阪旅遊服務中心(Travel Service Center SHIN-OSAKA)。

HOW TO USE
如何 使用票券 ✓

◎無論台灣、網路預購或抵日再購買，都須持護照正本取票或購買。
◎取得票券後先核對資料有無錯誤。
◎PASS票券目前為適用自動檢票閘口形態的車票卡發售，搭乘時只需將PASS票券插入自動檢票閘口、通過後再取回票券，無須再走有站務人員的出入口。使用期限中可自由進出車站、搭乘該票券能坐的車種，不需另外購票。
◎可**不限次數**搭乘山陽新幹線(新大阪～博多)的普通車廂指定席及自由席、北陸新幹線(金澤～上越妙高)的普通車廂指定席及自由席。
◎可**不限次數**搭乘JR西日本在來線(區域間)：普通、快速、新快速、特急列車的普通車廂指定席及自由席(部分特急列車為全車指定席)。
◎可**不限次數**搭乘寢台列車Sunrise瀨戶(サンライズ瀨戶)米原～高松、Sunrise出雲(サンライズ出雲)米原～出雲市的5、12號車廂普通車指定席「ノビノビ座席」(非包廂臥鋪)，無需另外付費，其他臥鋪則另外購買臥鋪車廂(寢台列車)券。
◎JR系統普通車廂指定席可至各車站綠色窗口或是可預訂指定席的售票機、官網**(僅限JR西日本官網購票)**預訂，**免費換取不限次數普通車廂指定席券，第7次(含)起需至綠色窗口預訂**，自由席則無限制次數。若想搭乘綠色車廂或Gran Class(頭等車廂)，則必需另外購買指定席車廂券。
◎可**不限次數**搭乘丹後鐵道全線特急列車指定席(黑松號、赤松號除外，**赤松號需另購買整理券**)及自由席。
◎票券遺失、破損不再補發，也不能退費。

◎山陽新幹線(新大阪～博多)
◎北陸新幹線(敦賀～上越妙高)
◎JR西日本在來線(區域間)
◎丹後鐵道全線(宮福線：福知山～宮津、宮豐線：宮津～天橋立～豐岡、宮舞線：西舞鶴～宮津)
◎IR石川鐵道(金澤～津幡)
◎愛之風富山鐵道(富山～高岡)
◎能登鐵道(七尾～和倉溫泉)
◎智頭急行(上郡～智頭)
◎JR西日本宮島渡輪(宮島口～宮島)
◎西日本JR巴士(高雄・京北線：京都～高雄・周山、若江線：近江今津～小濱、金澤周邊：名金・深谷溫泉線、才田線、東長江線、循環線、城北運動公園線)
◎中國JR巴士 (廣島縣路線巴士、廣島市觀光循環巴士ひろしま めいぷる～ぷ、高速巴士超級萩號 スーパーはぎ/SUPER HAGI)
◎自行車出租EKIRIN KUN(區域間營業所)

SCOPE OF VALIDITY
票券使用範圍

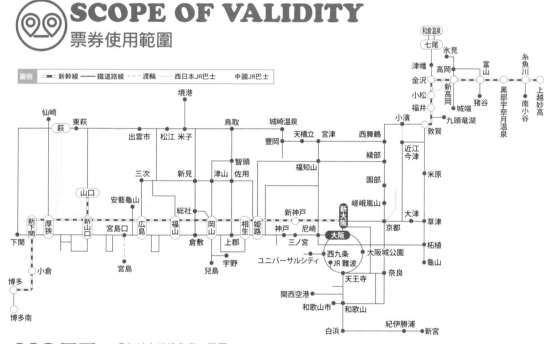

圖例 ━━ 新幹線 ━━ 鐵道路線 - - - 渡輪 ⋯⋯ 西日本JR巴士 　中國JR巴士

NOTE
注意事項

◎無法在JR綠色窗口購買。
◎搭乘宮島渡輪至宮島，需另支付宮島訪問稅￥100，於宮島口渡輪站附近自動售票機購買。
◎不能搭乘東海道新幹線(新大阪～京都～東京)、九州新幹線(博多～鹿兒島中央)。
◎不能搭乘新快速指定座位A-SEAT，需另購買指定席券。
◎不能搭乘快速列車Liner列車，需另購買Liner券。
◎不能搭乘福井路面電車、富山市電(路面電車)、黑部峽谷鐵道觀光小火車(黑部峽谷鉄道トロッコ電車)、一畑電車、廣島路面電車、岡山路面電車。
◎不能搭乘西日本JR巴士高速巴士、岡山巴士。
◎一切使用規範、範圍、售價等，皆以官網為準。
🚇www.westjr.co.jp/global/tc/ticket/

TRAVEL EXAMPLE
範例行程

JR西日本完全制霸

這樣坐要	￥68,580
網路購票	￥26,000

激省!! **￥42,580**

Day1

新大阪

44min
山陽新幹線

岡山

17min
山陽新幹線至「広島」
轉JR山陽本線

宮島口

10min
JR西日本宮島渡輪
*需另付￥100登島費

宮島

10min
JR西日本宮島渡輪

宮島口

27min
JR山陽本線

廣島

Day2

1hr 4min
山陽新幹線至「新山口」
換JR山口線

山口

1hr 35min
中国JR巴士

東萩

嚴島神社

岡山城

紙鶴塔

原爆圓頂館

道之駅 萩往還

長屋門珈琲

萩城下町

松陰神社茶席

The Corner of Q&A

Q 臨時改變行程要坐新幹線，但有帶大型行李，如果沒預約行李席會怎樣？

A 搭乘山陽新幹線、九州新幹線、東海道新幹線時，行李尺寸三邊合計160~250公分的話，乘車前必須事先預訂「特大行李放置處附帶席」，無需另外付費；但若未事前預約就將特大型行李攜帶上列車，被列車長查到，會被移到置物區並收取手續費￥1000。

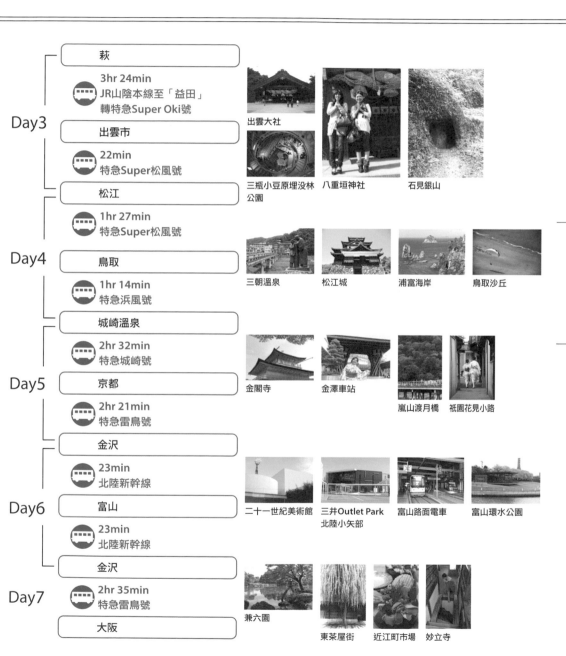

Day3

萩

🚌 3hr 24min
JR山陰本線至「益田」
轉特急Super Oki號

出雲市

🚌 22min
特急Super松風號

松江

出雲大社

三瓶小豆原埋没林公園

八重垣神社

石見銀山

Day4

🚌 1hr 27min
特急Super松風號

鳥取

🚌 1hr 14min
特急浜風號

城崎溫泉

三朝溫泉

松江城

浦富海岸

鳥取沙丘

Day5

🚌 2hr 32min
特急城崎號

京都

🚌 2hr 21min
特急雷鳥號

金沢

金閣寺

金澤車站

嵐山渡月橋

祇園花見小路

Day6

🚌 23min
北陸新幹線

富山

🚌 23min
北陸新幹線

金沢

二十一世紀美術館

三井Outlet Park
北陸小矢部

富山路面電車

富山環水公園

Day7

🚌 2hr 35min
特急雷鳥號

大阪

兼六園

東茶屋街

近江町市場

妙立寺

山陽山陰─超值票券

Sanyo-Sanin-Northern Kyushu pass

山陽&山陰&北部九州地區鐵路周遊券

連續7天　¥ 26,000

大阪-広島-博多

JR西日本＋JR九州

- 從關西玩到九州
- 新幹線OK
- 九州觀光列車OK

陽&山陰地區鐵路周遊券使用範圍加上北九州區域的周遊券，涵蓋北九州大分、福岡、熊本、佐賀、長崎，利用山陽及九州新幹線連結新大阪至多、熊本，交通快速且便捷抵達北九州地區，還能利用2022年9月23日才新開通的西九州新幹線往來武雄溫泉至長崎區間，再利用在來線移動至各景點，絕對是玩遍北九州的超值票券。

PRICE OF TICKETS
票券種類與價格

連續7天 ¥ 26,000

※6-11歲兒童半價

INFO
購買資訊

◎**購買資格**
持觀光簽證短期入境日本的外國旅客才可購買使用
◎**購買方法**
(1)台灣各大旅行社購買(抵日兌換)
(2)JR西日本網路預約服務(預訂&抵日領取)
(3) JR綠色窗口、新大阪旅遊服務中心及日本旅行TiS京都分店、大阪分店購買。
◎**使用期間**
指定日期起連續七天。
◎**兌換/領取地點**
抵日後兌換及領取方式，除了透過人員服務的JR綠色窗口外，也可利用有「附護照讀取功能綠色售票機」兌換及領取票券，節省排隊時間。
(1)JR綠色窗口：關西機場、京都、新大阪、大阪、三之宮、奈良、和歌山、鳥取、境港、米子、松江、岡山、廣島、新山口、下關、小倉(JR西日本售票處新幹線口、JR九州售票處)、博多(JR西日本售票處新幹線中央口、JR九州售票處)、門司港、佐賀、長崎、佐世保、熊本、別府、大分各站。
(2)新大阪旅遊服務中心(Travel Service Center SHIN-OSAKA)。
(3)日本旅行TiS(僅能兌換)：京都分店、大阪分店/大阪旅遊服務中心(Travel Service Center OSAKA)、三之宮分店。

HOW TO USE

如何使用票券

◎無論台灣、網路預購或抵日再購買，都須持護照正本取票或購買。
◎取得票券後先核對資料有無錯誤。
◎PASS票券目前為適用自動檢票閘口形態的車票卡發售，搭乘時只需將PASS票券插入自動檢票閘口、通過後再取回票券，無須再走有站務人員的出入口。使用期限中可自由進出車站、搭乘該票券能坐的車種，不需另外購票。
◎可**不限次數**搭乘山陽新幹線(新大阪～博多)：的普通車廂指定席及自由席、九州新幹線(博多～熊本)的普通車廂指定席及自由席、西九州新幹線(武雄溫泉～長崎)的普通車廂指定席及自由席。
◎可**不限次數**搭乘JR西日本在來線(區域間)：普通、快速、新快速、特急列車的普通車廂指定席及自由席(部分特急列車為全車指定席)。
◎可**不限次數**搭乘寢台列車Sunrise瀨戶(サンライズ瀨戶)米原～高松、Sunrise出雲(サンライズ出雲)米原～出雲市的5、12號車廂普通車指定席「ノビノビ座席」(非包廂臥鋪)，無需另外付費，其他臥鋪則需另外購買臥鋪車廂(寢台列車)券。
◎JR系統普通車廂指定席可至各車站綠色窗口或是可預訂指定席的售票機、官網(僅限JR西日本官網購票)預訂，**免費換取不限次數普通車廂指定席，第7次(含)起需至綠色窗口預訂**，自由席則無限制次數。若想搭乘綠色車廂或Gran Class(頭等車廂)，則必需另外購買指定席車廂券。
◎可**不限次數**搭乘丹後鐵道全線特急列車指定席(黑松號、赤松號除外，**赤松號需另購買整理券**)及自由席。
◎票券遺失、破損不再補發，也不能退費。

◎山陽新幹線(新大阪～博多)
◎九州新幹線(博多～熊本)
◎西九州新幹線(武雄溫泉～長崎)
◎JR西日本在來線(區域間)
◎丹後鐵道全線(宮福線：福知山～宮津、宮豐線：宮津～天橋立～豐岡、宮舞線：西舞鶴～宮津)
◎智頭急行(上郡～智頭)
◎JR西日本宮島渡輪(宮島口～宮島)
◎西日本JR巴士(高雄・京北線：京都～高雄・周山、若江線：近江今津～小濱)
◎中國JR巴士 (廣島縣路線巴士、廣島市觀光循環巴士ひろしま めいぷる～ぷ、高速巴士超級萩號 スーパーはぎ/ SUPER HAGI)
◎JR九州巴士(日田彥山線BRT：添田～日田)
◎自行車出租EKIRIN KUN(區域間營業所)

SCOPE OF VALIDITY
票券使用範圍

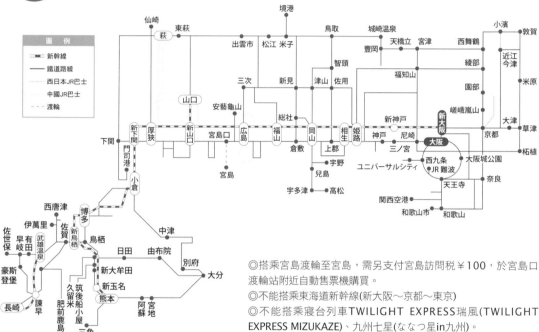

NOTE
注意事項

◎搭乘宮島渡輪至宮島，需另支付宮島訪問稅￥100，於宮島口渡輪站附近自動售票機購買。
◎不能搭乘東海道新幹線(新大阪～京都～東京)
◎不能搭乘寢台列車TWILIGHT EXPRESS瑞風(TWILIGHT EXPRESS MIZUKAZE)、九州七星(ななつ星in九州)。
◎不能搭乘觀光列車ARU列車(或る列車/ARU RESSHA)。
◎不能搭乘新快速指定座位A-SEAT，需另購買指定席券。
◎不能搭乘一畑電車、廣島路面電車、岡山路面電車。
◎不能搭乘西日本JR巴士高速巴士、京都市巴士、岡山巴士、高速巴士B&S宮崎(B&Sみやざき)。
◎博多～福岡機場需另行購票。
◎一切使用規範、範圍、售價等，皆以官網為準。
www.westjr.co.jp/global/tc/ticket/

TRAVEL EXAMPLE
範例行程

哪都想去7日大滿貫

這樣坐要	￥69,470
網路購票	￥26,000

激省!!

￥43,470

Day1

京都

1hr 25min
特急舞鶴號

舞鶴港海鮮市場

西舞鶴

43min
京都丹後鐵道

天橋立車站

天橋立

2hr 19min
特急橋立號

京都丹後鐵道

京都

Day2

24min
JR東海道本線新快速

岡山車站前

新大阪

49min
山陽新幹線

岡山後樂園

岡山

15min
JR山陽本線

倉敷美觀地區

倉敷

15min
JR山陽本線

岡山

Day3

岡山

17min
山陽新幹線
至「広島」
轉JR山陽本線

JR宮島渡輪售票處

宮島口

10min
JR西日本宮島渡輪
*需另付￥100登島費

宮島

10min
JR西日本宮島渡輪

牡蠣屋

宮島口

27min
JR山陽本線

平和紀念公園

広島

嚴島神社

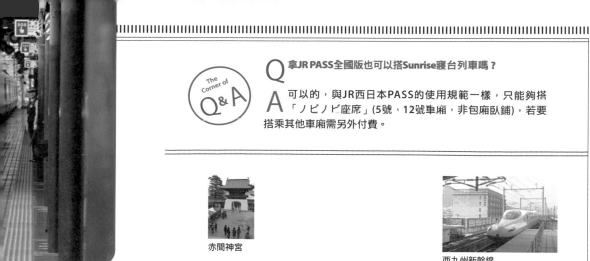

The Corner of Q&A

Q 拿JR PASS全國版也可以搭Sunrise寢台列車嗎？

A 可以的，與JR西日本PASS的使用規範一樣，只能夠搭「ノビノビ座席」(5號、12號車廂，非包廂臥鋪)，若要搭乘其他車廂需另外付費。

赤間神宮

西九州新幹線

広島

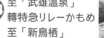
唐戶市場

42min
山陽新幹線

新下關

海響館

9min
JR山陽本線

下關

關門聯絡船

Day4

10min
関門連絡船
*需另付￥400

門司港

由布院車站

40min
JR鹿兒島本線
至「小倉」
轉山陽新幹線

博多

由布院之森

Day5

2hr 14min
由布院之森

由布院

佐伯の塩湯

金鱗湖

由布院

武雄市圖書館

hr 36min
由布院之森
至「鳥栖」
換特急Midori

Day6

武雄溫泉

長崎車站

31min
西九州新幹線

長崎

軍艦島

2hr
西九州新幹線
至「武雄溫泉」
轉特急リレーかもめ
至「新鳥栖」
轉搭九州新幹線

Day7

水前寺成趣園

熊本

35min
九州新幹線

博多

熊本車站

熊本城

◉ 岡山城

🚋JR岡山前駅搭往東山方向路面電車，於「城下駅」下車徒步約10分 ☎086-225-2096 🏠岡山市北區丸の內2-3-1 🕐9:00~17:30(入城至17:00) 🈳12/29~12/31、定期檢修日 💲高中生以上￥400，國中小學生￥100；岡山城‧岡山後樂園共通券￥640 🌐www.okayama-kanko.net/ujo

　建設在數個連續小山丘上的岡山稱又被稱為「烏城」，厚重結實的黑色牆壁是最顯眼的特徵。寬大的旭川環繞岡山城，形成天然的護城河讓不遠的天守閣看來更神聖不可侵犯。登上二次大戰後重建的天守閣，可以遠眺後樂園優美的庭園風景，居高臨下將岡山美景盡收眼底。

◉ 後樂園

🚋JR岡山駅搭乘市內巴士於「後樂園前」下車即達；岡山城徒步約5分 ☎086-272-1148 🏠岡山市北區後樂園1-5 🕐3/20~9/30 7:30~18:00(入園至17:45)，10月~3/19 8:00~17:00(入園至16:45) 💲15~64歲(不含國高中生)￥400，65歲以上￥140，高中生以下免費；岡山城‧岡山後樂園共通券￥640 🌐www.okayama-korakuen.jp

　岡山後樂園屬於池泉回游式，因位於岡山城後，又被稱為「御後園」。從正門進入之後，就可看到後方的岡山城景，放眼望去，廣大的翠綠草坪是第一印象，賞園步道交錯規劃，特別的還有環繞草地的曲水景觀取自旭川，共同串連出池水、築山與茶室的動線，即使是盛夏，來此賞園也能感到舒適的涼意。

🈺 吉備津神社

🚋JR吉備津駅徒步10分 ☎086-287-4111 🏠岡山市北區吉備津931 🕐5:00~18:00；鳴釜神事9:00~14:00前至受付所申請 🈳鳴釜神事週五休 🌐kibitujinja.com

　吉備津神社是大和名將吉備津彥命征討惡鬼溫羅的陣地，而此傳說亦為桃太郎的原型，且又是獲授予一品神階的備中國一宮，無論在民俗學還是信仰上都具有相當意義。本殿的「比翼入母屋造」，三座屋頂嫁接成H型屋脊，自側面望去，翼型檜皮茸飛簷上兩座山型破風巍峨聳立，橫向延伸出去與本殿相連的部分為拜殿，工法細膩、威儀堂皇。

倉敷

👁 倉敷川遊船

🚆JR倉敷駅南口徒步約15分　🏢倉敷館觀光案 所086-422-0542　📍倉敷市中央1-4-8　🕐9:30~17:00，每30分鐘一班；12~2月僅週六日例假日營業　❌3~11月第2個週一，12~2月平日　💰大人￥500；乘船券販售請洽倉敷館觀光案內所　🌐www.kurashiki-tabi.jp/see/3598/

這座因運河而興的小鎮，水運倉儲深深影響其人文風貌與建設，商賈氣息浸潤常民生活積累演化成獨具韻致的邊城情懷。來到倉敷，最佳的遊覽方式便是遊船，坐上輕舟沿運河一遊，楊柳影綽恍惚間，船夫指著岸邊這家那家的房舍說建築、說傳奇，也說這條河與沿河生活的人們，口語言傳人間情感。

🍴 大原美術館

🚆JR倉敷駅南口徒步約15分　📞086-422-0005　📍倉敷市中央1-1-15　🕐9:00~17:00(入館至16:30)　❌週一(遇假日、補假日照常開館，7月下旬~8月、10月每日開館)、年末、冬季不定休(詳見官網)　💰本館、分館、工藝東洋館共通券成人￥2000，小學~高中生￥500　🌐www.ohara.or.jp　❗分館長期休館中

活躍於日本明治時代商業界的企業家大原孫三郎出身於倉敷，由於熱愛藝術，也為了記念畫家友人兒島虎次郎，在1930年創立了大原美術館，這也是日本第一個以西洋美術為主的私人美術館。本館建築採羅馬柱列樣式，主要收藏以印象派畫作為中心，從雷諾瓦到高更，分館的收藏以日本洋畫家為主。

👁 倉敷Ivy廣場

🚆JR倉敷駅南口徒步約18分　📞086-422-0011，住宿086-422-0012　📍倉敷市本町7-2　🕐Check in 14:00/Check out 11:00；各店鋪營業時間不一　🌐www.ivysquare.co.jp

倉敷Ivy廣場為明治時期完成的紅磚建築，曾是繁榮的紡織工廠，隨著新幹線與瀨戶大橋的完成，倉敷地區有旅館的需求而再開發改建，屋頂樑柱、工廠運輸的水道皆完整保留，並融入新的材料調和出嶄新形象。除了住宿，也有藝廊、小型音樂廳，還有陶藝體驗工房。

兒島

👁 Kojima Jeans Street

🚆JR兒島駅徒步約20分　📞086-472-4450　📍倉敷市兒島味野　🕐各店鋪營業時間不一　🌐jeans-street.com

從明治時代開始就以「纖維之町」著稱的兒島，在1960年代製作了全日本第一條國產牛仔褲，發展至今已成為岡山的代表性名物，是來到這裡絕不可錯過的景點之一。這條延伸近400公尺的街道進駐近30間牛仔褲品牌，將逐漸蕭條的味野商店街重新注入活力與生機，來這裡不僅可以選購做工精緻的商品，

◎ 猫之細道

🚋JR尾道駅往登山纜車方向徒步約15分 🏠尾道市東土堂町 ⏱自由參觀

尾道是個精巧優美的城市，順著坡道而下，會經過一些古老房舍改建的小商店、咖啡屋，還有一條貓之細道，不但有野貓出沒，更有畫家園山春二特地為這條小路所手繪的福石貓，藏在屋簷上、階梯旁以及其它意想不到的角落，據說共有888隻，沿途尋找貓的蹤跡，趣味獨具。

卍 千光寺

🚋千光寺山纜車「山頂」站沿著文學小路(文学のこみち)走下坡路約10分可達本堂 🏠尾道市東土堂町15-1 ☎0848-23-2310 ⏱自由參拜(賣店9:00~17:00) 💰免費。纜車單程￥320、來回￥500，小孩半價。 🌐www.senkouji.jp

尾道以寺廟眾多聞名，共有25間古寺分散在城內各處，其中以位於纜車站終點的千光寺最具代表性。千光寺於大同元年(806年)開基，寺內供奉的十一面千手觀音菩薩據說是由聖德太子所製作。境內廳堂分踞千光寺山的山頭各處，百年老樹、2層樓高的巨石怪岩與廟宇自然融合，顯得十分肅穆莊嚴。

♪ 尾道市立美術館

🚋JR尾道駅往登山纜車方向徒步約15分 🏠尾道市西土堂町17-19 千光寺公園內 ☎0848-23-2281 ⏱9:00~17:00(入館至16:30) 🚫週一(遇假日開館)、換展期間、12月29日~1月3日 🌐www7.city.onomichi.hiroshima.jp

尾道市立美術館充滿現代極簡設計感的混凝土牆搭配大面清透玻璃帷幕，傳遞出安藤忠雄一貫的風格。高聳而狹長的特殊形狀，精準地將光線引入。館內分成6個展覽室，不定期舉辦各項特展。想親近建築大師的作品，或透過美術作品對尾道有更深入了解，都可以來市立美術館走一遭。

◎ 本通商店街

🚋JR尾道駅徒步3分 🏠尾道市土堂 ⏱約10:00~17:00，依店舖而異

繁華的商店街保存了濃厚的歷史氛圍，充滿了傳統的日式建築和風格獨特的店鋪。遊客可以在這裡品味道地的美食，品嚐各種當地特色拉麵、古老咖啡廳，此外，尾道本通商店街也是購物的天堂，各式各樣的紀念品、手工藝品和特色商品專賣店，是尋找禮物或紀念品的絕佳場所。

竹原

吳

👁 竹原街道保存地區

🚃JR竹原駅徒步15分

　走進竹原街道保存區，過去的繁榮光景被原封不動地保存下來。街道保存區內，松阪邸、賴惟清舊宅、春風館等的古蹟開放民眾參觀，巷道中還可不經意地發現町家改建成的工藝品店和咖啡店，在一磚一瓦都刻劃著前人巧思的竹原，還有更多細節有待眼尖的旅客去發掘。

山陰山陽─吃喝玩樂

卍 西方寺・普明閣

🚃JR竹原駅徒步20分　🏠竹原市本町3-10-44　☎0846-22-7745(竹原市観光交流室)　⚫自由參觀

　想要一覽竹原街道保存地區及竹原市的全景，可以到西方寺登高望遠。西方寺為淨土宗的寺廟，始建於慶長7年(1602年)，境內南側紅柱白牆的普明閣矗立於山坡上，據說是仿京都的清水寺所建，讓人眼睛為之一亮，走上普明閣向外突出的舞台，竹原優美的景觀可一覽無遺。

🏛 大和博物館

🚃JR吳駅徒步約5分　🏠吳市宝町5-20　☎0823-25-3017　🕘9:00~18:00(展示室入館至17:30)　🚫週二(遇假日順延一天)，4月29日~5月5日、7月21日~8月31日、12月29日~1月3日無休。　💰大人￥500、高中生￥300、中小學生￥200　🌐www.yamato-museum.com

　身為吳市海事歷史科學館的大和博物館，主要展出過去到未來與船隻相關的資料，1樓是自明治時期以後的吳市歷史和造船技術，其中最受注目的就是「大和」戰艦的十分之一尺寸模型，展示室刻意設計成讓人能夠更貼近戰艦的空間，3樓提供體驗船舶與科學技術的各種設施，並有漫畫家松本零士的筆下的太空船世界。

209

広島

平和記念公園

🚇JR広島駅南口徒步約20分；廣島電鐵「原爆ドーム前」站徒步即達、「中電前」站徒步約5分 ☎082-504-2390 📍廣島市中區中島町1~大手町1-10 ⏰自由參觀

　　廣島市是世界第一個原子彈爆炸的地方，也因為原子彈而重生，因第二次世界大戰而被夷為平地的廣島市在75年後擺脫了原爆的陰霾，重新規劃後的都市更為整齊且充滿綠意，受到原爆炸裂而保存的建築，被指定為世界遺產，政府也規劃紀念公園以慰亡靈。

廣島城

🚇廣島電鐵「紙屋町西」、「紙屋町東」站下車，往北徒步約15分 ☎082-221-7512 📍広島市中區基町21-1 ⏰9:00~18:00，12~2月至17:00，入館至閉館前30分 🈲12/29~12/31 💰天守閣大人¥370、高中生及65歲以上¥180、中學生以下免費 🌐www.rijo-castle.jp

　　廣島城歷經福島氏與淺野氏等兩代城主，福島氏擴張廣島城的範圍，完成城外的壕溝；淺野氏則主宰廣島城約250年的命運，直到明治時期1869年才歸還天皇所管轄的政府。現在的5層天守閣於1958年修復，以鋼筋水泥遵照著歷史仿建，內部以武家文化為中心，展示歷史資料及廣島城生活發展的真實紀錄。

紙鶴塔

🚇JR広島駅南口徒步約20分；廣島電鐵「原爆ドーム前」站徒步即達、「中電前」站徒步約5分 📍広島市中區大手町1-2-1 ⏰10:00~18:00 💰入場¥2200 🌐www.orizurutower.jp

　　近年倍受注目的紙鶴塔位於廣島市區的中心、平和記念公園旁。塔樓內部陳列著成千上萬的摺紙鶴，每一隻鶴都代表著和平和對和解的渴望。走進紙鶴塔，徜徉於滿室的和平願望之中，深感心靈的震撼與感動。一樓還有廣島各地的土特產品，可以一次採買齊全。

廣島御好燒物語站前廣場

🚇JR広島駅南口徒步約3分 📍広島縣広島市南區松原町10-1 広島フルフォーカスビル6F ⏰10:00~23:00 🌐ekimae-hiroba.jp

　　肚子餓了，推薦來到廣島御好燒站前廣場。這裡以昭和40年代為主題，別具復古情懷。聚集了多間店舖，隨意挑選喜愛的店，點份廣島燒，熱騰騰的鐵板上，廚師們巧手烹製各種料理，香氣四溢，讓人暖胃也暖心。除了基本款的肉蛋燒外，也有加入牡蠣、蝦子等配料的豐富選擇。

嚴島神社

📍宮島碼頭徒步約15分　📞0829-44-2020　🏠廿日市市宮島町1-1　🕐6:30~18:00(依季節不同會有變動)　💲大人¥300、高中生¥200、中小學生¥100　🌐www.itsukushimajinja.jp

宮島自古以來便被視為「神明居住的島嶼」，嚴島神社在1996年被聯合國教科文組織指定為世界文化遺產，海中的朱紅色大鳥居是代表意象，還保留了許多從平安時代傳承下來的町家建築，充滿著歷史情懷的風情，因此又與宮城的松島、京都的天橋立並稱為日本三景。

豐國神社(千疊閣)

📍宮島碼頭徒步約15分、嚴島神社徒步約2分　📞0829-44-2020　🏠廿日市市宮島町1-1　🕐8:30~16:30　💲¥100

1587年，豐臣秀吉為了要在出兵朝鮮前，在宮島誓師誦經，便下令在嚴島神社旁建造千疊閣。內部寬敞的千疊閣，因約同857塊疊(榻榻米)的面積組成而得名，整棟建築全以極粗的實木支撐，支柱之間毫無屏障，加上居高臨下，宮島海濱的景色一覽無遺。

彌山

📍從宮島碼頭步行約20分到紅葉谷公園搭乘纜車　📞0829-44-0316(宮島纜車)　🕐纜車9:00~17:00(依季節而異)　💲纜車單程成人¥1100、往返¥2000，小孩半價。　🌐miyajima-ropeway.info

彌山為山岳信仰的靈峰，由名僧弘法(空海)大師開山。遊客前往彌山一般搭乘登山纜車，從4人小車廂望出去，登高望遠視野相當地良好。由於自古以來就被視為神山聖地，現在也屬於世界遺產的範圍，彌山的生態幾乎未經破壞，有許多珍貴的原始樹種。

表參道商店街

📍宮島碼頭徒步約7分　🏠廿日市市宮島町　🕐約10:00~18:00(依店家而異)　🌐www.miyajima.or.jp/live/omotesando.html

牡蠣、紅葉饅頭與星鰻可說是宮島的三大必吃美食，尤其是碩大肥美的牡蠣，鮮美的滋味讓人意猶未盡。來到熱鬧的商店街，你能找到所有你想吃想買的，逛完嚴島神社一定不能錯過這裡，假日時人潮很多，要有心理準備哦。

211

👁 錦帶橋

🚌JR岩國駅前搭市營巴士約25分「錦帶橋」站下，或JR新岩國駅站前搭市營巴士約15分「錦帶橋」站下 📍岩國市横山 💲入橋費￥300

錦帶橋横跨錦川，其優美的造型自古以來就得到文人雅士的盛讚，名列日本三名橋之一。以五個拱形組成的錦帶橋，其構想來自於中國西湖島與島之間連接的橋樑，吉川廣嘉發揮築城技術的極致，以厚重的石墩承接河水衝擊力，再用檜木組成橋體。木材之間幾乎不用釘，而是用兩端彎曲的粗鐵具緊緊固定，高超的技巧連現代人也嘆為觀止。

👁 唐戶市場

🚌JR下関駅搭乘巴士約7分至「唐戶」站，下車徒步即達。 📍下関市唐戶町5-50 ☎083-231-0001 🕐5:00~15:00(週日例假日8:00~15:00)，時間依店家而異 🌐www.karatoichiba.com

因漁獲量豐富，在下關可品嚐到河豚、鯨魚等頂級絕品美味，唐戶市場便是下關最主要的漁獲批發市場，在這裡一般人也能以便宜的價格吃到新鮮美味的食材。特別的是，除了魚貨之外，在唐戶市場還能買到鮮花、蔬菜和水果。每逢週五、六、日或是國定假日上午，唐戶市場內會有壽司攤販，物美價廉。

👁 關門海峽

🚌JR下関駅搭SANDEN交通「御裳川」巴士站，下車徒步即達。 📍下関市椋野町二丁目 🌐kanmon.gr.jp/kanmon2020/cn/

關門海峽是指中國下關與九州門司間的海峽，也是源平合戰最終戰之處，最後平家在此落敗。從下關市海岸邊設置的平知盛與源義經的銅像以及碑文中依稀可見當年壯烈戰役。除了車道外，關門大橋底還設置了關門隧道，全長780公尺，連接本州島與九州島，是世界上唯一一條行人專用的海底隧道。

安來

足立美術館

📍JR安來駅可轉乘美術館的免費接駁巴士,每小時一班,發車時間詳見網站 🏠安來市古川町320 ☎0854-28-7111 🕐9:00~17:30(10月~3月至17:00) 💰大人￥2300,大學生￥1800,高中生￥1000、中小學生￥500 🔗www.adachi-museum.or.jp/

足立美術館為實業家足利全康一手打造,珍藏日本畫、陶器等名家作品,重量級畫家──橫山大觀的收藏更是日本第一。美術館的日本庭園占地1萬3千坪,連續三年被美國庭園雜誌評選為日本第一。白沙、黑松與半圓狀的低矮杜鵑,構織成日本畫的優雅景致,從任何角度看去都是美景。

東萩

萩城城下町

📍東萩駅前搭循環巴士在「萩城城下町」站下徒步3分 🏠萩市吳服町1-1 🔗www.haginet.ne.jp/users/kikuyake/

萩城城下町在江戶時代為中下級武士、以及城裡御用商家的居所。高聳的萩城早已飛灰湮滅,惟有與權力核心有段距離的城下町被完整地保存下來。棋盤式的街道中,黑瓦白牆的武士屋敷一間連著一間,挺拔老松和盛開的櫻樹從深宅大院中探出頭來做點綴。此刻要是迎面走來一位身穿和服的配劍武士,也沒有什麼好奇怪的。

明倫学舍

📍東萩駅前搭循環巴士在「萩巴士CT」站下徒步3分 🏠萩市江向602番地 🕐本館9:00~17:00 🚫2月第一個週二、三 💰大人￥300 🔗www.city.hagi.lg.jp/site/meiringakusha

萩市是日本現代化的基石,培育了許多開創新時代的先驅者,是明治維新蓬勃發展的地方。自建立以來,明倫館是萩藩培育人才的核心,許多先驅者立下志向的藩校。它位於藩校遺址上,曾長期舉辦課程的舊明倫小學。包括本館(國家登錄有形文化財)在內的四棟木造校舍,培育了眾多人才。

213

鳥取

👁 鳥取砂丘

🚌JR鳥取駅搭乘開往鳥取砂丘的巴士或巡迴巴士「麒麟獅子」，約20分至「鳥取砂丘」、「砂丘会館前」等站下車徒步即達。
📍鳥取市 📞0857-26-0756 🌐sakyu.city.tottori.tottori.jp

　面對著日本海的鳥取大砂丘東西長16公里，最大高低差達到92公尺，是日本規模最大的砂丘。從入口可以看到高高隆起的砂丘稜線稱為「馬之背」，是來到砂丘的人必挑戰的地方，因為能夠爬到47公尺高的「馬之背」，日本海就完全呈現眼前。

境港

👁 境港水木茂紀念館

🚌JR境港駅徒步約10分 📍境港市本町5 📞0859-42-2171 🕘9:30～17:00 💰大人￥700、國高中生￥500、小學生￥300 🌐mizuki.sakaiminato.net/ ❗2024年春季重新開館

　鬼太郎之父水木茂老師則誕生在境港這小鎮，當地政府及水木老師從1989年開始規劃將水木茂筆下的角色融入境港這小鎮中，館內除了陳列了水木茂的漫畫創作之外，更以妖怪為主題設置了不同房間，連庭院都是妖怪的地盤，遊客在參觀同時要小心不要踏入異界了。

由良

👁 青山剛昌故鄉館

🚌JR由良駅徒步約20分 📍東伯郡北栄町由良宿1414 📞0858-37-5389 🕘9:30～17:30(11～3月至17:00) 💰大人￥700、國高中生￥500、小學生￥300、小學生以下免費 🌐www.gamf.jp

　《名偵探柯南》作者青山剛昌的故鄉在鳥取北榮町，在這裡也成立了青山剛昌故鄉館。館內最特別的就是在一進門時，會拿到一張「考試卷」，依循著導覽與解說作答，就能找到答案，只要通過測驗，還能領取小獎品！而在2樓則有互動區，能夠親身體驗如領結變聲器、解謎過程挑戰等遊戲呢！

出雲市

🛕 出雲大社

🚌JR出雲市駅搭乘開往出雲大社的一畑巴士，至「出雲大社」站下車徒步1分即達　🏠出雲市大社町杵築東195　0853-53-3100　🕐6:00~20:00(11~2月6:30~20:00)，寶物殿8:30~16:30。　💰入社免費，寶物殿￥150　🌐www.izumooyashiro.or.jp

出雲大社主祭「大國主命」，以保佑人民的福祿和姻緣聞名全國。出雲大社的本殿被列為國寶，其他則被列為文化財保護。陰曆10月是大社最忙碌的時間，從10月10日開始的神迎祭、10~17日的神在祭、到17日的神等去出祭，都是為了從全國各地趕回來的神所安排的，而且在大社旁，還特別設置了「本社十九社」，作為神回家來的宿舍。

松江

👁 松江城

🚌JR松江駅前搭乘松江環城巴士(ぐるっと松江レイクラインバス)，至「大手前」站徒步7分　🏠松江市殿町1-5　0852-21-4030　🕐7:00~19:30(10~3月8:30~17:00)，登閣8:30~18:30(10~3月至17:00)。　💰天守閣￥680　🌐www.matsue-tourism.or.jp/m_castle/

松江城是松江市的地標，慶長16年(1611年)初代城主堀尾吉晴修築完成，採桃山初期雄大宏偉的建築樣式，上揚的千鳥破風屋簷狀似飛鳥，因此又有千鳥城之稱。天守閣內陳列著松江城的武器甲冑，以及城垣模型等資料，過去的歷史痕跡只能夠從器物中窺見。

👁 松江堀川遊覽船

🚌從「松江堀川交流廣場」(松江堀川ふれあい広場)、「殼黑廣場」(カラコロ広場)、「大手前廣場」均可搭乘。　0852-27-0417　🕐9:00~17:00，每隔15分鐘運行(依季節而異)。航程約50分鐘。　💰一日乘船成人￥1600、國高中生￥1300、小孩￥800　🌐www.matsue-horikawameguri.jp

堀川為松江城的護城河，搭乘遊船循遊堀川，即可從水面上欣賞松江古城的精華地區。河面上共跨越了31道橋樑，船行過橋下時船夫會配合橋底高度壓低頂棚，有些低矮橋樑還需要旅客伏低身體才能通過。如詩如畫的美景讓50分鐘的船程絲毫不覺漫長。

All Kyushu Rail Pass
全九州鐵路週遊券

連續7天	¥ 25,000	

九州地區	・九州全區JR通用 ・觀光列車免加價 ・不同天次可選擇

JR九州

由於九州相較於其他城市為主的旅遊型態，各景點較分散，非常適合利用JR九州鐵路周遊券走透透，除了可搭乘JR各級列車外，九州新幹線與特急觀光列車指定席亦可多次隨意搭乘，一同搭乘各式特色列車來趟絕景鐵道溫泉療癒之旅。

PRICE OF TICKETS
票券種類與價格

連續3天 ¥ 20,000	JR九州官網 ¥ 19,000
連續5天 ¥ 22,000	JR九州官網 ¥ 21,000
連續7天 ¥ 25,000	JR九州官網 ¥ 24,000

※6-11歲兒童半價
※海外銷售價格同日本國內銷售價格

HOW TO USE
如何 使用票券

◎無論網路預購或抵日再購買，都須持護照正本取票或購買。
◎取得票券後先核對資料有無錯誤。
◎請把鐵路周遊券本券放入自動驗票閘門。通過後請取回票券。
◎**指定席預約無限制次數**
◎不予將本鐵路周遊券更換成其他種類的鐵路周遊券或基本車票類
◎不可更改使用開始日期。
◎票券遺失、破損不予補發。

INFO
購買資訊

◎**購買資格**
持觀光簽證短期入境日本的外國旅客才可購買使用。
◎**購買方法**
(1) JR九州網路訂票系統(預訂&抵日取票)
(2)抵日後直接購買
(3)日本國外旅行社

◎**使用期間**
指定日期起連續三天、五天、七天。
◎**日本銷售&兌換地點**
兌換・購票只限營業時間（鐵路周遊券受理時間）內可辦理，兌換時需要一點時間，請儘早前來辦理。且需出示有「短期滯在」的印章/貼紙的護照，並填妥申請書上所規定的欄位。
JR綠色窗口：博多、小倉、門司港、佐賀、長崎、佐世保、別府、大分、熊本、宮崎、宮崎機場、鹿兒島中央等車站。

SCOPE OF VALIDITY

票券使用範圍

包含下關在內九州區域的以下列車
◎普通列車
◎特快列車
◎九州新幹線（博多～鹿兒島中央）
◎西九州新幹線（武雄溫泉～長崎）

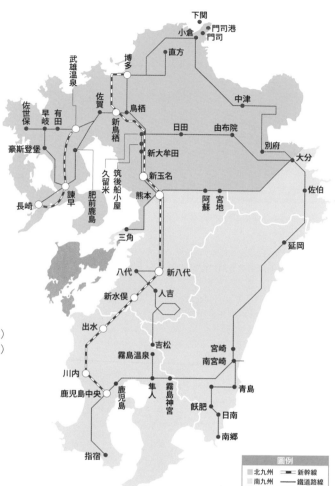

地圖標示站名：
下関、門司港、門司、小倉、直方、中津、博多、武雄溫泉、佐賀、鳥栖、日田、由布院、別府、大分、佐世保、早岐、有田、新鳥栖、新大牟田、豪斯登堡、諫早、肥前鹿島、筑後船小屋、久留米、新玉名、宮地、阿蘇、佐伯、長崎、熊本、三角、延岡、八代、新八代、新水俁、人吉、出水、吉松、宮崎、南宮崎、青島、川内、霧島溫泉、隼人、霧島神宮、飫肥、日南、鹿児島中央、鹿児島、指宿、南郷

九州一超值票券

圖例
北九州　新幹線
南九州　鐵道路線

NOTE

注意事項

◎不適用JR西日本新幹線（小倉～博多區域）、地下鐵、公車，或其他公司、組織營運的鐵路。
◎本周遊券不能用於搭乘JR九州巴士、B&S宮崎巴士、遊覽列車「九州七星」以及ARU RESSHA（甜點火車）。
◎可加價搭乘綠色車廂（商務車廂）。周遊券的持有者無權使用任何綠色車廂的包廂。
◎「JR KYUSHU RAIL PASS Online Booking」預約指定席券需收￥1000手續費。
◎一切使用規範、範圍、售價等，皆以官網為準。
🌐www.jrkyushu.co.jp/chinese/railpass

TRAVEL EXAMPLE
範例行程

九州－超值票券

全九州7日滿喫

這樣坐要	￥45,150
網路購票	￥24,000

激省!!

￥21,150

Day1

博多

1hr 45min
特急ハウステンボス

豪斯登堡

2hr 4min
JR大村線

長崎

 JR博多城　豪斯登堡　長崎路面電車　長崎港夜景

Day2

31min
西九州新幹線

武雄溫泉

1hr 5min
特急リレーかもめ
至「新鳥栖」轉搭九州新幹線

熊本

 長崎次郎書店　馬肉料理　火之國祭典　熊本城

Day3

60min
九州新幹線

鹿兒島中央

天文館通　仙巖園　白熊の本家　城山公園

The Corner of Q&A

Q JR九州PASS 利用網路訂指定席需要多收1000日幣手續費，請問這筆怎麼省？現場也要收嗎？

A 如果不是遇到日本大節日的話，到日本取到JR PASS後再劃位就不必被收手續費了。
如果還是擔心沒位子，由於網路是一列車一個位子就收￥1000，如果你要訂兩種車就要多花￥2000，所以建議可以先訂沒有自由席的車種，到日本時有自由席的列車就坐自由席。但若是特色觀光列車(阿蘇男孩、由布院之森)等，就先評估一下日期是否為旺季，一定得坐到就先訂吧！這筆錢省不掉的。

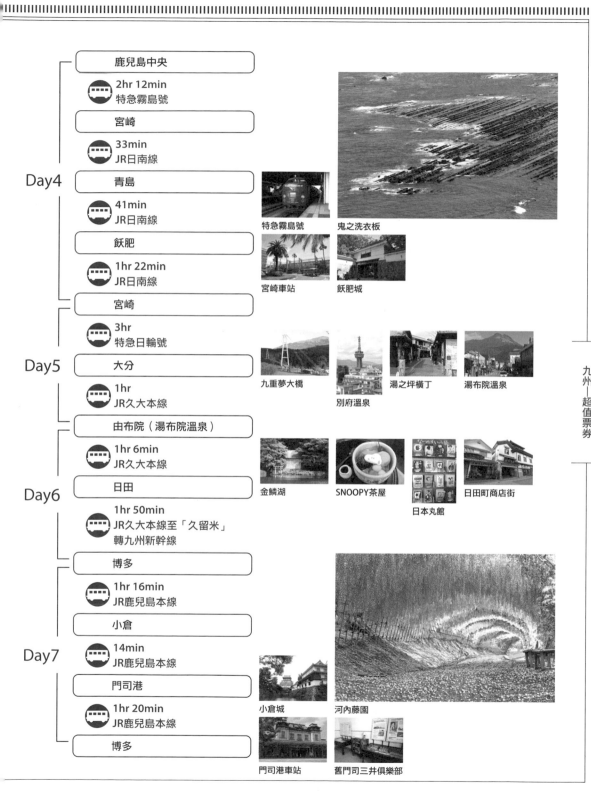

Day4

鹿兒島中央

2hr 12min
特急霧島號

宮崎

33min
JR日南線

青島

41min
JR日南線

飫肥

1hr 22min
JR日南線

宮崎

Day5

3hr
特急日輪號

大分

1hr
JR久大本線

由布院（湯布院溫泉）

Day6

1hr 6min
JR久大本線

日田

1hr 50min
JR久大本線至「久留米」
轉九州新幹線

博多

Day7

1hr 16min
JR鹿兒島本線

小倉

14min
JR鹿兒島本線

門司港

1hr 20min
JR鹿兒島本線

博多

特急霧島號　鬼之洗衣板

宮崎車站　飫肥城

九重夢大橋　別府溫泉　湯之坪橫丁　湯布院溫泉

金鱗湖　SNOOPY茶屋　日本丸館　日田町商店街

小倉城　河內藤園

門司港車站　舊門司三井俱樂部

219

Northern Kyushu Rail Pass

北九州鐵路周遊券

連續5天 | ¥ 15,000

福岡、佐賀、長崎、大分

· 短天數玩北部九州
· 西九州新幹線OK
· 觀光列車免加價

JR九州

這 是九州鐵路周遊券的北部版本,範圍包含福岡、佐賀、長崎、大分北部的與熊本北部。如果造訪九州的時間不多,又以博多為中心聚點的話,很推薦使用這張票券玩北部九州就很夠了。

PRICE OF TICKETS
票券種類與價格

連續3天 ¥12,000	JR九州官網 ¥11,000
連續5天 ¥15,000	JR九州官網 ¥14,000

※6-11歲兒童半價
※海外銷售價格同日本國內銷售價格

INFO
購買資訊

◎**購買資格**
持觀光簽證短期入境日本的外國旅客才可購買使用。

◎**購買方法**
(1) JR九州網路訂票系統(預訂&抵日取票)
(2)抵日後直接購買
(3)日本國外旅行社

◎**使用期間**
指定日期起連續三天、五天、七天。

◎**日本銷售&兌換地點**
兌換・購票只限營業時間(鐵路周遊券受理時間)內可辦理,兌換時需要一點時間,請儘早前來辦理。且需出示有「短期滯在」的印章/貼紙的護照,並填妥申請書上所規定的欄位。

JR綠色窗口:博多、小倉、門司港、佐賀、長崎、佐世保、別府、大分、熊本等車站。

HOW TO USE
如何使用票券

◎無論網路預購或抵日再購買,都須持護照正本取票或購買。
◎取得票券後先核對資料有無錯誤。
◎請把鐵路周遊券本券放入自動驗票閘門。通過後請取回票券。
◎**指定席預約最多6次。**
◎不予將本鐵路周遊券更換成其他種類的鐵路周遊券或基本車票類
◎不可更改使用開始日期。
◎票券遺失、破損恕不予補發。

SCOPE OF VALIDITY

票券使用範圍

熊本／三角及大分以北區域的以下列車
◎普通列車
◎特快列車
◎九州新幹線（博多～熊本）
◎西九州新幹線（武雄溫泉～長崎）

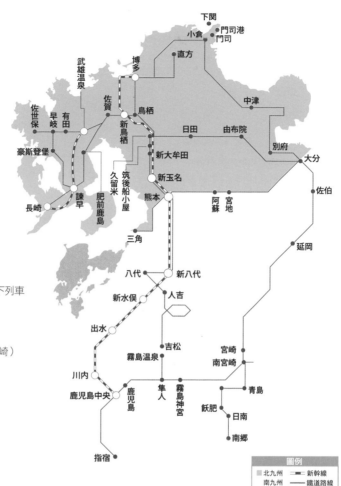

下関
門司港
小倉
門司
直方
武雄溫泉
博多
中津
佐賀
鳥栖
新鳥栖
日田
由布院
佐世保
早岐
有田
別府
豪斯登堡
新大牟田
大分
筑後船小屋
新玉名
久留米
諫早
肥前鹿島
熊本
阿蘇
宮地
佐伯
長崎
三角
延岡
八代
新八代
新水俣
人吉
出水
吉松
宮崎
南宮崎
霧島溫泉
川内
隼人
霧島神宮
青島
鹿児島中央
鹿児島
飫肥
日南
指宿
南郷

圖例	
■ 北九州	▬ 新幹線
南九州	── 鐵道路線

 注意事項

NOTE

◎不適用JR西日本新幹線（小倉～博多區域）、地下鐵、公車，或其他公司、組織營運的鐵路。
◎不能用於搭乘JR九州巴士、B&S宮崎巴士、遊覽列車「九州七星」以及ARU RESSHA（甜點火車）。
◎可加價搭乘綠色車廂（商務車廂）。周遊券的持有者無權使用任何綠色車廂的包廂。
◎「JR KYUSHU RAIL PASS Online Booking」預約指定席券需收￥1000手續費。
◎一切使用規範、範圍、售價等，皆以官網為準。
Ⓙ www.jrkyushu.co.jp/chinese/railpass

九州－超值票券

TRAVEL EXAMPLE
範例行程 ❶

北九州5日經典漫遊

這樣坐要	¥ 38,830
網路購票	¥ 14,000

激省!!

¥ 24,830

九十九島

九州一超值票券

Day1

博多

🚌 2hr 14min
由布院之森

湯之坪橫丁

Day2

由布院

🚌 1hr 30min
JR九大本線
至「大分」
轉日豐本線

地獄巡禮

別府

🚌 1hr 11min
特急音速號

葫蘆溫泉

小倉

🚌 1hr 29min
JR鹿兒島本線

有田陶器市

博多

🚌 1hr 20min
特急 "綠"

Day3

有田

🚌 20min
JR佐世保線

武雄飛龍窯燈籠祭

武雄溫泉

陶山神社

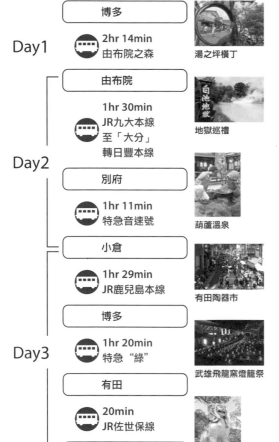

Day4

武雄溫泉

🚌 44min
特急 "綠"

佐世保漢堡

佐世保

🚌 1hr 20min
特急 "綠"
至「武雄溫泉」
轉西九州新幹線

長崎新地中華街

長崎

🚌 2hr
西九州新幹線
至「武雄溫泉」
轉特急リレーかもめ
至「新鳥栖」
轉搭九州新幹線

熊本路面電車

上下通

Day5

熊本

🚌 35min
九州新幹線

博多

四海樓

範例行程❷

北九州3日精華重點

這樣坐要	¥ 23,470
網路購票	¥ 11,000

激省!!

¥ 12,470

Q 成功預訂好九州鐵路周遊券,也預約到由布院之森的座位,但忘了預約大型行李怎麼補救?

The Corner of Q&A

A 現在需要預約大型行李的,只有東海新幹線、山陽新幹線與九州新幹線。像是由布院之森這類觀光列車是不需要提前預約的。而且車中大多都會設置行李放置架,一般旅行用的行李箱都放得下,不必太過擔心。

Day1

博多

🚌 35min
九州新幹線

熊本

🚌 1hr 30min
JR豐肥本線
至「肥後大津」換車

阿蘇

🚌 1hr 30min
JR豐肥本線
至「肥後大津」換車

熊本

阿蘇神社
米塚

熊本車站
火振り神事

Day2

🚌 2hr
九州新幹線至「新鳥栖」
轉搭特急リレーかもめ
至「武雄溫泉」
轉西九州新幹線

中島川石拱橋群　平和公園　浦上車庫見學　龍馬通り

Day3

長崎

🚌 31min
西九州新幹線

武雄溫泉

🚌 56min
特急リレーかもめ

博多

武雄神社　武雄溫泉楼門　博多屋台　カイロ堂

九州—超值票券

Southern Kyushu Rail Pass
南九州鐵路周遊券

| 連續3天 | ￥10,000 |

Good Point

| 熊本、大分、宮崎、鹿兒島 | ·短天數玩南部九州
·觀光列車免加價
·九州新幹線OK |

JR九州

這是九州鐵路周遊券的南九州版本，可以利用的範圍包括熊本南部、大分南部、鹿兒島與宮崎三縣，能利用的路線不多，所以使用期限也只有3天，適合從鹿兒島機場進入九州，或是要從熊本開始玩南九州的旅人使用。

PRICE OF TICKETS
票券種類與價格

| 連續3天￥**10,000** | JR九州官網￥**9,000** |

※6-11歲兒童半價
※海外銷售價格同日本國內銷售價格

INFO
購買資訊

◎**購買資格**
持觀光簽證短期入境日本的外國旅客才可購買使用。
◎**購買方法**
(1) JR九州網路訂票系統(預訂&抵日取票)
(2)抵日後直接購買
(3)日本國外旅行社

◎**使用期間**
指定日期起連續三天。
◎**日本銷售&兌換地點**
兌換·購票只限營業時間（鐵路周遊券受理時間）內可辦理，兌換時需要一點時間，請儘早前來辦理。且需出示有「短期滯在」的印章/貼紙的護照，並填妥申請書上所規定的欄位。
JR綠色窗口：大分、熊本、宮崎、宮崎機場、鹿兒島中央等車站。

HOW TO USE
如何使用票券 ✓

◎無論網路預購或抵日再購買，都須持護照正本取票或購買。
◎取得票券後先核對資料有無錯誤。
◎請把鐵路周遊券本券放入自動驗票閘門。通過後請取回票券。
◎**指定席預約最多6次。**
◎不予將本鐵路周遊券更換成其他種類的鐵路周遊券或基本車票類
◎不可更改使用開始日期。
◎票券遺失、破損恕不予補發。

SCOPE OF VALIDITY

票券使用範圍

熊本及大分以南區域的以下列車
◎普通列車
◎特快列車
◎九州新幹線（熊本～鹿兒島中央）

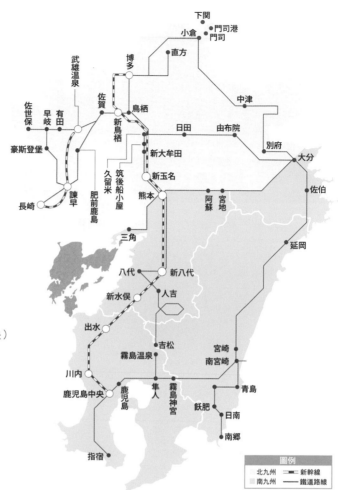

圖例
| 北九州 | ═══ 新幹線 |
| 南九州 | ─── 鐵道路線 |

NOTE

注意事項

◎不適用JR西日本新幹線（小倉～博多區域）、地下鐵、公車，或其他公司、組織營運的鐵路。

◎本周遊券不能用於搭乘JR九州巴士、B&S宮崎巴士、遊覽列車「九州七星」以及ARU RESSHA（甜點火車）。

◎可加價搭乘綠色車廂（商務車廂）。周遊券的持有者無權使用任何綠色車廂的包廂。

◎「JR KYUSHU RAIL PASS Online Booking」預約指定席券需收￥1000手續費。

◎一切使用規範、範圍、售價等，皆以官網為準。

🚆www.jrkyushu.co.jp/chinese/railpass

TRAVEL EXAMPLE
範例行程❶

南九州地景3日遊

| 這樣坐要 | ¥21,030 |
| 網路購票 | ¥9,000 |

激省!! **¥12,030**

九州──超值票券

Day1

熊本

56min
九州新幹線

鹿兒島中央

15min
櫻島渡輪
*需另付¥200

櫻島渡輪

櫻島

15min
櫻島渡輪
*需另付¥200

埋没鳥居

鹿兒島中央

52min
指宿御手箱列車

砂蒸會館 砂樂

指宿

Day2

指宿

1hr 3min
JR指宿枕崎線

西大山站

鹿兒島中央

56min
九州新幹線

城見櫓

熊本

Day3

1hr 30min
JR豐肥本線
至「肥後大津」
換車

龍宮神社

阿蘇

6min
JR豐肥本線

阿蘇火山博物館

宮地

1hr 21min
阿蘇男孩號!

中岳火口

熊本

櫻島火山

宮地門前町商店街

範例行程❷

美食美景南九州3日精華

這樣坐要	¥25,810
網路購票	¥9,000

激省!!

¥16,810

Q 到日本要劃指定席座位，有什麼一定要注意的？

A 如果是要至綠色櫃台劃位的話，建議要先把車次日期、目的地、出發地等資訊都先查好，用中文寫在紙條上，再與JR PASS一起給工作人員，即使不會英文日文也能順利劃位。
若要在綠色機器劃位，則一定要先查好起站與目的站的「羅馬字拼音」，因為在機器上選擇車站時，只會出現拼音而非我們習慣的漢字，這點要多加注意。

The Corner of **Q & A**

Day1

熊本
 56min 九州新幹線
鹿兒島中央
 49min 特急霧島號
霧島神宮
 1hr 20min 特急霧島號
宮崎

特急霧島號　高千穗牧場　黑酢本舖 桷志田

霧島神宮

Day2

 33min JR日南線
青島
 41min JR日南線
飫肥
 1hr 22min JR日南線
宮崎

宮崎車站

鵜戶神宮

サンメッセ日南

青島神社

Day3

 2hr 7min 特急霧島號
鹿兒島中央
 46min 九州新幹線
熊本

西鄉隆盛像

維新鄉土館

一二三 天文館店

熊本城

🛍 JR博多城

🚃JR博多駅出站即達　📍博多區博多駅中央街1-1　🌐
092-431-8484　⏰商店10:00~21:00（週日及例假日至20:00），
餐廳11:00~部分最晚至24:00　🌐www.jrhakatacity.com

　這座九州流行指標的購物商城內包含擁有220間店鋪
的AMU PLAZA博多、瞄準年輕女性客群的AMU EST、
首次進軍九州的阪急百貨、集結全國46間名店美味的
新城市餐廳くうてん、販售近10萬件商品的東急手創
館，以及休憩場地燕林廣場，再加上充滿話題的つばめ
小火車與鐵道神社，內容豐富多樣。

🛍 天神地下街

🚃地下鐵天神駅往西鐵福岡（天神）駅的地下通道　📍
中央區天神2丁目地下1~3號　🌐092-711-1903　⏰商店
10:00~20:00，餐廳10:00~21:00；依店鋪而異　💰依店鋪而異
🌐www.tenchika.com

　在天神眾多百貨公司環伺之下，天神地下街也以長
590公尺，別具有歐洲風味的石坂道走廊取勝，因位於
交通樞紐，商品風格則除了成熟、實用，也有年輕人喜
愛的服裝配件，還有特色話題商店進駐，共約200家店
聚集。如果想嚐些點心，推薦在咖啡店坐下來休憩一
番，別有一種體驗福岡的心情。

👁 博多屋台

🚃地下鐵中洲川端駅徒步約8分、天神駅出站即達　📍中洲
川端地區、天神駅地區

　屋台就是路邊攤，一般屋台大多從傍晚6點開始營業
到深夜，晚上10~11點人潮最多，但由於博多屋台已
經成為觀光地，往往不到8點就擠滿客人，較知名的美
味屋台更是一營業就大排長龍，夏天夜晚來杯冰涼啤
酒，冬天屋台則會放下透明塑膠簾抵擋寒風，更有在地
風味。

👁 福岡塔

🚃地下鐵西新駅1號出口徒步約20分，7號出口可搭乘
西鐵巴士約10分　📍福岡市早良區百道浜2-3-26　🌐092-823-
0234　⏰9:30~22:00（入館至21:30）　📅6月最後週的週一、二　💰
展望台¥800　🌐www.fukuokatower.co.jp

　高234公尺的塔身共由八千多塊鏡面組成，白天時鏡
裡倒映著藍天白雲，晚上燦爛變化的燈光秀則讓人目眩
神迷，至今已吸引超過千萬遊客來此一睹風采。搭乘電
梯在70秒內上升到123公尺高的展望台，360度的觀
景窗可以鳥瞰福岡全景與雅虎巨蛋，遠方還可見飛機起
降的風光。

小倉

小倉城

📍JR小倉駅小倉城口徒步約20分　🏠北九州市小倉北區城內2-1　☎093-561-1210　⏰9:00~20:00，11~3月至19:00　💰大人￥350、國高中生￥200、小學生￥100　🌐www.kokura-castle.jp

　　小倉城最早是由細川忠興於1602年興建，天守閣的建築模式為當時稱為「唐建式」之模式，雖然後來因為戰事而部分毀損，1959年再度重建時依舊保有四、五樓之間沒有小屋簷，且五樓的屋簷比四樓要大的唐造建築樣式，是日本唯一一座唐造樣式天守(唐造りの天守)，相當珍貴。

旦過市場

📍JR小倉駅小倉城口徒步約10分　🏠北九州市小倉北區魚町4-2-18(旦過市場事務局)　☎093-521-4140(旦過市場事務局)　🌐tangaichiba.jp

　　旦過市場至今已有百年以上歷史，因為鄰近神嶽川便於商船上下貨而開始買賣，逐漸形成市集，昭和時期一度因為戰爭而吹起熄燈號，好在戰後立即聚集了許多商人重燃活力，甚至在昭和30年代達到興盛。現在有魚販、蔬果店、便當菜等多達120間店舖聚集，可說是北九州人的廚房。

門司港

九州鐵道紀念館

📍JR門司港駅徒步5分　🏠北九州市門司區清滝2-3-29　☎093-322-1006　⏰9:00~17:00(入館至16:30)　🚫第2個週三(遇假日順延翌日休，8月無休)，7月第2個週三、四　💰大人￥300、國中生以下￥150、4歲以下免費　🌐www.k-rhm.jp

　　九州鐵道紀念館是將1891年所建造的九州鐵道本社建築改建，從入口就展示著許多令人懷念的火車和車廂。主要的紀念館外觀是相當復古的紅磚，館內重現明治時代的客車情景，展示各種與火車鐵道相關的物品，還有可以讓人體驗當列車長，透過車窗看到的風景正是模擬門司港到小倉的鐵道路線。

海峽廣場

📍JR門司港駅徒步2分　🏠北九州市門司區港町5-1　☎093-332-3121　⏰商店10:00~20:00，餐飲11:00~22:00　🌐www.kaikyo-plaza.com

　　海峽廣場是沿著門司內港的大型購物中心，1樓為販售特色土產、海鮮、雜貨的商店，2樓除了琳瑯滿目的紀念品，也有各式美食讓旅人大飽口福。廣場前的木質甲板道上，還有香蕉超人，插腰一手指天的搞笑動作，是許多年輕人必定要合影留念的地方。

稻佐山山頂展望台

◉JR長崎駅前搭乘免費循環巴士至「長崎ロープウェイ淵神社駅」站,或搭乘開往「下大橋・上小江原・相川」的3、4號系統長崎巴士,在「ロープウェイ前」站下車後徒步2分可達纜車車站,再搭乘纜車到稻佐岳駅 ♠長崎市稻佐町364-1 ☏095-829-1171(長崎市みどりの課) ◷纜車9:00~22:00,15~20分1班 ㉕6月中旬纜車會因整修停駛,需多加留意 ⑤纜車大人來回¥1250、國高中生¥940、小學生以下¥620 ⓦwww.nagasaki-ropeway.jp

　海拔333公尺的稻佐山山頂觀景台,不只夜景,黃昏和白天的景色也是魅力十足,在2011年整修過後,更是讓展望台增添浪漫。首要推薦當然是來看夜景,但若是行程安排無法在晚上到的話,白天來這裡看長崎市街的車流、進出港灣的船隻在眼底穿梭流動,一切都顯得生氣勃勃。

眼鏡橋

◉路面電車「めがね橋」站徒步3分 ♠長崎市魚の町2 ◷自由參觀

　來到這座架在中島川上、日本最古老的石造拱橋,連著映在水面的倒影一起看,真的就像一副眼鏡。寬永11年(1634年),興福寺的第二代住持默子如定為了讓神轎隊伍風風光光地入寺,引入中國造橋技術,特別蓋了這座在當時是最稱頭的石橋。

長崎新地中華街

◉路面電車「新地中華街」站徒步1分 ♠長崎市新地町10-13 ☏095-822-6540(長崎新地中華街商店街組合) ◷、㉕依店舖而異 ⓦwww.nagasaki-chinatown.com

　日本在16世紀排外(西洋)最盛的時期,中國船隻卻被得以在任何港口自由出入,中華文化更平平穩穩地在長崎建立起基礎。長崎新地中華街和橫濱、神戶並列日本三大中華街,由東西南北四個門界定出總長約250公尺,呈現十字狀的石板路,總共聚集了約40家的中華料理、中國雜貨,以及服飾、食材等餐廳、商店。

哥拉巴園

◉路面電車「大浦天主堂」站徒步7分 ♠長崎市南山手町8-1 ☏095-822-8223 ◷8:00~18:00(入園至17:40);夜間開園8:00~20:30(夏季至21:30),日期不定(詳見官網)官網。 ⑤大人¥620 ⓦwww.glover-garden.jp

　1974年開設的哥拉巴園,保存了舊居留地時代最重要的三座洋館建築──哥拉巴故居、林格故居、奧爾特故居,列為重要文化財。園內還移築了長崎市六座明治時期的洋館,展示舊居留地時代的生活和日本近代化的歷史。漫步於洋風濃厚的石坂道上,還可以發現園方特地設置的愛心石,聽說找到就能得到幸福呢!

九州─吃喝玩樂

佐世保

◉ 九十九島珍珠海洋遊覽區

🚌JR佐世保駅6號乘車處搭乘開往パールシーリゾート・九十九島水族館的巴士，約25分在「パールシーリゾート九十九島水族館」下車即達；另可從JR佐世保駅1號乘車處搭乘付費接駁巴士，約18分，大人￥260，小學生以下￥130(建議先至官網查詢發車時間) ⏺佐世保市鹿子前町1008 ☎0956-28-4187 ◐、💲依設施而異 🌐www.pearlsea.jp

九十九島珍珠海洋遊覽區是全覽九十九島的交通樞紐，來到這裡有很多海上航行的方式讓你選擇，最受歡迎的是模仿海賊船造型的遊覽船「未來號」，除此之外，還可以選擇容納10人的帆船或5人乘坐的小艇，如果想要更自助一點，還可以在港口租一艘單人或雙人獨木舟，享受隨波逐流的自在快活。

島原

◉ 島原城

🚌島原鐵道「島原」駅徒步5分 ⏺島原市城內1-1183-1 ☎0957-62-4766(島原城振興協會) ◐9:00~17:30 💲天守閣、觀光復興紀念館、西望紀念館共通券大人￥550、小學生~高中生￥280 🌐shimabarajou.com

1616年，江戶時代從奈良來的大名松倉重政成為島原領主，於1618年開始築城，利用名為「四壁山」和「森岳」的小土丘地形打造出島原城，因此又有森岳城的別稱。歷經250年歷史在明治時代遭到廢城而解體，1964年才完成天守閣的復原，其他建築也依照資料陸續修復，讓遊客們看到原本的樣貌。

諫早

◉ 雲仙溫泉鄉

🚌從諫早駅前的島鉄巴士總站搭乘開往雲仙的巴士，在「雲仙お山の情報館」站下車，車程約80分，車資￥1,400 ⏺雲仙市小浜町雲仙320 ☎0957-73-3434 🌐www.unzen.org

雲仙溫泉鄉位於日本最早的國家公園——雲仙天草國家公園內，30個地獄溫泉散布其間，硫磺蒸氣噴煙的裊裊煙霧看來十分震撼。除了溫泉外，雲仙四季分明的美景同樣攫住遊客的心，春天滿山的杜鵑、夏天維持平均21.7度的涼爽、秋季楓紅遍野與冬季雪白霧冰，都讓人深深著迷。

◉ 武雄溫泉楼門

🚃武雄溫泉站徒步10分
🏠武雄市武雄町武雄7425
0954-23-2001 ◷門干支見
学会9:00~10:00(受理至9:30)
💲門干支見学会大人￥450、
小孩￥220 🌐www.takeo-kk.
net/sightseeing/001373.php

潔白無暇的門座，朱紅色門樓與飛揚的屋簷，彷若日本神話中龍宮的溫泉樓門，是武雄最具代表的地標。這座沒有使用一根釘子打造的木造樓門建於1915年。樓門設計與東京車站相同，皆出自日本近代建築之父辰野金吾之手，為日本國家指定重要文化財。

◉ 武雄市圖書館

🚃武雄溫泉站徒步15分。武雄溫泉車站南口搭乘祐德巴士「武雄・三間坂線」於「図書館前」站下車直達。JR九州巴士「嬉野線」於「ゆめタウン」下車直達 🏠武雄市武雄町大字武雄5304-1 0954-20-0222
◷9:00~21:00 🌐takeo.city-library.jp

2013年4月，武雄市長開創日本圖書館界的首例，與全世界最美書店之一的東京蔦屋書店合作，將圖書館結合書店、咖啡店，強調照明與更貼近使用者日常閱讀習慣的陳列，讓過往總是帶點距離感的圖書館搖身一變成為舒適的閱讀空間，開館以來，深受居民以及觀光客的喜愛。

⛩ 大魚神社

🚃JR多良站徒步10分 🏠太良町多良1875-51 ◷自由參觀 💲自由參觀

據說在大約300年前，一名惡名昭彰的代官被拋棄在一座島上，當潮水漲滿時，島嶼便會被海水淹沒。這名代官絕望之際求助於龍神，意外獲得了一隻大的魚的幫助，為了感謝這隻魚的拯救之恩，建立了大魚神社，並將其視為祈求海上安全和豐收的象徵。如今，這個傳說成為了吸引遊客的一大亮點，遊人們除了欣賞美景外，也能沉浸在這段歷史神話中。

陶山神社

🚌JR有田駅搭乘接駁車
(有田町コミュニティバス)，在
「札の辻」站下車徒步5分 🏠
西松浦郡有田町大樽2−5−1 ☎
0955−42−3310 ●自由參拜
💰有田燒御守￥800 🌐arita-
toso.net

創建於1658年的陶山神
社，原本是祭祀從神原八幡宮分靈而來的應神天皇，從明
治時期之後漸漸地改稱為陶山神社，並且供奉李參平和
佐賀藩藩主鍋島直茂，以紀念其貢獻與功勞。神社境內
不只狛犬、鳥居等是陶瓷製品，最特別的是繪馬和守護
符，居然也是有田燒製成，全日本也只有這裡才看得到。

大川內山

🚌JR伊万里駅前搭乘往大川內山的西肥巴士，約15分至
終點「大川內山」站下車即達 🏠伊万里市大川內町 ☎0955−
23−7293(伊萬里鍋島燒會館) ●自由參觀 🌐www.imari-
ookawachiyama.com

據說因為不希望獨家的燒製方法外傳，無論是工匠
或技師，都在藩的管理之下，沒有經過允許，任何人都
不能出城。現在環山翠綠圍繞著這個「秘窯之鄉」，一
家家窯元依著山勢搭建，蜿蜒略窄的小街，相同溫和色
調的房舍，高聳的煙囪交錯，漫步其中讓人感到十分的
安適優閒。

トンバイ塀のある裏通り

🚌JR上有田駅徒步約15分，有田館徒步約3分 🏠有田町泉
山~上幸平~大樽地區・稗古場地區 ☎0955−43−2121(有田観光協
會) ●自由參觀

泉山的銀杏木延伸到大樽的陶瓷美術館間的小路很適合
散步，漫步其間，映入眼簾的是有田町獨有的窯壁，上頭
形狀不規則且顏色多樣的「磚塊」其實是耐火磚(トンバ
イ)與陶器碎片、紅土混合而成，其中耐火磚為建造登窯
時所使用的材料，廢棄登窯的耐火磚便藉此再次利用。

鍋島藩窯公園

🚌JR伊万里駅前搭乘往大川內山的西肥巴士，約20分至終
點「大川內山」站，下車後徒步2分到唐臼小屋、徒步12分可到登
窯 🏠伊万里市大川內町 ☎0955−23−7293(伊萬里鍋島燒會館)
●自由參觀 💰免費

伊萬里川的鍋島藩窯橋，橋梁上有兩只大壺，光澤
燦白的瓷器勾繪出紅藍黃艷麗花卉，是標準的色鍋島；
橋身也各嵌有龍鳳陶板。停車場邊由數十塊鍋島染付拼
成的大面陶板，清楚地繪出了各家窯元與小徑路線。大
川內山的東側另有一個燒製陶瓷的登窯，除了展示，如
果遇上重要作品需要，依然能夠使用。

九州─吃喝玩樂

233

👁 佐賀熱氣球節

🚃從JR佐賀駅搭長崎本線約5分鐘，在バルーンさが駅(Ballon佐賀站，為臨時站)下車即達　🏠佐賀市嘉瀬川河岸　🕐10月底~11月上旬7:00~17:00；週末夜間活動La Montgolfier Nocturne (Night Mooring)18:30~19:30；2022年於11/2~11/6舉行　💰免費　🌐www.sibf.jp

　　佐賀市每年都會舉辦熱氣球世界選手權比賽，各國好手無不摩拳擦掌準備大顯身手，而對一般民眾來説，也是近距離欣賞熱氣球的慶典。色彩鮮豔的熱氣球緩緩升空，河岸綠草與之相映成趣，升空後的熱氣球倒映在一旁的嘉瀬川中，為清澈河水染上顏色，更替活動增添繽紛活力。

👁 唐津城

🚃JR唐津駅徒步約20分，或搭乘昭和巴士市内循環線東行在「唐津城入口」站下車即達　🏠唐津市東城内8-1　📞0955-72-5697　🕐9:00~17:00(入場至16:40)　🚫12/29~12/31　💰天守閣大人￥500、國中小學生￥250　🌐karatsu-bunka.or.jp/shiro.html

　　別名「舞鶴城」的唐津城位於向海灣延伸的滿島山上，面海而建，視野廣闊，天氣晴朗時，可從天守閣鳥瞰一片綠意的虹之松原與唐津灣中的高島，另一頭則能夠觀賞到松浦川與唐津城下町風景。到了夜間的點燈活動，白色的城牆就如浮在夜空中，如夢似幻。

🍴 海舟本店

🚃JR唐津駅搭乘開往呼子的巴士，車程約35分　🏠唐津市呼子町殿ノ浦552-2　📞0955-82-5977　🕐18:00~20:30 (2天前須預約)　🚫不定休　💰いか活き造り定食(花枝生魚片定食)￥2,970　🌐www.yu-netkita.com/kaisyu

　　呼子面臨玄界灘，是個不折不扣的海港，海中珍味、魚蝦蟹貝，個個質美味鮮，使這裡成為日本極富盛名的海港之一。而其中最美味的莫過於花枝了。這裡流行直接將活花枝切成細絲，沾點醬油吃起來更加甘甜。晚餐時段，就來這個海港品嚐新鮮的海味吧！

肥後よかモン市場

📍JR熊本駅內白川口　🏠熊本市西區春日3-15-30 熊本駅內　☎096-356-5015　🕐商店8:00~21:00，餐飲11:00~23:00，熊本駅総合観光案內所8:00~19:00　jrkumamotocity.com/amu/floor

在這裡可以找到各式各樣的熊本物產與伴手禮，像是以陣太鼓聞名的的お菓子的香梅、販賣當地特產いきなり団子的老舖長寿庵、熊本知名洋菓子鋪SWISS等，還有熊本拉麵桂花、天外天進駐，每一家店舖都是熊本名門，不管是用餐或購物都不能錯過此地。

熊本城

📍熊本市電「熊本城・市役所前」站下車徒步10分，若要走到城門口的售票處，則約需15分。或搭乘熊本城周遊巴士しろめぐりん，至熊本城・二の丸駐車場下車，車資￥160　🏠熊本市中央區本丸1-1　☎096-223-5011(熊本城營運中心)　🕐9:00~17:00　💰高中生以上￥800，國中小學生￥300　🌐kumamoto-guide.jp/kumamoto-castle/

熊本城最初是由加藤清正築建，規模相當宏大，從1601年開始，前後花了7年才竣工，共有3座天守閣，並有29道城門，是人人稱道的易守難攻格局。熊本城於2016年4月的熊本地震中嚴重受災，歷經5年的修復，天守閣已於2021年6月重新開放參觀。

桜の馬場 城彩苑

📍熊本市電「熊本城・市役所前」站徒步約3分；另外，熊本城二之丸停車場和城彩苑之間有免費接駁車，約15~20分1班。或搭乘熊本城周遊巴士しろめぐりん，至桜の馬場 城彩苑下車，車資￥160　🏠熊本市中央區二の丸1-1　☎096-322-5060(城彩苑綜合觀光案內所)　🕐桜の小路伴手禮區9:00~18:00，用餐區11:00~18:00(依店舖而異)；熊本城ミュージアム わくわく座9:00~17:30(入館至17:00)　💰熊本城ミュージアム わくわく座大人￥300、國中小學生￥100　🌐www.sakuranobaba-johsaien.jp

為了讓更多人能夠接觸到熊本城的歷史文化，城彩苑主要可以分為二大部分，わくわく座為歷史文化體驗設施，讓參觀民眾可以聽、看、接觸到熊本城的歷史文化，更藉由生動的高科技與民眾互動。而在外圍則有桜の小路伴手禮區，在這裡可以見到各種熊本才買得到的名產與美食，很適合與熊本城做串聯。

上通・下通

📍從熊本駅白川口出站後，正前方就是市電車站，轉乘搭車到「通町筋」站下車後，北面是上通，南面就是下通。

從熊本市的通町筋路面電車車站開始，北面商店街稱為上通，南面商店街則稱為下通。這一帶為熊本市中心的繁華地帶，不管是吃、喝、玩、樂，一應俱全。除了店家的數量超過上百間，還包含了美術館以及各項活動會場，合在一起就成了一段非常廣大的街區，好吃好買又好逛。

九州—吃喝玩樂

阿蘇

人吉

🏛 阿蘇火山博物館

📍在JR阿蘇駅搭產交巴士阿蘇火口線約26分至「草千里(阿蘇火山博物館前)」下車即達;從阿蘇駅到草千里車資¥570 ⏰阿蘇市赤水1930-1 ☎0967-34-2111 🕘9:00~17:00(入館至16:30) 💰13~64歲¥1100、7~12歲¥550、65歲以上¥880、6歲以下免費 🌐www.asomuse.jp

　　阿蘇火山博物館是日本最具規模的火山博物館,深入淺出地介紹火山相關知識,最大的特色是由於不遠的中岳火山口仍在活躍著,阿蘇火山博物館內的視聽室中,可以看見架設於中岳觀測攝影機所拍下的火山口活動情形,給人身歷其境的感受。

🛕 青井阿蘇神社

📍JR人吉駅徒步5分 ⏰人吉市上青井町118 ☎0966-22-2274 🕘9:00~17:00 🌐www.aoisan.jp

　　創立於大同元年(806年)的青井阿蘇神社,是人吉球磨地區的總鎮守。五棟社殿群:本殿、廊、幣殿、拜殿、樓門,在2008年被認定為國寶,其中,最值得一看的,一是傳統茅葺樓門,二是殿內華麗細緻的雕刻。茅葺屋頂之下繁複的斗拱撐架起的氣勢非同凡響,以茅葺建築列名國寶,青井阿蘇神社是日本首例。

👁 中岳火口

📍JR阿蘇駅前搭乘產交巴士阿蘇火口線至「阿蘇山西駅」站下車,再轉搭阿蘇山火口シャトル巴士至終站「火口」,出站後徒步即達 ⏰阿蘇市黑川阿蘇山 🕘阿蘇山公園道路3/20~10/31 8:30~18:00(入山至17:30)、11月8:30~17:30(入山至17:00)、12/1~3/19 9:00~17:00(入山至16:30) 💰免費 🌐www.aso.ne.jp/~volcano ❗由於阿蘇火山口仍持續噴發,會依每天偵測到的硫磺濃度決定是否開放,出發前請至官網確認

　　其實所謂的阿蘇山並不是指一座山,而是包括高岳、中岳、根子岳、杵島岳、烏帽子岳五座活火山,目前開放參觀的只有五山中的中岳。中岳擁有世界最大的破火山口,火口湖因為周圍的岩石富含鐵、銅,融化後呈現出藍綠色澤,空氣中瀰漫著硫磺的氣味,舉目一望,周邊是荒蕪的土地以及暗紅的山脈,獨特壯麗的風景令人難忘。

🏛 人吉鐵道博物館 MOZOCA STATION 868

📍JR人吉駅徒步2分 ⏰人吉市中青井町343-14 ☎0966-48-4200 🕘9:00~17:00 💰自由參觀,小火車、滑車各¥100 ⏰週三(遇假日順延翌日休),年末年始(12/30~1/2) 💰自由參觀,ミニトレイン(小火車)¥200,4ちゃん(滑車)¥200 🌐www.facebook.com/hitoyoshi.mozoca.station868

　　MOZOCA是當地方言「もぞか」,意思是「小、可愛」,博物館與這個名稱十分相襯,館內到處都是可愛的事物,不但可以搭乘迷你版的SL人吉號,還可以看到可愛的小玉站長和くろちゃん,2樓還有舒適的圖書區以及滑車「4ちゃん(レイルバイク)」,絕對能夠擄獲大小朋友的心。

九州—吃喝玩樂

別府

🎯 地獄巡禮

🚌JR別府駅西口搭乘2、5、7、9、41號開往「鉄輪」的龜之井巴士，約20分至「海地獄」或「鐵輪」站下車即達 📍別府市鉄輪、龜川 🕐8:00～17:00 💰7地獄共通觀覽券(地獄巡禮共通券)高中生以上￥2,000、國中小學生￥1,000；單一場所入場券 高中生以上￥400、國中小學生￥200 🌐www.beppu-jigoku.com

位於別府的地獄系列，據說已有千年歷史，由於此區位居火山地帶，地面常常動不動就噴出攝氏百度的蒸氣、熱水，和滾燙的泥巴，因為受到佛教影響遂將這個地區冠上「地獄」之名，在70、80年前開始成為著名的觀光景點。

海地獄

海地獄像是一鍋冒著蒸氣的藍水，不像海水般透明，反而像是用藍色水彩染出的。

白池地獄

走入規劃良好的日式庭園中，可以感受從最高溫達98度的泉水中冒出的白色噴煙，傳來的熱意。

鬼石坊主地獄

園內有4處不間斷地冒著滾熱灰色泥湯的「地獄景象」，就像是和尚的光頭而得名，還不時會傳出有如鬼打呼的聲響。

血の池地獄

根據日本古書《万葉集》，血池地獄是有記錄以來最早被發現的天然「地獄」，水深達30公尺，因含硫黃、炭酸和鐵，所以水色呈紅色。

由布院

🎯 金鱗湖

🚶JR由布院駅徒步約25分 📍由布市湯布院町川上 🕐自由參觀

明治時期的儒學家毛利空桑造訪此地，看到鮒魚在湖中翻騰，陽光下魚鱗閃現金色的光澤，因而替它取了個名字：金鱗湖。數條小溪流貫而入，加上有溫泉湧出，氣溫低的時候，湖面升起一片白色霧靄，周圍圍繞著杉樹林，宛如某個東歐隱世小鎮的不知名湖泊，如夢似幻。

🎯 YUFUIN FLORAL VILLAGE

🚶JR由布院駅徒步約15分 📍由布市湯布院町川上1503-3 📞0977-85-5132 🕐9:30~17:30 🌐floral-village.com

FLORAL VILLAGE與湯布院溫泉鄉的日式風情全然不同，於眼前出現的是爬滿藤蔓的外牆、一個個黃色的小屋，別緻的建築就像在日本街道上轉個彎卻拐進了歐洲小鎮，氣氛衝突卻更為迷人。光是建築就足以吸引遊客在此流連忘返，園內還有餐廳、特產店、小店舖，甚至還有小型的動物園，十分值得一逛。

仙巖園

📍JR鹿兒島駅搭乘City View、巴士至「仙巖園前」站下車即達 　🏠鹿児島市吉野町9700-1 　☎099-247-1551 　🕐9:00~17:00 　💲庭園‧尚古集成館高中生以上￥1000、國中小學生￥500 　🌐www.senganen.jp

建於西元1658年的仙巖園借景於櫻島與錦江灣的庭園造景是最大特色。在此可見識到150年前日本第二個鋼鐵場的反應爐遺跡；穿過正門，來到350年前以錫屋頂製成的錫門，進入主要的磯御殿，可以一覽櫻島的美景，再往後走，是江南竹林、曲水庭、以貝殼細砂完成刻字的千尋巖，還有日本唯一的貓神社，養貓的主人可以幫貓咪買道護身符保平安。

櫻島火山

📍鹿兒島市桜島 　☎099-216-1327(鹿兒島市觀光振興課)

距離鹿兒島市區僅只有4公里的櫻島，是一座活火山島，有時可以看到火山口的噴煙景象，而飄在櫻島上空的朵朵白雲，就經常是火山雲。根據歷史記載，1471年起的10年，曾經陸續有5次大規模的火山爆發紀錄，其中還產生出數個新的小島。雖然現在櫻島已經減少噴火的次數，仍不時有小規模噴發。

砂蒸會館 砂樂

📍JR指宿駅前搭乘往山川桟橋的鹿兒島交通巴士，約5分至「砂むし会館前」站下車即達 　🏠指宿市湯の浜5-25-18 　☎0993-23-3900 　🕐8:30~20:30(21:00閉館) 　🏖週末及例假日除外的中午~13:00因打掃休息，7、12月會有設備檢修日 　💲砂浴國中生以上￥1100；浴巾￥200 　🌐www.sa-raku.sakura.ne.jp

指宿有5、6處提供砂浴的處所，不過只有這家名為「砂樂」的會館是天然砂浴場。洗砂浴要穿著日式浴衣入浴，通常是全身冒汗便即起身，時間大約10至20分鐘左右，而且只能泡一次，不像泡湯可以重複浸泡；起身後，沖掉身上的沙粒完成砂浴，即可繼續轉往附設的溫泉池泡湯。

宮崎

🛑 宮崎神宮

🚉JR宮崎神宮駅徒步10分,或從JR宮崎駅搭乘宮崎交通巴士12分至「宮崎神宮」站下車徒步5分 📍宮崎市神宮2-4-1 ☎0985-27-4004 🕐神門10~4月5:30~17:30、5~9月至18:30,幣殿(御社殿)10~4月6:00~17:30、5~9月至18:30,神符守札授与所10~4月8:00~17:00、5~9月至18:00 💰免費 🌐miyazakijingu.or.jp

位於宮崎市中心北部的宮崎神宮,供奉日本第一代天皇神武天皇為主祭神。神武天皇大約於西元前660年即位,據傳這是由神武天皇的孫子所創建的神宮,由於年代久遠,詳細的建造日期與由來記載不明,但直到現今仍然受到許多當地人的愛戴。

青島

🛑 青島神社

🚉JR青島駅徒步10分 📍宮崎市青島2-13-1 ☎0985-65-1262 🕐自由參拜 🌐aoshima-jinja.jp

位於日向灘突出地形上的青島,是一座相當特殊的小島,整座島上長滿了亞熱帶植物,還有充滿著神話故事的神社。青島神社供奉的就是山幸彥和妻子還有幫助他的鹽筒大神等,主要庇祐姻緣、安產和交通安全,受到當地人民的虔誠奉祀。

飫肥

◎ 飫肥城下町

🚉JR飫肥駅徒步約18分 📍日南市飫肥 ☎0987-67-6029 (飫肥城下町保存会) 🕐依設施而異

這裡過去是飫肥藩,自豐臣秀吉將此地作為獎賞劃分給伊東氏開始,直至明治初期為止,共280年的時光都屬於伊東氏一家。現在飫肥依舊保有濃濃的歷史氣息,尤其是城下町的面貌更是與江戶時代相差無幾,飫肥城歷史資料館、松尾の丸、豫章館、小村紀念館、商家資料館等刻劃著歷史故事的建築比比皆是。

從購票、使用到
附加好康

周遊日本
JR PASS
最強攻略

新手也能輕鬆自由行
（附實用QA）

作者墨刻編輯部
主編呂宛霖
美術設計羅婕云·董嘉惠·許靜萍
封面插圖希拉
地圖繪製Nina·墨刻編輯部

出版公司
墨刻出版股份有限公司
地址：115台北市南港區昆陽街16號7樓
電話：886-2-2500-7008／傳真：886-2-2500-7796
E-mail：mook_service@hmg.com.tw
發行公司
英屬蓋曼群島商家庭傳媒股份有限公司城邦分公司
城邦讀書花園：www.cite.com.tw
劃撥：19863813／戶名：書虫股份有限公司
香港發行城邦（香港）出版集團有限公司
地址：香港九龍土瓜灣土瓜灣道86號順聯工業大廈6樓A室
電話：852-2508-6231／傳真：852-2578-9337
城邦（馬新）出版集團 Cite (M) Sdn Bhd
地址：41, Jalan Radin Anum, Bandar Baru Sri Petaling,
57000 Kuala Lumpur, Malaysia.
電話：(603)90563833／傳真：(603)90576622／
E-mail：services@cite.my

製版·印刷
漾格科技股份有限公司
ISBN978-986-289-979-3·978-986-289-980-9（EPUB）
城邦書號KX0057 **初版**2024年2月 **二刷**2024年6月
定價420元
MOOK官網www.mook.com.tw
Facebook粉絲團
MOOK墨刻出版 www.facebook.com/travelmook
版權所有·翻印必究

執行長何飛鵬
PCH集團生活旅遊事業總經理暨墨刻出版社長李淑霞

總編輯汪雨菁
資深主編呂宛霖
採訪編輯趙思語·唐德容·陳楷琪·王藝霏·林昱霖
資深美術設計主任羅婕云
資深美術設計李英娟
影音企劃執行邱茗晨

資深業務經理詹顏嘉
業務經理劉玫玟
業務專員程麒
行銷企畫經理呂妙君
行銷企畫專員許立心
業務行政專員呂瑜珊

印務部經理王竟為

國家圖書館出版品預行編目(CIP)資料

周遊日本·JR PASS最強攻略：8大區域
×30種PASS×60條行程，從購票、使用
到附加好康，新手也能輕鬆自由行(附實
用QA)/墨刻編輯部 作 ; -- 初版. -- 臺北市：
墨刻出版股份有限公司出版：英屬蓋曼群
島商家庭傳媒股份有限公司城邦分公司發
行, 2024.2
240面；16.8×23公分. -- (Theme ; 57)
ISBN 978-986-289-979-3(平裝)

1.自助旅行 2.日本

731.9   112022434

墨刻整合傳媒廣告團隊
提供全方位廣告、數位、影音、代編、
出版、行銷等服務
為您創造最佳效益
歡迎與我們聯繫：
mook_service@mook.com.tw